循证社会科学研究系列丛书

杨克虎 总主编

循证社会科学总论

杨克虎 沙勇忠 魏志鹏／著

科学出版社

北京

内 容 简 介

基于循证社会科学这一以证据的生产、转化和利用为核心的医文工交叉学科的内在属性，从学科认识到研究利用再到成果呈现的全周期视角出发，本书主要对循证社会科学的基本认识、社会科学的证据知识转化、循证研究的撰写与报告规范，以及循证社会科学的经典文献及实践案例进行阐述、梳理或示例，以弥补当前我国循证社会科学研究的不足。

本书适合对循证社会科学感兴趣的高校师生及科研人员学习阅读，也能为政府管理者、行业实践者开展循证实践提供帮助。

图书在版编目（CIP）数据

循证社会科学总论/杨克虎，沙勇忠，魏志鹏著. —北京：科学出版社，2024.3

（循证社会科学研究系列丛书）

ISBN 978-7-03-071247-9

Ⅰ.①循… Ⅱ.①杨… ②沙… ③魏… Ⅲ.①社会科学-研究 Ⅳ.①C

中国版本图书馆 CIP 数据核字（2021）第 275713 号

责任编辑：刘英红　夏水云 / 责任校对：贾娜娜
责任印制：赵　博 / 封面设计：有道文化

科学出版社 出版
北京东黄城根北街 16 号
邮政编码：100717
http://www.sciencep.com

三河市春园印刷有限公司印刷
科学出版社发行　各地新华书店经销

*

2024 年 3 月第 一 版　　开本：720×1000　1/16
2025 年 3 月第二次印刷　印张：13 1/2
字数：273 000
定价：138.00 元
（如有印装质量问题，我社负责调换）

总　　序

循证社会科学（Evidence-based Social Science）是循证医学与社会科学交叉而成的一个新兴学科，主要基于最佳证据、运用循证方法来揭示和阐释社会科学领域的规律性问题、因果性问题和决策性问题。循证社会科学是随着20世纪90年代兴起的循证实践运动（Evidence-based Practice Movements）的发展而产生的，21世纪以来逐渐受到关注并在国际上得到较快发展。目前，循证社会科学已成为一个具有一定学术影响力和社会影响力的新的学科交叉研究领域。

循证社会科学的兴起和发展不是偶然的，它反映了科学发展的规律和某种必然的趋势，也蕴含着深层次的驱动因素。具体来看主要有以下四个因素。

一是循证医学发展的科学影响。自1992年加拿大学者Gordon Guyatt等在《美国医学会杂志》上发表 Evidence-based medicine: A new approach to teaching the practice of medicine 一文标志着循证医学正式诞生以来，循证医学"基于问题的研究，遵循证据的决策，关注实践的后果，后效评价，止于至善"的理念和"有证查证用证，无证创证用证"的方法就广受科学界及社会高度认可。借鉴循证医学的理念、方法和技术，在社会科学领域通过最佳证据的生产、传播、转化和应用，进而促进科学决策的循证实践更是被誉为社会科学的第三次"科学化"浪潮。可以说，循证医学给了循证社会科学发展的理论基础和动力。

二是学科交叉融合的发展结果。当前，全球新一轮科技革命和产业变革呈现出信息、生命、材料等众多领域知识汇聚融合的新特点，在此大背景下，人类在解决经济、社会等关系人类生存和社会发展的重大问题时，越来越多地需要综合运用多学科知识，需要在不同学科间开展广泛的交流与合作。在此过程中，学科之间知识不断交叉、融合、渗透，科学研究呈现出从"单一学科"向"交叉学科"的范式转变的趋势，我们已经进入了交叉科学时代。循证医学独特的视角、先进的理念、科学的方法和跨学科、跨地域合作的创新模式对自然科学领域和社会科学领域各学科的发展产生了深远的影响。心理学界自20世纪七八十年代开始即制订了相关心理学实践的原则、手册、指南与标准，在学校心理学、咨询心理学、家庭心理学、行为分析甚至各种社会服务或社区服务等领域开展了一场声势浩大、席卷全球的循证实践运动，推动着循证的思想、理念与方法交叉发展并渗透到传统的管理学、教育学、社会学、经济学等社会科学领域，循证社会科学在不断深化的交叉融合下迎来了一次次发展机会。

三是科学研究范式的演变革新。随着大数据时代的到来和数据的爆炸性增长，计算机不仅仅能做模拟仿真，还能进行分析总结和理论阐释，这一时代的变化显而易见的是让数据模型构建、定量分析方法及利用计算机来分析和解决科学问题的第三科研范式——计算机科学有了丰富和可以计算的数据基础，更为重要的是推动了数据密集范式从第三范式中分离出来，成为一个独特的科学研究范式——第四范式：数据密集型科学研究范式。在数据密集型科学研究范式环境下，科学研究由传统的假设驱动向基于科学数据进行探索的科学方法转变，由大数据组成的科学数据成为科学家们进行科学研究的最佳证据选择，也就是说科学研究范式的演变革新为循证社会科学发展提供了坚定的证据保障及应用驱动。

四是社会重大问题的治理需要。循证的理念、思想和方法已经在西方发达国家的科学决策、政府治理和智库研究中受到重视并推广应用。1999年，英国布莱尔政府公布了《政府现代化》（*Modernizing Government*）白皮书，提出"本届政府要更好地利用证据和研究的方法来制定政策，更多地专注于能产生长期影响的政策"。2007年澳大利亚总理陆克文指出"循证决策是改革政府的核心"。2016年3月18日，美国第114届国会通过了成立"循证决策委员会"的法案[H.R.1831（114th）：*Evidence-based Policymaking Commission Act of 2016*]，以确保联邦政府在制定每年为社会服务提供1.6万亿美金的资助政策和干预措施时是基于证据的，同时评估联邦计划和税收支出的有效性。由此可见，循证社会科学已在社会治理、政府建设等领域得到一定的应用，循证社会科学的价值在实践层面得到了挖掘和彰显。

在我国，循证社会科学研究与实践尚处于萌芽阶段，虽然教育学、法学、社会工作、管理学等社会科学领域的从业者、决策者和研究者们逐渐意识到循证科学决策的重要性和紧迫性，但相关研究证据较少，涉及领域比较局限，而且也没有支持循证社会科学研究与实践的平台。此外，人们对大数据时代获取、生产、评价、转化利用社会科学领域证据的方法知之甚少。所以，开展循证社会科学的理论与实践研究，探索和厘清循证社会科学的理论、证据、应用、平台等问题，对填补当前我国循证社会科学发展的诸多空白，推动循证的理念、方法和技术惠及更多的社会科学研究及实践，显而易见具有重要的学理意义和实践意义。部分学者及国家相关机构也已经意识到了发展循证社会科学的价值所在，并开展了相应的自觉行动。2019年5月30日，科技部组织召开的香山科学会议——"循证科学的形成发展与学科交融"（第S49次学术讨论会），就是国家在循证科学研究领域的战略布局和发展引领的标志。

兰州大学是教育部直属的全国重点综合性大学，是国家"985工程""211工程""双一流"重点建设高校之一。成立于2005年的兰州大学循证医学中心——

直重视将循证的理念和方法推广运用到社会科学的研究和实践领域，以推动循证社会科学研究的发展。中心邀请了国际循证社会科学权威学术组织 Campbell 协作网主席 Haluk Soydan 教授、美国南加利福尼亚大学社会工作学院 Iris Chi 教授等国际一流循证社会科学专家到兰州大学进行学术交流和开展培训工作。2010 年 1 月，派出博士研究生拜争刚赴美国南加利福尼亚大学师从 Haluk Soydan 教授学习；2010 年 12 月，开始与加拿大麦克马斯特大学合作推出"卫生系统证据"数据库中文版，并联合培养循证卫生决策管理方向的研究生；2014 年，与南加利福尼亚大学社会工作学院签署合作备忘录，共同开发"中国儿童与老年健康证据转化数据库"，组织团队对 Campbell 协作网及 Campbell 系统评价进行学习研究；2016 年，在兰州大学的立项支持下组建了由法学、管理学、经济学、教育学、心理学、哲学、社会工作、公共卫生、医学等学科研究人员组成的循证社会科学研究团队，开展循证方法学的培训和学术研究；2017 年，派出博士研究生王小琴赴加拿大渥太华大学师从 Campbell 协作网主席 Jeremy Grimshaw 教授研修学习，12 月，兰州大学正式成立"循证社会科学研究中心"，并将"循证社会科学研究平台建设"作为"双一流"建设项目给予优先支持。

扬帆起航的兰州大学循证社会科学研究中心以"原创导向、交叉融合、开放合作、超前发展"为指导原则，充分发挥兰州大学循证医学学科的人才优势和方法学优势，整合国内外及学校相关人文社会科学的优质资源，瞄准循证社会科学研究的前沿及空白点进行探索研究及应用。2018 年，编著出版国内第一本"循证社会科学"教材《循证社会科学研究方法：系统评价与 Meta 分析》。2018 年至 2022 年，前后举办 10 期"循证社会科学研究方法"培训班，来自全国 20 余个省（自治区、直辖市）的近百所高校、科研机构的千余名学员参加培训，"循证社会科学研究方法"作为"研究生学科前沿交叉课程"得到兰州大学立项支持；每年主办"循证科学与知识转化"论坛，邀请国际循证医学创始人、加拿大皇家科学院院士、加拿大麦克马斯特大学 Gordon Guyatt 教授，全球证据委员会共同主席、加拿大麦克马斯特大学 John N. Lavis 教授，Campbell 协作网前执行总裁 White Howard 教授，Campbell 图书馆（Campbell Library）总主编 Vivian A. Welch 教授等国际循证社会科学权威学者来兰州大学讲学，分别与 Campbell 协作网、美国哈佛大学、美国南加利福尼亚大学、英国贝尔法斯特女王大学、加拿大循证卫生决策研究中心、加拿大麦克马斯特大学、加拿大渥太华大学、瑞士日内瓦大学签署了合作协议，就循证社会科学的人才培养、科学研究、学术交流、国际合作等方面开展了实质性合作。2018 年，兰州大学循证社会科学研究中心入选中国智库索引（Chinese Think Tank Index，CTTI）。2019 年 12 月，中心申请到全国第一个"循证社会科学"国家社会科学基金重大项目"循证社会科学的理论体系、国际经验与中国路径研究"（项目编号：19ZDA142），并率先开始在全国招收循证社学方向的博士研究生。2021年,"循证社会科学的课程体系及教材建设实践"获教育部首批新文科研究与改革实践项目立项支持,循证科学被兰州大学列入"十四五"规划交叉学科重点建设名单,获批国家留学基金管理委员会"循证社会科学创新人才联合培养项目";2022年,再次获批国家留学基金管理委员会"全球卫生青年创新人才联合培养项目",两年间连续派出11位青年教师和研究生赴哈佛大学、麦克马斯特大学、贝尔法斯特女王大学、日内瓦大学、鲁汶大学等国际知名大学师从权威专家进行交流访学或接受联合培养。同年,"循证科学"交叉学科博士学位授权点正式获批;"循证社会科学交叉创新实验室"作为兰州大学哲学社会科学实验室(首批)获立项支持,Campbell协作网前执行总裁White Howard教授被兰州大学聘任为循证社会科学交叉创新实验室外籍教授;与全球证据委员会合作,翻译并发布了《全球证据委员会报告》(中文版);循证社会科学研究中心被列为兰州大学新型智库建设试点单位,并入选"CTTI2022年度高校智库百强榜";6门课程与6本教材获兰州大学立项建设,系列课程与系列教材渐成体系。

在已有的发展和研究基础上,兰州大学循证社会科学研究中心将目光瞄准到更为广阔的理论和实践领域拓展上,组织相关专家完成"循证社会科学研究系列丛书",以适应和回应循证社会科学研究和实践发展的需要。丛书包括杨克虎等的《循证社会科学研究方法:系统评价与Meta分析》,胡晓玲、柳春艳的《循证教育学概论》,魏丽莉、斯丽娟的《循证经济学》,李秀霞的《循证卫生决策研究方法与实践》,刘光华的《法循证学理论与实践》,王学军的《循证治理》,郭丽萍的《循证教育学研究方法与实践》,徐争的《循证艺术疗法理论与实践》,刘勐、袁陇珍的《循证图书馆信息实践》,以及《中国循证社会科学发展年报》等10余部著作、刊物。期待"循证社会科学研究系列丛书"的出版能为确立循证社会科学的理论体系,探索循证社会科学发展的中国路径,促进中国循证社会科学的发展,奠定我国在国际循证社会科学研究领域的学术地位发挥相应的作用。

本丛书的出版,得到了全国哲学社会科学规划办公室、国家自然科学基金委员会、甘肃省科技厅、甘肃省哲学社会科学规划办公室,以及兰州大学学科建设与发展规划处、社会科学处、科学技术发展研究院和中央高校基本科研基金的支持和资助,得到了许多领导和专家的关注和大力支持。在此表示由衷感谢!

杨克虎
2023年2月

前　言

哲学社会科学是一个国家综合国力和国际竞争力的重要体现，是支撑一个国家自信地走在世界前列的重要思想和理论保障。党的二十大全面开启了以中国式现代化全面推进中华民族伟大复兴的新征程，并要求"加快构建中国特色哲学社会科学学科体系、学术体系、话语体系，培育壮大哲学社会科学人才队伍"[①]。习近平总书记在中国人民大学考察时指出："加快构建中国特色哲学社会科学，归根结底是建构中国自主的知识体系。"[②]与此同时，新一代信息技术的迭代升级与广泛应用，既给社会科学的理论研究与实践开展带来了便利，也带来了一系列新的难题与挑战，并深刻改变着社会科学的研究范式，数据密集型第四科研范式时代已经到来。回应这些政策指向、技术变革和范式演变，亟须我国哲学社会科学工作者以构建中国自主的知识体系为目标，以中国为观照、以时代为观照，深入探讨社会科学面临的挑战、机遇、变革、创新和发展之道，紧抓社会科学发展前沿，推进哲学社会科学的理念创新、理论创新与方法创新，助力中国特色哲学社会科学高质量发展。

循证社会科学是一门以证据为核心理念，由循证医学与社会科学、信息科学交叉发展而来，主要运用循证理念和循证方法来发现和解决社会科学领域深层次、规律性问题，进而为科学决策和管理实践提供证据支持的交叉学科。尽管我国学者在21世纪初就关注到了循证教育、循证社会科学工作等循证社会科学的分支领域，循证社会科学国际学术组织Campbell协作网也早在2000年就在美国费城成立了，但我国循证社会科学的概念于2018年才正式提出，且一经提出就因其借鉴了循证医学"基于问题的研究，遵循证据的决策，关注实践的后果，后效评价，止于至善"的理念和"有证查证用证，无证创证用证"的方法所具有的科学性和先进性而得到学界的关注，且2020年立项了我国第一个"循证社会科学"国家社会科学基金重大项目"循证社会科学的理论体系、国际经验与中国路径研究"（项目编号：19ZDA142）。随着相关学术成果和学术活动的增加，学界对循证社会科

[①] 习近平. 高举中国特色社会主义伟大旗帜　为全面建设社会主义现代化国家而团结奋斗——在中国共产党第二十次全国代表大会上的报告[M]. 北京：人民出版社，2022：43.
[②] 中共中央宣传部. 习近平新时代中国特色社会主义思想学习纲要[M]. 北京：学习出版社、人民出版社，2023：199.

学的学科交叉性及理论体系等有了更多认识，循证社会科学也吸引了越来越多的学者投身到这一中国特色哲学社会科学发展的增长点及延伸领域，循证社会科学成了一门未来可期、蓄势待发的朝阳学科。

循证社会科学在学者学术自觉驱动发展的同时，更是迎来了难得的以学科评估、交叉学科建设等为核心内容的新一轮学科建设浪潮。2019 年，教育部、科技部等 13 个部门联合启动"六卓越一拔尖"计划 2.0，全面推进"新工科、新医科、新农科、新文科"建设，其中，新文科建设的重点就是强调要打破传统学科壁垒，以大学科视野推进学科之间的交叉融合。2020 年 7 月 29 日召开的全国研究生教育会议则将交叉学科调整为我国第 14 个学科门类。2022 年，在国务院学位委员会第三十七次会议审议通过的《研究生教育学科专业目录（2022 年）》中，"交叉学科"作为一个门类正式"入驻"。可以看出，循证社会科学作为一门医文工前沿交叉学科，在新文科建设和交叉学科建设的浪潮中迎来了发展的春天。典型如兰州大学借助交叉学科建设的东风，由基础医学院牵头，联合管理学院、经济学院、信息科学与工程学院、生命科学学院等，于 2022 年申报到了我国第一个"循证科学"交叉学科博士学位授权点，这既是兰州大学包括循证社会科学在内的循证科学迈入系统布局、成熟发展、再谋突破发展阶段的重要标志，也对完善循证社会科学的教学体系建构、提高学历教育层次、优化人才培养结构具有重大意义。

当然，在看到循证社会科学迎来黄金发展时期的同时，我们也清醒地看到循证社会科学作为一门新兴的医文工前沿交叉学科目前尚不成熟，且发展面临诸多挑战。其中，最显著的不成熟之处和最大的挑战是循证社会科学的基础理论（包括学科基础理论和应用基础理论）相对薄弱，尚未构建起完整、科学的理论体系。同时，尽管发展于 20 世纪末的循证实践在管理学、教育学、社会工作等领域得到持续发展，但循证社会科学的实践应用范式尚未明确，进而导致循证社会科学的科学研究、实践应用和学科发展缺乏理论依据和方向指导，严重阻碍了循证社会科学的快速发展。在当前来自循证医学、社会科学及信息科学的学者们以开放、包容、发展的学术自觉接受、支持和推动循证社会科学研究、发展及建设的基础上，更加需要发展具有中国特色的循证社会科学学科体系、学术体系和话语体系，以及结合中国实践和需求建构中国自主的循证社会科学知识体系。

为促进循证社会科学的中国化发展，以及满足广大同仁学习、研究和发展循证社会科学的需求，近年来，兰州大学循证社会科学研究团队在理论研究、人才培养、学科建设等方面开展了卓有成效的工作，在多年的研究积累基础上于 2018 年以来出版了国内第一本以"循证社会科学"命名的著作——《循证社会科学研究方法：系统评价与 Meta 分析》（兰州大学出版社），以及《循证经济学》《循证教育学概论》《循证图书馆信息实践》等多部填补空白的"循证社会科学研究系列丛书"，与正在开展的国家社会科学基金重大项目等课题研究成果，协同刻画出了一幅框架逐渐清晰、蕴含逐渐丰富、图景逐渐显现的循证社会科学理论画像，有力引领着我国循证社会科学向前发展。兰州大学也因此成为引领我国循证社会科学发展、对接国际循证社会科学前沿的头部机构。但是，基于学科建设的高度，出版一部具有概括性、基础性和总论性介绍和研究循证社会科学的学术专著，进而让对这一前沿交叉学科领域感兴趣的研究者能较为快速地了解和学习循证社会科学，不仅是当前循证社会科学研究、实践和发展无法回避的任务，也是循证社会科学从一个交叉领域走向交叉学科、从一个空白领域走向新兴方向的必由之路，所以我们在"循证社会科学研究系列丛书"的规划中设计了本书——《循证社会科学总论》。

本书立足于当今循证医学与社会科学、信息科学学科交叉发展的态势，以及社会科学领域科学决策的研究与实践的重大需求，基于学科建设的高度，面向和聚焦于社会科学领域证据的生产、合成、评价与应用的全过程，旨在构筑发展循证社会科学的理论体系与实践应用范式，呈现循证社会科学对科学决策的支撑及服务能力，并辐射循证社会科学的未来展望。但是，本书的出版只是表明我们的研究及探索取得了阶段性进展，难免存在诸多不足。特别是循证社会科学作为新兴交叉学科，其学科体系、学术体系和话语体系还在不断地嬗变、发展及完善之中，其实践应用也在不同的领域及层级呈现出各有特点、探索前行的交织辉映而又未成定式之中，既很难在目前循证社会科学发展之初形成一套成熟的理论体系，又很难在实践应用未成定式时总结出一个固定的应用模式，所以本书作为一部总论性、探索性、基础性的著作，主要目的就是为从事循证社会科学研究和实践的同仁提供一个理论基础、方法指导和实践应用框架体系，进而促进循证社会科学的理论研究和实践应用走向成熟。

作为国家社会科学基金重大项目"循证社会科学的理论体系、国际经验与中国路径研究"的成果之一，本书的顺利出版得到了全国哲学社会科学规划办公室，以及国家自然科学基金委员会、甘肃省社会科学规划办公室和兰州大学社会科学处、科学技术发展研究院、教务处的大力支持。兰州大学循证社会科学交叉创新实验室的周文杰、宋旭萍、郭丽萍、后亮瑛、秦钰和杨敏艳参与了本书的编写，在此表示衷心感谢。同时，循证社会科学作为一个关注点和专属领域涵盖了广泛学科主题的多学科交叉领域，内容庞大繁杂，核心问题需要认真地论证与验证，但受时间所限，对研究资料的收集、掌握及分析还有诸多不足之处，对涉及的知识内容也难免存在疏漏，恳请广大同仁和读者批评指正。

杨克虎
2023 年 12 月

目 录

第一章 绪论 ··· 1
  第一节 循证社会科学的源起与发展 ·· 1
  第二节 循证社会科学的哲学基础 ·· 9

第二章 证据的界定与循证效度协同 ·· 16
  第一节 证据的定义与分类 ·· 16
  第二节 证据的效度 ·· 19
  第三节 循证效度协同 ·· 26

第三章 证据的检索与质量评价 ·· 37
  第一节 证据的来源 ·· 37
  第二节 证据的检索 ·· 45
  第三节 证据检索的质量评价 ·· 54

第四章 证据的质量评价与分级 ·· 67
  第一节 证据的质量评价 ·· 67
  第二节 证据的质量分级 ·· 80

第五章 证据的综合 ·· 87
  第一节 证据综合的主要功能 ·· 87
  第二节 证据综合的主要方法 ·· 89

第六章 证据的定量分析 ·· 101
  第一节 Meta 分析 ·· 101
  第二节 异质性分析 ·· 119

第七章 证据的定性分析 ·· 122
  第一节 Meta 民族志 ··· 122
  第二节 主题综合 ·· 126
  第三节 批判性解释综合 ·· 128

第八章　循证研究的撰写与报告规范 ……………………………………… 132
　　第一节　系统评价的报告规范 ……………………………………………… 132
　　第二节　循证实践指南的撰写与规范 ……………………………………… 145
　　第三节　循证政策简报的撰写与规范 ……………………………………… 159

附件一：循证社会科学经典文献导读 ……………………………………… 168

附件二：循证社会科学实践的典型案例 …………………………………… 190

第一章 绪 论

第一节 循证社会科学的源起与发展

一、循证社会科学的源起

(一)循证思想的形成及发展

"循证"(evidence-based)的表述来源于医学,我国学者起初将其译为"以证据为本"或"以证据为基础"。1996年,我国学者王吉耀正式将"evidence-based"译为"循证",这一译法迅速得到学界的认可并沿用至今。事实上早在20世纪70年代,英国著名内科医师阿奇·科克伦(Archie Cochrane)就在流行病学研究中提出了"循证"的思想,但回溯历史,"基于证据、遵循证据、不妄下结论、不诉诸权威"的循证思想实则有章可循,最早可追溯至古希腊伯里克利时代(约公元前495—前429年),由"医学之父"希波克拉底(Hippocrates)首次将观察性研究引入医学领域,提出医学成果不仅来自合理的理论,也要依靠综合推理的经验,这种基于"观察"而非"想象"的研究方法正是"循证"思想寻找证据的原始雏形。差不多同时期的扁鹊作为中医诊断学的鼻祖,也是基于既往"有效的"经验(某种证据)而提出了"四诊法";又如葛洪的《肘后方》和王清任的《医林改错》,都是中医历史长河中注重临床观察的实证表现。

在经历了多学科与技术融合的综合发展期后,循证思想得到进一步发展。戴维·萨基特(David Sackett)等提到,1789年后的巴黎学派认为下定临床结论应遵照临床观察事实,而非仅靠医学理论或盲从专家意见[1]。法国大革命后期,唯结果论的兴盛使得以皮埃尔·路易斯(Pierre Louis)为代表的巴黎学派,坚持让医学从"经书"回归"事实",循证思想得以逐渐体现和发展;1898年,丹麦医师费比格(Fibiger)通过半随机对照试验证实了血清治疗白喉的效果,使得血清治疗白喉开始有据可循[2],循证思想在研究方法上得到了体现和推广。1972年,循

---

[1] Sackett D L, Richardson W S, Rosenberg W, et al. Evidence-based Medicine. How to Practice and Teach EBM[M]. London: Churchill Livingston, 1997: 1-60.

[2] Hróbjartsson A, Gøtzsche P C, Gluud C. The controlled clinical trial turns 100 years: Fibiger's trial of serum treatment of diphtheria[J]. BMJ, 1998, 317(7167): 1243-1245.

证医学的启蒙人、英国著名流行病学家和内科医生阿奇·科克伦出版了《疗效和效益：健康服务中的随机反应》（Effectiveness and Efficiency: Random Reflections on Health Services）一书，强调了采用随机对照试验（randomized controlled trials，RCTs 或 RCT）"证据"的重要性和可靠性，奠定了循证医学的基础和现代循证思想。[①]

终至 1992 年，加拿大麦克马斯特大学的研究小组正式提出"循证医学"（Evidence-based Medicine，EBM）的概念。随后，在循证医学迅猛发展的过程中，"循证"的内涵也逐渐超出医学领域而迅速扩展到包括社会科学、自然科学在内的多个领域，成为多个学科研究、教育和实践共同关注的方法论和指导思想，进而在理论层面上演变为一种"循证观"和"循证理念"，并形成循证社会科学（Evidence-based Social Science）、循证科学（Evidence-based Science）等一系列以证据为本的方法论和实践探索。[②]

（二）循证医学的提出

1971 年以来，英国著名流行病学家和内科医生阿奇·科克伦先后明确提出了"应用随机对照试验证据之所以重要，是因为它比其他任何证据更为可靠""应根据特定病种/疗法，将所有相关的随机对照试验联合起来进行综合分析"等观点，主张医学干预研究的结论必须建立在经过严格汇总的随机对照试验基础之上，这为循证医学的核心研究方法——系统评价奠定了理论基础。20 世纪 80 年代以来，循证医学奠基人之一、牛津大学临床流行病学家戴维·萨基特教授结合患者的临床实际问题，检索和评价医学文献，并将所获得的最新成果用于自己的临床实践，将临床流行病学的原理和方法用于指导临床决策，探索基于临床问题的研究，以提高临床疗效，为循证医学的产生奠定了重要的方法学和人才基础。

1991 年，加拿大麦克马斯特大学医学院内科住院医师培训计划主任 Gordon Guyatt 博士，在 ACP Journal Club 上发表了一篇题为《循证医学》（Evidence-based medicine）[③]的文章，指出未来的临床医生，其决策不应仅依靠教科书、权威专家或资深上级医生的意见，而应有效综合当前最佳研究证据；未来的医学发展，要求临床医生具备检索文献的技能、评价文献的技能和综合信息的技能，还应具备判断证据对当前患者适用性的能力。

1992 年，以 Gordon Guyatt 为首的循证医学工作组在《美国医学会杂志》上

---

① Shah H M, Chung K C. Archie Cochrane and his vision for evidence-based medicine[J]. Plastic and Reconstructive Surgery，2009，124(3)：982-988.
② 胡晓玲，柳春艳. 循证教育学概论[M]. 北京：中国社会科学出版社，2021.
③ Guyatt G. Evidence-based medicine[J]. ACP Journal Club，1991，114(2)：A16.

发表了标志循证医学正式诞生的宣言文章——《循证医学：医学实践教学的新模式》。该文强调循证医学是一种新的规范，明确提出临床决策应该基于随机对照试验和Meta分析（亦称元分析）的结论；住院医师在培训期间的目标之一，是训练其高效检索文献、评价文献和正确应用证据进行临床决策的能力；循证医学作为一种系统、科学的方法，能够更好地帮助医生解决临床实践中的不确定性。

从循证医学的概念来看，循证医学是临床医生对患者的诊断和治疗应基于当前可得的最佳研究证据，结合自己的临床实践经验和专业知识技能，并尊重患者的选择和意愿做出的临床诊治决策。因此，从其内涵来看，循证医学是遵循最佳科学依据的医学实践过程，是最好的研究证据与临床医生的实践经验和患者的意愿三者之间的有机结合。作为一种新的临床医学实践模式，循证医学将当前可得最佳证据为决策依据、医生的专业知识为技术保证、患者的利益和需求为医疗最高目标规定为其三原则。提出问题、检索证据、评价证据、应用证据、后效评价为实践循证医学的五个步骤。

戴维·萨基特等将循证医学定义为"慎重、准确和明智地应用所能获得的最好研究证据来确定患者治疗措施"[1]，并于1995年在牛津大学成立了世界上第一个循证医学中心。随后的20多年，循证医学的理念、方法、模式在临床医学、预防医学、决策科学、风险控制，甚至在基础研究的探索、服务、研究、培训、转化中逐渐被全世界各地区和国家共识为科学、快速处理海量信息的最佳方法，其针对影响全球卫生与健康的重大实际需求，集全球高端智力资源，整合信息技术优势，发展方法与标准，开展培训与转化，建立规范化的证据生产、传播、使用、共享的成功模式已逐渐被公认为是维护人类生命健康、助推人类社会发展的科学保障之一[2]。

（三）从循证医学到循证社会科学

由上可知，循证医学是遵循证据进行决策的科学，"基于问题的研究，遵循证据的决策，关注实践的后果，后效评价，止于至善"是循证医学的思想灵魂，"提出问题，搜寻证据，评价分析，决策实践，后效评价，持续改进，止于至善"是循证医学的实践模式。可以说，循证医学是人类社会发展几千年认识和实践的经验结晶，是人们认识问题、解决问题的实践模式和思想方法论[3]。经过30多年来的讨论和发展，循证医学的概念、方法、内涵和外延都已经发生明显的变化，

---

[1] Sackett D L, Rosenberg W M, Gray J A, et al. Evidence based medicine: What it is and what it isn't[J]. BMJ, 1996, 312(7023): 71-72.

[2] 张鸣明, 李幼平. 从循证医学到知证卫生决策与实践——世界卫生组织与Cochrane协作网工作会和第17届Cochrane年会要览[J]. 中国循证医学杂志, 2009, 9(12): 1247-1248.

[3] 孙鑫, 杨克虎. 循证医学[M]. 北京：人民卫生出版社, 2021.

如早期狭义的循证医学主要指循证临床实践，仅仅指临床上对个体患者的诊治。广义的循证医学应包括一切医疗卫生服务的循证实践。随着自身的快速发展，以及对医疗卫生领域实践决策的指导所具有的科学性越来越显现，循证医学的理念、思想和方法被逐渐推广应用到除医学以外的其他领域，并越来越明显地影响着其他学科或实践领域的思想和行动。自20世纪90年代以来兴起至今方兴未艾的循证实践运动，就是对这一理念在其他领域影响力的诠释，循证社会科学正是在这样的环境中逐渐发展起来的。

此外，以证据为核心的循证医学自诞生之日起，就围绕证据开展了从数据库到规范的建设实践。1993年，在英国成立、纪念循证医学创始人之一的阿奇·科克伦的国际Cochrane协作网（Cochrane Collaboration）[①]是国际公认的循证医学领域生产高质量系统评价证据的独立非营利国际组织，其依靠周密的顶层设计、系统的方法学创新、规范化的培训和预注册管理、定期更新和全程质量把关，集全球参与者之力生产、保存和传播高质量证据，因此，成为世界卫生组织和世界各国循证决策与实践的源证据库，对促进国际信息交换与资源共享，提供可靠的证据，确保高质量的循证决策，推动建设更好的医疗健康系统发挥了重要作用，也成为推动循证医学学科发展非常重要的平台。但由于Cochrane协作网主要是医学领域循证决策与实践的源证据库，因此，不能完全适应和满足循证社会科学研究与实践的需要。2000年2月成立的Campbell协作网（Campbell Collaboration）[②]就是针对社会科学研究与实践，生产、保存、传播和利用社会、教育、法学、管理等领域高质量系统评价证据的国际性学术组织。目前，Campbell协作网系统评价内容已涵盖教育、司法犯罪、国际发展、社会福利、知识转化、食品安全、商业管理等多个领域，为公共领域的决策与实践提供了证据支持，为社会科学领域的决策和实践的科学化奠定了证据基础。

正是在来自循证医学的循证理念发展、借鉴和推动，以及社会科学实践领域的积极回应下，循证社会科学随着循证医学的发展而发展。

二、循证社会科学的发展

(一) 循证社会科学发展的驱动因素

循证社会科学的兴起和发展不是偶然，它既反映了科学发展的规律和某种必然的趋势，也蕴含着深层次的驱动因素。

（1）循证医学发展的科学影响。自诞生以来，循证医学"基于问题的研究，

---

① https://www.cochrane.org/。
② https://www.campbellcollaboration.org/。

遵循证据的决策,关注实践的后果,后效评价,止于至善"的理念和"有证查证用证,无证创证用证"的方法已受到科学界及社会的高度认可[①]。借鉴循证医学的理念、方法和技术,在社会科学领域通过最佳证据的生产、传播、转化和应用,进而促进科学决策和循证实践更是被誉为社会科学的第三次"科学化"浪潮。可以说,循证医学为循证社会科学的发展提供了理论基础和动力。

(2)学科交叉融合的发展结果。当前,全球新一轮科技革命和产业变革呈现出信息、生命、材料等众多领域知识汇聚融合的新特点,人类在解决经济、社会等关系生存和社会发展的重大问题时,越来越多地需要综合运用多学科知识,在不同学科间开展广泛的交流与合作[②]。在此过程中,学科之间知识不断交叉、融合、渗透,科学研究呈现出从"单一学科"向"交叉学科"的范式转变趋势,交叉科学时代已经到来。如心理学界借鉴循证医学的视角、理念、方法和合作模式,自20世纪七八十年代开始即制定了相关心理学实践的原则、手册、指南与标准,在学校心理学、咨询心理学、家庭心理学、行为分析甚至各种社区服务或社会服务等领域开展了一场声势浩大、席卷全球的循证实践运动,推动着循证的思想、理念与方法交叉发展并渗透到传统的管理学、教育学、社会学、经济学等社会科学领域。

(3)科学研究范式的演变革新。随着大数据时代的到来和数据的爆炸性增长,计算机不仅仅能做模拟仿真,还能进行分析总结和理论阐释。这一时代的变化让计算机科学有了丰富和可以计算的数据基础,更为重要的是推动了数据密集型科研范式从第三科研范式中分离出来,成为一个独特的科学研究范式——第四科研范式[③]。科学研究由传统的假设驱动向基于科学数据进行探索的科学方法转变,由大数据组成的科学数据成为科学家进行科学研究的最佳证据选择,也就是说科学研究范式的演变革新为循证社会科学的发展提供了坚定的证据保障及应用驱动。

(4)社会重大问题的治理需要。循证的理念、思想和方法自20世纪90年代以来已在西方发达国家的科学决策、政府治理和智库研究中受到越来越多的重视和推广应用。如除了上述提及的英国布莱尔政府,美国的奥巴马政府、特朗普政府和拜登政府重视循证决策,并出台相关连续性的政策之外,其他一些政府也关注到了循证决策的价值并诉诸政府改革。如2007年,澳大利亚总理陆克文指出"循证决策是改革政府的核心"。由此可见,循证社会科学的价值在实践层面得到了

---

① 孙鑫,杨克虎. 循证医学[M]. 北京:人民卫生出版社,2021.
② 魏志鹏. 在学科交叉发展律动中探寻专业学术期刊服务学科的增长点[J]. 图书情报知识,2020(5):202-204.
③ Hey T, Tansley S, Tolle K. 第四范式:数据密集型科学发现[M]. 潘教峰,张晓林,等译. 北京:科学出版社,2012.

先于理论研究和学说形成的挖掘和彰显。

（二）循证社会科学发展的主要进展

（1）循证社会科学的分支学科领域的进展。遵从循证思想、应用循证实践理念和方法的医文工交叉前沿学科——循证社会科学快速发展，并在形成了循证矫正学、循证教育学、循证社会工作和循证管理学等多个子学科、子领域的同时，努力促成以"遵循证据"为指导实践的时代精神和文化信仰[1]。典型如循证社会工作（Evidence-based Social Work），也被称为证据为本的循证社会工作，是当代社会科学实践领域开展循证实践运动的一部分。循证社会工作主要是将以常识、经验为指导的实践，转化为主要以科学理论和证据为指导的实践，是社会科学"科学化"的重要阶段。从 2000 年 Jacqueline Corcoran 的《循证家庭社会工作实践：生命周期法》（Evidence-based Social Work Practice with Families: A Lifespan Approach）[2]出版以后，2004 年《循证社会工作杂志》（Journal of Evidence-based Social Work）的创刊，随后《社会工作中的循证实践》（Evidence-based Practice in Social Work）[3]、《社会工作与循证实践》（Social Work and Evidence-based Practice）[4]、《社会工作中的循证实践：一种新的专业文化的发展》（Evidence-based Practice in Social Work: Development of a New Professional Culture）[5]等一系列有关循证社会工作的著作相继出版，都展现了循证社会工作这一领域所具有的广阔研究前景。目前，循证社会工作实践逐渐得到政府、专业组织及社会大众的认可，已经发展成为社会工作的主流实践模式[6]。

（2）循证社会科学的机构平台搭建进展。目前，国际上已搭建的有加拿大麦克马斯特大学开发的社会系统证据数据库（Social System Evidence，SSE）、皮尤研究中心开发的第一证据转化平台数据库（Results First Clearinghouse Database）等循证社会科学机构平台或证据库，但国际学术组织 Campbell 协作网平台代表着循证社会科学领域的发展方向，产生的 Campbell 系统评价更是社会科学领域系统评价的代表。2000 年 2 月，循证社会科学国际权威学术组织 Campbell 协作网在美国宾夕法尼亚大学正式成立，其主要任务是为社会、心理、教育、司法犯罪学

---

[1] 杨克虎. 循证社会科学的产生、发展与未来[J]. 图书与情报，2018（3）：1-10.
[2] Corcoran J. Evidence-based Social Work Practice with Families: A Lifespan Approach[M]. New York: Springer, 2000.
[3] Bilson A. Evidence-based Practice in Social Work[M]. London: Whiting & Birch, 2005.
[4] Smith D. Social Work and Evidence-based Practice[M]. London: Jessica Kingsley Publishers, 2004.
[5] Soydan H, Palinkas L A. Evidence-based Practice in Social Work: Development of a New Professional Culture[M]. New York: Routledge, 2014.
[6] 杨文登. 社会工作的循证实践：西方社会工作发展的新方向[J]. 广州大学学报（社会科学版），2014，13（2）：50-59.

及国际发展政策等社会科学领域提供科学严谨的系统评价决策依据。为了更好地生产决策所依据的证据，Campbell 协作网本着合作、包容、高效、严谨的工作立场，强调证据的时效性、相关性、开放性、规范性、持续性和多样性，来推动证据的有效转化，在内部组建了指导委员会、秘书处、方法指导组、交流传播组、专项协作组等机构，在外部与挪威健康服务知识中心（Norwegian Knowledge Centre for the Health Services，NOKC）、循证医学国际学术组织 Cochrane 协作网、康考迪亚大学学习及展现研究中心（Center for the Study of Learning and Performance，Concordia University）、政策与实践信息协作中心（Evidence for Policy and Practice Information and Co-ordinating Centre，EPPI-Centre）、国际干预效果评估组织（International Initiative for Impact Evaluation，3ie）、宾夕法尼亚大学犯罪学中心（Jerry Lee Center of Criminology，University of Pennsylvania）、多伦多大学 Factor-Inwentash 社会工作学院（Factor-Inwentash Faculty of Social Work，University of Toronto）等组织或机构合作。成立 20 多年来，Campbell 协作网已发表 200 多篇内容涵盖教育、犯罪、社会福利等多个领域的系统评价，为全世界社会科学领域的公共决策提供了证据支持[1]。

（3）循证社会科学的科学研究进展。从循证社会科学的文献计量学研究中可以发现[2]：随着 Cochrane 协作网和 Campbell 协作网的先后成立，社会科学领域的学者开始不断探索循证理念和方法在社会科学领域应用的可行性。同时，发表的文献数量也呈现逐年增长的趋势，近十年每年的文献发表增长量在 50 篇左右。虽然相较英文研究，中文研究的发文量较少且不稳定，但总体呈上升趋势。从发表文章所属国家来看，美国的发文作者、机构和论文被引次数均处于领先位置。中国逐渐开展了循证社会科学领域的研究，发文量最多的机构是全国首个成立循证医学研究中心的四川大学，排名第二的是兰州大学，排名第三的是北京大学。可以看出，发文较多的机构多为 985、211 高校，且没有成立循证社会科学研究中心的高校发文量较少，这说明成立相应的科研团队对学科的发展同样十分重要。根据对发文作者的分析可知，中文文献作者李幼平、杨克虎、拜争刚，英文文献作者 Brownson，其各自形成的团队在循证社会科学研究中联系紧密，是循证社会科学研究的领军人物。

（4）循证社会科学的政府实践进展。在循证社会科学的实践层面，一方面当前的政府实践主要体现在英国和美国等西方发达国家中，另一方面则主要集中在循证决策这一管理实践领域。

---

[1] 拜争刚，赵坤，刘丹，等. 循证社会科学的推动者：Campbell 协作网[J]. 中国循证医学杂志，2018，18（12）：1380-1385.

[2] 年涛，徐梦，王越，等. 循证社会科学研究现状的可视化分析[J]. 中国循证医学杂志，2023，23（2）：203-210.

第一，英国的循证决策实践及发展。在致力于打造"现代化政府"的新一轮政府改革背景下，以第 51 任首相布莱尔为首的工党政府提出了"What matters is what works"的口号。"循证决策"观念于 20 世纪 90 年代在英国政府中得到复兴，进而英国政府在 1999 年出台了《现代化政府》（*Modernizing Government*）白皮书，以及《21 世纪的专业政策制定》（*Professional Policy Making for the Twenty-first Century*）等官方文件，循证决策的应用在英国正式拉开序幕，并迅速占领了政策高地[①]。值得一提的是，从 2013 年开始，英国政府建立了"有效方案网络"（The What Works Network），该网络包括 9 个"有效策略中心"（What Work Centers）、3 个附属成员和 1 个准成员，这些中心在诸如警务、教育、地方经济增长、卫生和社会保障等领域，探索新的方式来生产证据，确保公共服务的支出和实践能得到现有最佳证据的支持[②]。这些行之有效的实践，成为学术研究界、公共服务部门以及它们为之服务的其他社区之间的桥梁，为循证决策实践在英国的展开提供了有力的支持[③]。

第二，美国的循证决策实践及发展。美国第 56、57 届总统奥巴马自上任伊始就明确提出政策制定应该由证据驱动，倡导联邦政府通过证据的生产和使用，聚焦于有用的事情，以辨识最大的需求和机会来解决面临的挑战。第 58 届总统特朗普延续了奥巴马政府对证据和评估的关注，致力于建立和使用证据来改进政策、计划、预算、运营和管理决策，从而建立有效和高效的政府[④]。第 59 届总统拜登则在上任一周后，就签署了《关于通过科学诚信和循证决策恢复对政府信任的备忘录》，并在备忘录里写入了一句掷地有声的标语："科学、事实和证据对解决整个联邦政府的政策和计划方面的议题至关重要。"[⑤]明确表达了新一届政府在决策中要大规模借助科学循证的思路。美国行政管理和预算局（Office of Management and Budget，OMB）自 2009 年起陆续发布了《增强对项目评估的关注》《在 2014 年的预算中使用证据和评估》《证据和创新议程中的后续步骤》《运用管理数据构建证据》《构建生产和使用证据的能力》等一系列有关"证据"的官方文件，既为美国各级政府推行循证决策提供了指南，也构建起了美国"基于

---

① Halpern D. The what works network: Five years on[R/OL]. [2018-01-29]. https://www.gov.uk/government/publications/the-what-works-network-five-years-on.
② Evaluation Task Force. What works network[EB/OL]. [2013-06-28]. https://www.gov.uk/guidance/what-works-network.
③ 魏夏楠，张春阳. "循证决策" 30 年：发展脉络、研究现状和前沿挈领——基于国内外代表性文献的研究综述[J]. 现代管理科学，2021（4）：26-36.
④ 杨开峰，魏夏楠. 政府循证决策：美国联邦政府的实践及启示[J]. 经济社会体制比较，2021（3）：139-149.
⑤ Timmer J. New Biden executive order makes science, evidence central to policy[EB/OL]. [2021-01-29]. https://arstechnica.com/science/2021/01/new-biden-executive-order-makes-science-evidence-central-to-policy/.

项目评估的决策""证据和项目评估相结合的决策""证据和管理数据相结合的决策""提升生产和使用证据的能力"的循证决策框架。同时，随着美国国会于 2016 年 3 月 30 日通过的《2016 循证决策委员会法案》(*Evidence-Based Policymaking Commission Act of 2016*)提出在行政部门成立循证决策委员会，2019 年 1 月《2018 循证决策基础法案》(*Foundations for Evidence-Based Policymaking Act of 2018*)获得通过，循证决策在美国一步步得到法律支持及制度保障[①]。

第二节 循证社会科学的哲学基础

循证社会科学作为一门新兴的前沿交叉学科，其兴起和发展并非偶然，反映了科学发展从综合到分化再到整合统一的规律及趋势，也蕴含着深层次的哲学基础作为支撑。因此，我们需要把循证社会科学放到一个更加广阔的背景和场景中进行考量与讨论，进而发现和梳理好其哲学根基。

一、循证社会科学的本体论基础

本体论是基于若干学科、课程及若干领域的本原，与特定类型领域的相关知识进行价值互动，探究科学发展本体的一种哲学观。就循证社会科学而言，循证、证据等相关概念、特征是其特定的本体。从本体论的角度理解，循证社会科学是包括研究者、公众、政府决策者等实践者与以知识、信息、数据等为表现形式的证据之间的价值互动，是对隐藏于事物、现象背后的规律、知识进行挖掘与创新，以做出最佳的科学决策。

循证社会科学遵循哲学社会科学发展的一般规律，坚持以马克思主义为指导，在坚持科学性的前提下，以证据为核心，以客观事实为准绳，基于可得最佳证据进行科学实践与探索，得出最佳的决策结论。循证社会科学突出一个"新"字，就是对传统社会科学发展的创新，即在继承传统社会科学学科范式的基础上，深刻把握学科知识的内在逻辑结构和学科交叉发展的态势，引入来自循证医学的理念、方法和技术，借助大数据、人工智能等新一代信息技术，对传统社会科学所遵循的研究及实践范式进行拓展，并更加注重实践问题的科学解决与行动能力的培养。因而，循证社会科学具有交叉性、科学性、实践性等特征。

---

① 魏夏楠，张春阳. "循证决策" 30 年：发展脉络、研究现状和前沿挈领——基于国内外代表性文献的研究综述[J]. 现代管理科学，2021(4)：26-36.

（一）循证社会科学是社会科学价值的回归

从科学性和价值性的维度来看，循证社会科学既是事实科学，追求客观真理，又是价值科学，追求具有主观标准的最佳实践，因此，是客观和主观、事实和价值、真理和规范相统一的科学。循证社会科学具有人文特质、理性逻辑和技术赋能等多重属性，不仅关注知识层面，而且注重价值层面的内涵。循证社会科学人才培养的目的既在于培养研究者发现问题、提出问题、分析问题和解决问题的协同品质与人格，也在于培养研究者根植于实践、回报于实践的高尚情操，以知识生产协同来解决社会领域科学研究及实践发展的重大问题。因而，从这一角度来看，循证社会科学就是实现各类、各级证据资源与科学研究及社会实践的同向同行，实现科学研究、人才培养与人类社会的协同发展。在当今大数据时代，循证社会科学就是要借助大数据技术深度整合来源广泛、数量庞大、结构不一的证据资源，并将之与专业基本原理、前沿技术进行有机融合，将马克思主义的立场、科学观根植于证据转化的生产、合成、评价及应用的全过程中，并充分考虑证据转化应用的具体场景和协同效应，用循证社会科学的证据转化体系，实现社会科学研究及实践发展的证据应用和科学决策协同创新。

（二）循证社会科学是实现学科交叉的载体

随着科研范式的变革和社会现实问题的复杂性提升，仅靠一门单一的学科难以解决现实重大问题，推进学科交叉融合成为学科发展的新趋势。事实上，科学的发展经历了由综合到分化到再综合三大阶段，学科交叉是20世纪科学整体化的具体反映[1]，进入21世纪以来呈现加剧态势。特别是迈入大数据驱动的数据密集型第四科研范式时代以来，学科壁垒逐渐被打破，学科界限进一步模糊，学科交叉成为常态。正是感知到了这一学科发展动向，教育部于2019年启动实施了"六卓越一拔尖"计划2.0，以期全面推进以学科交叉发展为主要特征之一的新工科、新医科、新农科和新文科建设。2020年7月29日召开的全国研究生教育会议则将交叉学科调整为我国第14个学科门类。可以说，科学已经进入学科交叉发展的新时代。在学科交叉的具体表现中，相较于文文交叉，自然科学与社会科学之间的交叉更受大家关注和期待。早在100年前，列宁就谈到了"从自然科学奔向社会科学的潮流"问题，认为"所谓从自然科学奔向社会科学的潮流，简单地说来，就是自然科学在自己的发展进程中，以科学的理论概念和方法，对社会科学发生

---

[1] 张春美，郝凤霞，闫宏秀. 学科交叉研究的神韵：百年诺贝尔自然科学奖探析[J]. 科学技术与辩证法，2001(6)：63-67.

积极的影响和渗透,从而推动社会科学的发展和进步"[1]。概言之,就是自然科学与社会科学的交叉融合。循证社会科学在一定程度上突破了传统的以学科为载体的知识生产方式,实现了知识的生产由单一学科领域向跨学科、融合学科发展,进而拓展出了如循证经济学、循证社会学、法循证学、循证信息学等分支研究领域和知识体系。与此同时,循证社会科学在教育决策、社会管理、政府治理等领域得到了成功应用,并引起了多个国家政府治理思维及治理方式的转化,这表明循证社会科学是一门自然科学与社会科学、科学理论与实践应用融汇交叉的前沿新兴学科[2]。

(三)循证社会科学是科学协同共振的桥梁

无论是自然界,还是社会本身,都是一个整体的有机组成。对自然和社会现象做出解释,是科学研究的重要目标之一。然而,受科学技术和方法工具的限制,人类尚不足以从整体上揭示自然或社会的全貌。因此,为了更深入地研究不同事物,不得不将作为整体的科学划分为一个个专深狭窄的学科专业[3]。不可否认,长期以来的专业划分确实有助于研究者扎根比较专深的领域而提高研究效率,但也不可避免地造成了不同科学领域的研究者因沿袭了不同的话语体系而难以展开实质性学术对话,从而造成了相互隔离、互不往来的局面。现代信息技术的发展为我国人文社科研究带来了新的历史发展机遇。新场景、新视野、新方法、新工具的出现,使整个科学活动的研究范式发生深刻变化。从循证社会科学的视角来看,人和社会所创造的事实都是证据的信息来源,对这些描述和记录了人和社会发展的信息进行系统评价研究,所得科学结果就是证据。因此,以证据为核心的循证理念就是整个科学共同体协同共振的最大公约数,而证据是最便捷的桥梁。基于这些证据展开知识转化和实践应用,进而对人类社会的各种现象做出规律性、深层次阐释和实践科学决策,在哲学层面来看,也就是科学共同体认识社会、改变社会的初心使命。

二、循证社会科学的认识论基础

马克思主义认识论强调社会实践对认识的决定作用,认识来源于实践的积累,对循证社会科学的发展有着重要的指导意义。这是因为,哲学经过几千年的发展,

---

[1] 孙显元. 从自然科学奔向社会科学的潮流——试谈自然科学的发展对社会科学的渗透[J]. 安徽师大学报(哲学社会科学版),1978(4):3-13.

[2] 魏志鹏,杨克虎. 循证社会科学视角下的新文科建设路径研究[J]. 兰州大学学报(社会科学版),2021,49(1):142-150.

[3] 马费成. 推进大数据、人工智能等信息技术与人文社会科学研究深度融合[N]. 光明日报,2018-07-29(6).

其内涵不断丰富，从认识论、本体论、方法论，到形而上学，到美学等，均属于广义哲学研究的范畴。其中，认识论是所有哲学研究问题中最为基础和重要的问题。认识论是关注人类知识问题的理论，重点研究人类知识的起源、本质、界限等问题[1]。

如果将循证社会科学视作一门严谨的专业学科，那么必然有其研究的问题和范畴，需要从哲学的视角特别是从认识论的视角去思考和回答这个问题。在社会科学的研究及实践中准确获取相关知识，特别是可以支撑研究和决策最佳证据的知识（以信息、数据等为表现形式），并在实践中应用这些知识进行合理决策，是循证社会科学的核心任务之一。由此可见，循证社会科学和循证医学一样，以证据为核心，将证据依附的知识置于实践的中心地位。因而，在循证社会科学与哲学的内在关联中，认识论与循证社会科学的关系最为密切。我们认为，循证社会科学的哲学基础就是吸取了不同认识论的长处，将经验与理性绝对融二为一，规避了对经验论的教条式理解，强调以证据为中心，同时考虑理性推理的作用[2]。

（一）循证社会科学更加重视综合素质与能力的培养

循证社会科学通过对社会实践及社会科学领域的最佳证据进行由表及里、由浅入深的发现、认知和理解，并进一步深化和运用其指导实践和支持实践决策，有助于政府官员、公众、专业工作者和科学研究者加深对真实世界的了解与认识，进而做出基于最佳证据的科学决策与实践。正是基于要实现这一目标，循证社会科学注重对培养对象学习能力、适应能力、技术应用能力、实践能力等的打造与培养，在强调哲学社会科学的专业化教育基础上突出医学、计算机等学科的通识教育，优化培养对象的知识和能力结构，培养具有全球视野、拥有批判意识和批判性思维、经过严格学术理论和学术方法训练、勇于探索创造并善于团结协作的高端人才。

（二）马克思主义哲学价值对循证社会科学具有重要影响

深刻理解马克思主义价值观，有利于准确、深化认识与把握循证社会科学的学科内涵，全面认识循证社会科学在新时代中国特色哲学社会科学学科体系、学术体系与话语体系中的地位，加深我们对循证社会科学本体的再认识。正如我们所了解的，马克思主义视域下的"人"并非传统意义上我们所认为的单个的人，

---

[1] 王晓升. 在人类生存的根基处重新理解认识——马克思主义认识论再思考[J]. 华中科技大学学报（社会科学版），2022，36（5）：1-8.

[2] 张越伦，吴东，李乃适，等. 试论循证医学的哲学基础[J]. 协和医学杂志，2021，12（3）：401-406.

而是现代伦理意义上具有个人与社会双重价值的"人"[1]。因此，循证社会科学关注人的价值、社会价值和国家价值，并在此基础上进一步反思循证社会科学如何实现"自我超越"，如何加强基于最佳证据的发现、传承及创新，如何推动医学、信息科学与社会科学的相互促进，如何建构学术研究、技术应用及实践决策的统一，如何回应社会关切和国家需要，这些都是循证社会科学发展需要思考的基本命题。

循证社会科学强调多学科交叉与深度融合，强调需求导向，对于推动循证社会科学实践具有积极作用。但是，从认识论角度出发，循证社会科学的本质属性还没有被充分揭示出来。单一知识体系难以适应当前社会发展需求，难以满足人全面发展的需要，难以适应新时代国家发展的需要。循证社会科学是对社会科学发展的新思考与再出发，在循证医学、传统社会科学和新一代信息技术浪潮中不断汲取营养，在继承的基础上不断扬弃以进行创新性探索。

三、循证社会科学的方法论基础

马克思主义唯物辩证法认为，世界上的一切现象都处于普遍联系和永恒运动之中，事物普遍联系最本质的形式和运动发展最深刻的原因是矛盾着的对立方面的统一，矛盾分析法是最重要的认识方法。在方法论上，社会科学效法的是已取得广泛成功的先驱即自然科学的基本规则：从系统的、精确的、经验性的探索，推导出理论，理论越精细，科学就越先进[2]。方法论为循证社会科学的发展提供了功能观层面的可能性选择。给出这种可能性选择的现实性与合理性解释，可以为循证社会科学的发展做出系统化的分析与解答。

运用方法论的观点来看待循证社会科学的发展，必须充分认识当前政治经济社会发展的趋势，并在循证社会科学发展的过程中充分契合这一发展趋势。从循证社会科学的方法论角度解释，循证社会科学是对传统社会科学在理念、思想和方法方式上的重构。这就需要立足中国国情、扎根中国大地，遵循社会科学发展的规律，从不同维度对如何提高社会发展水平、助力治理体系与治理能力现代化，如何从实践中创造能够阐释中国实践、讲述中国故事的路径等问题进行方法方式上的改革。这就需要对循证社会科学的理论与实践进行系统总结，以理论体系、教学体系、课程体系等自主知识体系，构建具有中国特色的循证社会科学学科体系、学术体系和话语体系。

---

[1] 李志峰，李强. 新文科教育的哲学基础[J]. 高等教育评论，2021，9(1)：21-30.
[2] 伊曼纽尔·沃勒斯坦. 否思社会科学：19世纪范式的局限[M]. 刘琦岩，叶萌芽，译. 北京：生活·读书·新知三联书店，2008：297.

（一）实现循证决策是循证社会科学发展的实践目标

就管理学领域而言，循证决策（Evidence-based Policymaking，EBPM）是国际学术界较为前沿的研究主题之一。随着党的二十大在中共十八届三中全会提出治理体系与治理能力现代化的基础上又提出了推进国家治理体系和治理能力现代化这一时代课题，探索基于证据的决策和管理从而提高治理的质量和水平也就成为公共部门从业者及管理科学研究者面临的重要议题之一。循证社会科学的理念核心是基于证据的决策思想，即循证决策，并强调决策对实际工作的指导意义。循证社会科学一方面可以基于经验、情境和受众等不同维度进行随机对照试验，并利用 Meta 分析修正试验结果，致力于获得"高质量证据"并服务于相关决策；另一方面允许在不具备条件的情况下采用其他方法获取"当前最佳证据"。循证社会科学所提出的证据资格判定、证据质量控制等方法手段为新文科建设的决策实践提供了可参考的方法依据。同时，循证社会科学借助跨学科网络及新涌现的技术工具，能够高效处理复杂证据系统及大规模数据集，并通过数据分析和计量模型提升对循证决策的解释性和预测性，进而能够更好地为社会发展提供决策支撑，最终实现将信息和数据转化为证据，再转化为生产力。

（二）推动范式变革是循证社会科学发展的应有之义

当今时代正进行着以科学技术为动力的大变革，全方位的科学技术为科学研究、教学改革等提供了诸多方法上的指导。将人工智能、大数据等新一代信息技术运用到科学及教学实践活动之中，必然会推动科研范式及教育方法的大变革。大数据环境下，证据数据化是循证社会科学的逻辑起点和实践常态，而基于新环境、新技术的科学数据、网络数据、时空传感数据、社交媒体数据、电子政务数据等各类数据资源则是循证社会科学的证据转化信息来源，并因此带来在物理空间、生物空间、网络空间与人文空间中的融合与延伸。大数据赋能的循证社会科学将围绕证据生态链系统，进行人文社科最佳证据的知识转化与应用，其主要体现为基于生产要素数据化渗透、生产关系数据化重构和生产方式数据化变革背景而进行知识创造、传播及应用研究范式的变革。可以看到，循证社会科学近年来从基于结构化数据的组织、管理、演绎、统计范式向基于大数据的因果分析、实证归纳、知识发现和智慧决策范式演变，这既体现了数据密集环境下科学研究范式变革的方向，也体现了循证社会科学推动范式变革的内在气质。

（三）创新人才培养是循证社会科学发展的关键所在

哲学社会科学高端人才是推动人类社会变革的重要力量。古今中外，哲学社会科学高端人才在整个人类文明史、文化史中起到关键的作用。如霍布斯、洛克、亚当·斯密等思想家以"自由"为标志性话语的哲学思想引领和促进了英国崛起。康德、黑格尔等理性主义哲学家强调"理性""科学",推动了德国的崛起[①]。在当前学科趋于一体化、社会问题趋于复杂化的时代,哲学社会科学高端人才具有两个显著特征:立足哲学社会科学多领域、多学科又不仅限于哲学社会科学领域;其人格品性、思想言行和研究成果能够推动社会文明进步。同时,从社会发展来看,诸多重大且复杂的社会问题,需要多学科专家学者采用跨学科研究方法协作解决。循证社会科学就是将医学、计算机科学常用的定量研究及定量定性相结合的研究方法大量运用于社会科学领域,使社会科学从分析和描述变为分析与实证、观察、随机对照、数据挖掘等研究方法的结合,丰富了哲学社会科学的研究方法,促进了哲学社会科学的进步。

---

① 黄洁. 哲学社会科学高端人才培养体制机制研究[J]. 中国高等教育, 2020(13): 61-63.

第二章　证据的界定与循证效度协同

第一节　证据的定义与分类

一、证据的定义

"证据"二字在春秋战国时期就有使用。"证"在古汉语中的意思之一就是证据。例如，《墨子·天志下》提出，"以此知其罚暴之证"[①]。"据"在古汉语中也有证据的意思，如《后汉书·鲁恭传》中，"难者必明其据，说者务立其义"[②]。1600多年前东晋葛洪所著的《抱朴子·弭讼》称，"若有变悔而证据明者，女氏父母兄弟，皆加刑罪"[③]。句中"证据"可理解为证明事实的根据。《现代汉语词典》（第七版）中对证据的定义是："能够证明某事物真实性的有关事实或材料"。

英语中"evidence"一词出现于14世纪，《牛津简明英语词典》对证据的解释包括：①证明意见或主张真实有效的信息或符号（information or signs indicating whether a belief or proposition is true or valid）；②法律调查中或法庭上接纳证词时用来确证事实的信息（information used to establish facts in a legal investigation or admissible as testimony in a law court）。

法律中的证据有其特定含义，《中华人民共和国刑事诉讼法》第五章第五十条规定，证据是可以用于证明案件事实的材料，包括以下8种：①物证；②书证；③证人证言；④被害人陈述；⑤犯罪嫌疑人、被告人供述和辩解；⑥鉴定意见；⑦勘验、检查、辨认、侦查实验等笔录；⑧视听资料、电子数据。但法律中证据概念在统一性和精确度方面仍存在问题，已引起相关学者的关注。

循证社会科学中证据的内涵与循证医学领域中关于证据的界定较为接近。循证医学领域的证据既有别于生活中的证据，也有异于法律中的证据。1969年，循证医学奠基人戴维·萨基特等将临床证据定义为"以患者为研究对象的各种临床研究（包括防治措施、诊断、病因、预后、经济学研究与评价等）所得到的结果

[①] 转引自方勇. 墨子[M]. 北京：中华书局，2015：8.
[②] 范晔，撰；李贤，等注. 后汉书[M]. 北京：中华书局，1965：16.
[③] 转引自张松辉. 抱朴子内篇[M]. 北京：中华书局，2011：22.

和结论"[1]，即证据是由研究得出的结论。循证医学创始人 Gordon Guyatt 等人则将证据定义为"任何经验性的观察都可以构成潜在的证据，无论其是否被系统或不系统地收集"[2]。2005 年，加拿大卫生服务研究基金资助了一项研究，用系统评价的方法来定义证据，其结论为"证据是最接近事实本身的一种信息，其形式取决于具体情况，高质量及方法恰当的研究结果是最佳证据"[3]。2008 年，有循证领域的学者将证据定义为"系统评价后的信息"[4]。

由于循证社会科学尚处于初创时期，因此，关于证据的定义，循证社会科学领域的研究者一方面集采众长，兼容并包；另一方面针对社会科学领域研究对象的特有属性，试图概括出具有自身特色的证据定义来。整体而言，循证社会科学领域关于证据的界定遵循信息科学等领域关于"数据-信息-知识-智慧"的转化路径（即 DIKW 模型），遵循科学、系统、简明反映事物本质的原则，以内涵定义为主，力求概念外延边界的清晰化。为此，可以立足于社会科学研究的本质属性，以"证据是最接近事实本身的一种信息"为起点，应用形式逻辑关于科学概念"属"加"种差"的界定方法，突出术语学特点，以符合名词定义规范，对循证社会科学领域"证据"这一基础性科学术语做出如表 2-1 所示的定义。

表 2-1 证据的定义

被定义项	定义联项	定义项
证据	是	经过特定社会领域的专业人员应用 Meta 分析、系统评价等循证科学方法加工处理后的（种差）信息（属）

这一定义具有如下三个方面的特点：①动态性。上述定义强调循证社会科学领域的证据具有"当前最佳，不断更新"的特征。也就是说，在循证社会科学领域，研究者通过 Meta 分析与系统评价等手段，不断将新的信息加以"荟萃"，纳入循证研究的闭环之中。可见，循证社会科学领域的证据绝非一成不变。相反，时代不同，环境不同，证据的内容和质量也不同，必须用发展的观点看待证据。②全面性。相较于通过个别观察或个案研究而获得的局部的、片断的原始证据，基于 Meta 分析和系统评价等工具和方法，可以兼顾证据应用场景的多元化和应用情境的历时性，从而获得更全面、更接近真实的证据。也就是说，循证社会科学

---

[1] Sackett D L. Clinical epidemiology[J]. American Journal of Epidemiology, 1969, 89(2): 125-128.

[2] Evidence-based Medicine Working Group. Evidence-based medicine: A new approach to teaching the practice of medicine[J]. JAMA, 1992, 268(17): 2420-2425.

[3] 转引自周英凤，朱政，胡雁，等. 推动证据向临床转化（七）证据的可用性评价[J]. 护士进修杂志，2020，35(13): 1193-1196.

[4] 陈耀龙，王梦书，李晓，等. 卫生研究中证据的定义与循证规范[J]. 中国循证医学杂志，2008，8(12): 1034-1038.

领域的证据既强调对证据演化的纵向评价（基于问题的全程评价），也重视对证据质量的横向评价（基于问题的全面评价）。③科学性。如图2-1所示，在DIKW模型中，证据源于数据，高于信息，是知识乃至智慧形成的必要前提。具体而言，在循证社会科学领域，信息是一种"附加了意义的数据"，而证据则是一种"经过了（Meta分析等循证工具）加工的信息"。显然，当证据经过个体认知而纳入其知识结构时，就被转化成了知识甚至智慧。

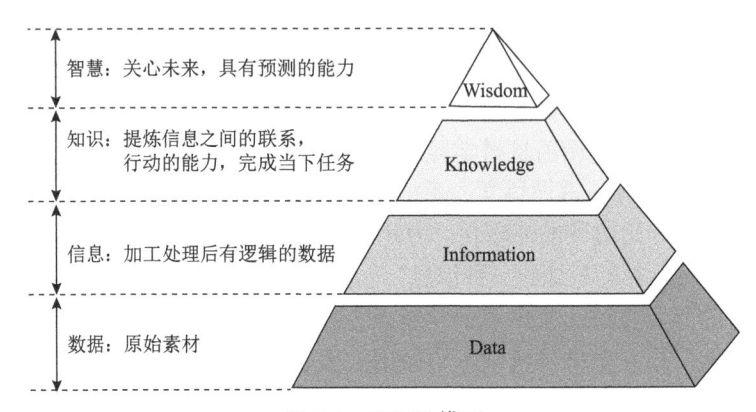

图2-1　DIKW模型

资料来源：Fricke M. The knowledge pyramid：A critique of the DIKW hierarchy[J]. Journal of Information Science：Principles & Practice，2009，35(2)：131-142

二、证据的分类

在社会科学领域，不同人群对证据的需求不同，对同一证据的理解也不同。证据分类的主要目的是更好地推广和使用证据，分类的主要依据是各类证据应该互不交叠。由于当前尚无国内外公认、统一的分类方法，本节主要按证据综合的方法和使用证据的对象两方面介绍分类方法[①]。

（一）按证据综合的方法分类

针对某一个或某一类具体问题，尽可能收集有关该问题的全部原始研究，然后进行严格评价、综合、分析、总结后所得出的结论，是对多个原始研究再加工后得到的证据。这种证据综合的方法可分为三大类，即系统评价（systematic review，SR）/Meta分析、参照卫生技术评估（health technology assessment，HTA）的综合分析、实践指南（practice guideline）。三者的共同点为：①均基于原始研究，进行系统检索、严格评价和综合分析；②均可参照和使用证据推荐分级

---

① 孙鑫，杨克虎. 循证医学[M]. 北京：人民卫生出版社，2021：23.

的评估、制订与评价（grading of recommendations assessment, development and evaluations, GRADE）工具进行分级；③均可作为决策的最佳依据。三者的主要不同点为：参照卫生技术评估的综合分析方法相对于系统评价，除有效性外，更注重对相关技术安全性、经济性和社会适用性的评价，纳入更宽。此种方法通常会基于评价结果做出推荐意见，以便被社会领域的政策制定者直接采纳。系统评价则更注重对文献或其他原始理论载体的质量评价，有严格的纳入排除标准。系统评价通常只进行证据质量分级，不做出推荐。实践指南（主要包括研究评述、智库报告、咨政建言等形式）则是基于综合后的最佳证据，形成推荐意见，对社会领域的实践具有指导和规范意义。

（二）按使用证据的对象分类

立足使用者的角度，可根据循证研究与实践所涉及的各利益相关方，将证据分为循证决策者、循证研究者、循证实践者和普通用户四种类型（表2-2）。

表2-2 基于利益相关方的证据分类

类型	循证决策者	循证研究者	循证实践者	普通用户
代表人群	政府官员、机构负责人、团体领袖等政策制定者	科学家及其他专业研究人员、决策咨询者等	医学、教育、社会工作等领域的专业技术人员等	普通民众，包括政策目标人群以及患者、受教育者等人群
证据呈现形式	法律、法规、报告或数据库	文献或数据库	指南、摘要、手册或数据库	电视、广播、网络、报纸等大众媒体或数据库
证据特点	简明概括、条理清晰	详尽细致、全面系统	方便快捷、针对性强	形象生动、通俗易懂
证据要素	关注宏观层面，侧重国计民生，解决复杂重大问题	关注中观层面，侧重科学探索，解决研究问题	关注中观层面，侧重实际应用，解决专业问题	关注微观层面，侧重个人保健，解决自身问题
资源举例	Health Systems Evidence 数据库	Campbell 协作网数据库	EPPI 数据库	PubMed Health 数据库

第二节 证据的效度

证据作为一种经过专业人员加工处理后的高质量资源，具有源于数据、高于数据的特征。从原始的、片断的证据到循证领域所"荟萃提炼"的最佳证据，效度是衡量和表征社会科学领域证据本质属性的最关键特征。所谓证据的效度，即证据中所含的效应量在现实情境中的真实、有效程度，是一种旨在对基于特定研究设计或测量工具所获取的原始证据以及基于循证处理后的高质量证据的科学程度做出评判的指标。根据证据取得的方式，效度通常可以从研究的效度和测量的效度两个不同的层次加以理解。简言之，循证社会科学领域的证据效度，主要指证据综合的有效性及与其关联的原始证据提取的全面性和合理性。

一、研究效度

所谓研究效度，主要是从研究设计的角度对证据（即研究结果）的科学性进行评估的一项指标。具体而言，研究效度是用来衡量特定的研究中为获取证据而涉及的各种变量之间关系的真实性和确定性。就循证社会科学而言，研究效度主要用来对证据综合过程中采取的消除各种偏倚、识别调节效度等方面措施的科学性做出评价。研究效度进而被区分为内部效度和外部效度。

内部效度主要用来衡量在特定的研究中，根据其研究设计所依据的初始理论，变量间关系具有何种程度的确定性和真实性。例如，在实际研究中，如果能确凿证实自变量和因变量之间的因果关系，则内部效度显然就较高；反之，如果所获取的证据只能证实变量间存在相关关系，则内部效度就相对较低。研究者常常通过控制无关因素的方法提高证据的内部效度。也就是说，如果在排除了各种干扰因素后，自变量的变化确定无疑地引起了因变量的变化，且因变量只因自变量的变化而变化，则所获取的证据就一定具有内部效度。考虑到个体的原始研究可能存在各种偏倚，循证领域发展了系统评价和 Meta 分析，以期通过对原始研究证据的综合，增大样本量，最大程度消除偏倚，识别各种可能存在的调节效应，从而对变量间关系做出更接近真实的解析。从这个意义上说，循证研究者展开证据综合的初始动机，就是为了提高研究的内部效度。

与内部效度不同，外部效度主要用来衡量证据（主要是特定研究的结论）的可外推程度，因此也被形象地称为生态效度。也就是说，如果一项研究所获得的证据越能够广泛地适用于外部"生态系统"，则其外部效度就越高。显然，为提高外部效度，特定的研究结果需要在存在不同干扰因素的情况下，仍然具有确定解释能力。例如，如果在随机对照试验中所获得的关于财政投入之于农民脱贫的正向影响相关证据能够适应于不同区域、不同产业传统和生活习惯的人群，则其外部效度毋庸置疑就较高。循证研究者常常通过 Meta 分析等方法，把来自不同研究情境的原始研究结果加以整合，从而实现丰富研究结果适用情境的目标。可见，与个体的原始研究相比，循证研究（特别是基于 Meta 分析方法开展的研究整合）可有效提升研究的外部效度。

总之，如果研究者越有可靠的证据证明所阐释的变量之间的关系是确实成立的，那么研究的内部效度就越高；如果研究者越有把握把研究所得的结论推广到一般化和普遍化的情境中，则研究所获证据的外部效度就越高。对于原始研究而言，内部效度与外部效度之间存在着此消彼长的对立统一关系。例如，研究者为了提高内部效度，追求尽量多地控制干扰因素并营造目标变量之间"纯净"的关系，从而使其在事实上存在各种干扰因素的外部情境中很难成立；反之，为追求普适性和概括性，研究者不得不在对所关心的变量间关系加以解析时"包容"一些无关因素（甚至很可能是干扰因素），从而对内部效度做出牺牲。然而，对于循证研究而言，内部效度和外部效度可以通过证据综合加以有效协调。具体而言，循证研究者通过将来自原始研究的证据加以有效综合，消除其偏倚，丰富其适用情境，从而实现在提高内部效度的同时提高外部效度的目标。循证社会科学的生命力，恰恰在于其在有效协同内部与外部效度、提升研究证据科学性方面所具有的独特优势。

二、测量效度

所谓测量效度，主要是对测量工具的有效性加以判断的一种指标。在社会科学领域，几乎所有证据的取得都必须从测量开始。与自然科学领域相比，循证社会科学领域的测量对象常常比较抽象、模糊，测量工具的发展已成为制约社会科学领域证据生产质量的一个主要因素。为此，在循证社会科学领域，需要对证据的测量效度做出全面评估。迄今为止，社会科学领域的研究者已发展了表面效度、构念效度、内容效度、效标关联效度等一系列指标，用以对测量工具的科学性进行检验。在循证社会科学领域，当研究者完成证据的检索后，就需要从原始研究文献中提取所需要综合的证据元素。这一过程，事实上也是一种对变量加以测量的过程。

表面效度（face validity）是指测量的结果与人们的共识吻合的程度，通俗地说，就是指从表面上看特定测量工具测到了其原来计划要测量的属性的程度。在实际检验中，研究者常常通过匹配特定测量问项与人们直观、表面的感受之间的一致程度对表面效度加以衡量。循证研究中，当研究者所提取的证据元素与人们对这些元素所涉及的研究对象的一般认识越接近，则其证据元素提取的表面效度就越高。

构念效度（construct validity）关注的是特定测量工具所涉及的项目在多大程度上与所测量的构念相匹配。为检验构念效度，研究者常常采用验证性因子分析的方法，对测量工具中的项目与理论构想之间的一致性加以判断。经过多年的发展，研究者研究了包括以聚合效度（convergent validity）和区分效度（discriminate validity）为核心的多质多法（multitrait multimethod）等检验方法。其中，聚合效度反映使用不同测量工具测量相同变量时所得的结果之间的一致性，区分效度用以考察特定测量方法得出的测量结果的独立程度。多质多法是一种基于聚合效度和区分效度而发展起来的系统性构念效度检验方法，其基本理论是：测量同一特质的不同测量工具的测量结果之间相关程度应该很高（即聚合效度），测量不同特质的测量工具的测量结果之间相关程度应该很低（即区分效度）。在循证研究者展开的研究证据析取中，在有效实现将同类证据加以综合的同时，将不同类的证据加以区别，就体现了循证研究的构念效度。

内容效度（content validity）也是一种极其重要的效度指标。内容效度主要用以考察特定的测量工具中，是否包括了足够有代表性的项目来度量应该测量的变量的内容，并同时将该测量工具所测变量之外无关内容排除出去的程度。例如，一份试卷如果能在很好涵盖拟考查知识点的同时，把考试范围之外的知识点都排除出去，则其内容效度就较高。在循证研究中，内容效度主要用来衡量研究者所提取的原始证据要素的全面性和代表性。

效标关联效度（criterion-related validity）也是一种应用范围较为广泛的效度指标，其基本原理是，通过对测量结果与测量目标的一致程度进行衡量，从而对测量工具的科学性做出判断。在实际使用中，研究者通常在拟测量的事项上先选定一个约定俗成的标准（即效标），然后应用特定测量工具展开测量，并对测量所得的结果与效标之间的匹配度进行权衡。如果效标与测量结果之间的关联程度越高，则测量工具的效标关联效度就越高，反之亦然。循证研究中的效标关联效度主要用来衡量研究者所提取的证据元素与"全部证据"相比较的全面性。

三、循证领域研究效度与测量效度的联系与区别

研究效度与测量效度之间的紧密联系主要表现在，二者都是对证据质量的检验，都是为了确保循证过程与结果的科学性、真实性和准确性，因此，二者在本质上是一致的。在同一项证据生产活动中，只有测量的效度高，研究效度才能得到保障。同时，高效度的测量只有融入高水平的研究设计之中，才有意义。从这个意义上说，测量效度是研究效度的基础，研究效度是测量效度的归宿。循证研究的首要目标是提升研究效度。同时，为了提高研究效度，循证研究者又不得不关注证据元素提取过程中的测量效度问题。

从循证社会科学的角度看，测量效度与研究效度存在的差异在于，二者所关注的侧重点有所不同。概括而言，研究效度主要针对证据生产过程中的研究设计展开，用以衡量产出特定证据的研究设计的可靠性和研究结论的可推广性；而测量效度则主要针对证据生产过程中变量测量的科学性，重在对测量工具的有效性和可靠性进行判断。由于对变量的测量直接影响变量间关系的描述和外推，所以

相对于研究效度，测量效度更具有基础性作用。显然，如果变量的测量不够真实、恰当，则无论对变量间关系展开多么精密的揭示都没有实际意义。由此可见，测量效度是获得研究效度的前提和基础，只有具备较高的测量效度，研究的内部效度和外部效度才有实际意义。当然，研究效度作为研究结果科学性的最终判断标准，既依赖测量效度，更依赖对揭示变量间关系的程序与方法的合理设计。对于循证研究者而言，首先应立足测量效度，关注证据元素提取的科学性问题；然后在获得全面、有效证据元素的前提下，着眼于研究效度的提升，展开有效的证据综合。

四、循证社会科学研究中效度问题的实质、影响因素及解决方案

证据综合（research synthesis）是循证研究获取高质量证据的一个基本渠道。从本质上说，之所以循证研究者需要将原始的单个证据通过 Meta 分析等方法加以综合，是为了获取更高层次、更加可信的综合性证据，从而提高证据的效度。因此，系统评价事实上是对若干原始研究证据效度加以拓展后的结果报告。然而，在实现由原始研究向证据综合的转变过程中，会受到各种因素的影响，从而使循证研究面临着一定的效度风险。

（一）循证研究的本质是提高证据综合的效度

如前文所述，对原始研究的证据加以综合，从而获得比单一研究证据更高级、更具有普遍性和概括力的科学证据，是循证研究的主要优势和基本特征。对于原始研究而言，其内部效度和外部效度很大程度上取决于研究设计。对无关因素做出严格控制的随机对照试验所获取的证据，通常被认为具有最高层级的效度保障。显然，随机对照试验的高效度，主要指其源自严谨研究设计而产生的高质量内部效度。事实上，当研究者开始反思来自随机对照试验的证据是否能够适用于"真实世界"的问题时，就涉及了对其外部效度的衡量。

在自然科学领域，由于反映自然现象的变量及其关系具有客观性，因此，只要测量工具设计合理，变量的测度就基本不存在效度风险。同时，当针对自然现象的特定研究设计具备高内部效度，则其研究结果通常就可以被视为对自然规律和自然现象本质的一般性揭示，从而也同时具备了较高的外部效度。从这个意义上说，在自然科学领域的原始研究中，内部效度与外部效度是统一而不可分割的。由于自然科学领域的原始研究证据具有较充分的效度保障，因此通过 Meta 分析或系统评价的方法对研究证据加以综合，就存在着较小的效度风险。

与自然科学领域相比，社会科学领域中，由于具有主观能动性的人成了主要的研究对象，因此原始研究中的变量测度及变量间关系的揭示也常常充斥着主观性。换言之，正是由于人所特有的主观性，社会科学领域对变量测度和研究设计

的效度加以检验就显得尤其必要且紧迫了。

在原始研究中，对测量效度做出评估是判断研究证据质量的基本依据。然而，社会领域研究对象的主观性使社会科学的原始研究在变量间关系的析出方面充满着变异性和不确定性，所以社会科学领域研究设计的效度评价存在一组悖论：一方面，精巧的研究设计通过对无关因素的有效控制（如样本的随机对照），有助于厘清变量间关系的实质，从而获得较高的内部效度；另一方面，经过控制后的"纯净"的变量关系与"真实世界"中的实际情况往往相去甚远，从而使研究丧失了外部效度。可见，从研究设计的角度看，社会科学领域原始研究中的内部效度与外部效度存在着矛盾和对立，需要研究者加以权衡和评判。

与自然科学领域相比，社会科学领域的研究在研究设计方面存在着更多的效度威胁因素，因此社会科学领域针对相同研究对象展开的不同原始研究常常存在获得不一致甚至结果相互矛盾的情况。由此可见，研究者一方面亟待对社会科学领域原始研究证据的效度加以评价，另一方面有必要对基于这些原始研究的证据综合效度加以评判。循证社会科学的发展，正是着眼于全面提升证据的内外部效度以支撑各类社会实践而兴起的一个新型领域。关于循证社会科学如何协同内外部效度的问题，本章后续部分将进一步展开阐释。

（二）威胁循证研究效度的主要因素

虽然循证领域的研究者已基于越来越完善的系统评价和 Meta 分析，发展了一整套理论、方法和工具用以保障从原始研究证据向经过综合的更高层次的证据的转化，但在循证社会科学领域，威胁证据综合的效度问题还远没有得到解决。

1982 年，Harris Cooper 在对 Donald Campbell 和 Julian Stanley 于 1965 年提出的研究效度的概念加以发展的基础上，提出了研究结果整合效度的五阶段模型[1]。2017 年，Cooper 将这一模型进一步发展为由问题的形成（formulating the problem）、文献搜索（searching the literature）、从研究中收集信息（gathering information from studies）、对研究质量进行评价（evaluating the quality of studies）、分析和整合研究结果（analyzing and integrating the outcomes of studies）、解释证据（interpreting the evidence）和展示结果（presenting the results）组成的七阶段模型。在这一模型中，Cooper 重点提取出了如下可能破坏研究结果整合可信度的效度威胁因素[2]。

---

[1] Cooper H. Scientific guidelines for conducting integrative research reviews[J]. Review of Educational Research, 1982, 52(2): 291-302.

[2] Cooper H. Research Synthesis and Meta-Analysis: A Step-by-Step Approach[M]. California: Sage Publications, 2017.

(1) 概念定义的宽度和概念间区分方面的差异可能导致研究者对相关结果的选取和调节效应的检验出现差异。这种差异主要威胁循证研究的内部效度。

(2) 检索源（或检索途径）的差异可能导致检索结果的系统性差异。这种差异主要威胁循证研究的外部效度。

(3) 从研究中析取信息（即编码）的差异可能导致循证研究在"什么应该被作为累积结果加以检验"的问题上出现差异。这种差异主要威胁证据综合的内容效度。

(4) 研究方法判定标准的差异可能导致被包含到研究结果整合中的实际研究成果出现系统性差异。这种差异主要威胁证据综合的构念效度。

(5) 对结果进行概括和对照的方法方面的差异可能导致循证研究结果整合的差异。这种差异主要威胁证据综合的结构效度。

(6) 对研究结果重要性和需要关注细节的标引标准差异可能导致对研究结果解释的系统性差异。这种差异主要威胁证据综合的表面效度。

(7) 对研究结果报告的差异可能影响读者对研究结果的信任度及研究结果的可复制性。这种差异主要威胁证据综合的效标关联效度。

Cooper 所提出的七阶段模型及所概括的效度威胁因素既涉及循证研究设计，也与证据综合的可靠性密切相关。然而，上述循证研究的效度威胁是从宏观、全流程展开解析的结果。由于文献检索是展开后续循证研究的基础，因此，从更加微观、具体的层面来看，科学化的循证社会科学研究首先需要关注其证据检索的效度问题。

（三）Meta 分析是提高证据综合效度的主要工具

如前文所述，将充满不确定性的原始研究证据转化为经过综合的高效度证据是循证社会科学研究的基本逻辑。这种逻辑付诸实践的最关键一步，是发展一套完善的研究证据综合方法与程序。系统评价和 Meta 分析的产生，正是基于这一背景。系统评价和 Meta 分析的深入发展，使研究结果的整合越来越深入、可靠。特别是 Egger 等关于 Meta 分析中发表偏倚的探查[1]、Higgins 和 Thompson 关于 Meta 分析中异质性评价指标 I^2 的提出[2]，以及 Moher 等关于 Meta 分析报告质量评价标准的编制[3]，都从方法和报告规范的角度，对研究结果整合的可靠性、有效性和

---

[1] Egger M, Smith G D, Schneider M, et al. Bias in meta-analysis detected by a simple, graphical test[J]. BMJ, 1997, 315(7109): 629-634.

[2] Higgins J P T, Thompson S G. Quantifying heterogeneity in a meta-analysis[J]. Statistics in Medicine, 2002, 21(11): 1539-1558.

[3] Moher D, Cook D J, Eastwood S, et al. Improving the quality of reports of meta-analyses of randomised controlled trials: The QUOROM statement[J]. The Lancet, 1999, 354(9193): 1896-1900.

精确度进行了深入讨论。这些工作，使循证研究者由原始研究证据转向科学证据综合的理论、方法和工具越来越完善，系统评价和 Meta 分析的效度也越来越有保障。

第三节　循证效度协同

在社会科学研究中，为提高内部效度，研究者更倾向通过控制更多干扰因素来"纯化"研究情境，以析出变量间"纯净"的因果关系。然而，经过"纯化"的研究情境与现实中多样化情境之间很可能存在着巨大差异，从而使研究结果无法稳健地适应于多种多样的实际情境，从而导致其普适性差，外部效度降低。可见，在科学研究中，内外部效度既对立又统一，存在着一组"效度悖论"。基于此，循证社会科学研究者需要对社会科学领域"效度悖论"的成因及其表现形式进行解析，并基于证据生态系统的理念，对循证效度协同的基本原理与循证研究的效度环构建逻辑展开系统性解析。

一、社会科学研究中效度问题的界定

（一）社会科学研究中的内部效度问题

如前文所述，社会科学研究者之所以需要关注内部效度问题，是由于影响变量间关系的诸多复杂因素常常交织在一起，从而使研究者难以区分特定关系产生的实际原因。这导致研究结果常常无法成为变量间因果关系唯一可靠的解释。例如，在反贫困研究中，一般认为外部资金的投入有助于弱势人群摆脱"贫困陷阱"。然而，当研究者观测到贫困者的收入随着外部资金投入的增加而增加这一现象时，却很难断定外部资金投入是否是贫困者收入增长的唯一原因。特别是对于存在年龄、文化程度等方面差异的贫困者而言，同样的外部资金投入很可能带来不同的减贫效果，因此，贫困者收入的差异也可归因于年龄、文化程度等的差异。正是由于对贫困者收入差异存在着不同的归因方式，因此将外部投入作为减贫效益唯一原因的相关证据的内部效度必然会受到质疑。

在社会科学研究中，为了提高证据的内部效度，研究者一般通过合理、严谨的研究设计，以便尽可能对无关因素和干扰变量加以控制，析出"纯净"的因果关系。例如，2019 年的诺贝尔经济学奖获得者阿比吉特·巴纳吉（Abhijit Banerjee）和 E. Duflo 采用现场实验的方法，通过有效控制无关因素，解析了资金投入方式与贫困人群生产和生活的因果关系，从而获得了反贫困干预方式及其减贫效果的

洞见[1]。与传统的反贫困研究相比，巴纳吉因富有创造力的变量控制方法而有力地提升了研究的内部效度，从而更令人信服地揭示了资金投入方式与减贫效益之间稳定可靠的关系。

（二）社会科学研究中的外部效度问题

与内部效度不同，外部效度主要关注的是研究结果是否可以广泛外推至更加普遍的情境之中。例如，Strack 等人以伊利诺伊州立大学的学生为被试，测试了人们在观看卡通片时微笑表情和皱眉表情所带来的不同体验。研究者认为，虽然本研究以大学生为被试，但鉴于人的表情-情绪-认知的一致性是人类共通的指标，因此，本研究的结果可以外推到大学生之外的任何一个其他人群中[2]。

制约外部效度的原因很多。如果一项研究所控制的"无关因素"事实上是影响研究结果的本质因素，则显然会增大研究结果的外部效度风险。一般情况下，如果研究设计所依赖的理论依据不足或研究者在对变量间的关系进行检验时逻辑不够严谨，则常常得到仅仅在约束条件下才能成立的结果，从而导致外部效度降低。例如，在前文所述的反贫困研究中，在对外部干预措施的减贫效益进行检验时，如果研究者为控制无关因素而仅仅在特定时间、地点针对某一类性别、年龄、文化程度的人群进行解析，从而获得"量身定做"的研究结果，则将这样的证据在其他时间、地点应用于其他类型的人群时，就会存在诸多风险和问题。

显然，在社会科学研究中，内部效度与外部效度之间存在着既对立又统一的关系。二者的统一性体现在，内外部效度都共同致力于提高研究的质量，揭示更加真实、更为科学的变量间因果关系。二者的对立性则体现在：为了提高内部效度，研究者倾向于营造更可控、更纯净的研究情境，但这种人为营造的研究情境却很可能与实际外部环境之间具有较大的差异，从而使研究结果难以外推，带来外部效度风险。可见，提高内部效度往往意味着放松甚至牺牲外部效度。内部效度与外部效度的这种既对立又统一的关系，就构成了社会科学研究的"效度悖论"。

二、社会科学证据生产中的"效度悖论"

（一）社会科学领域"效度悖论"问题的源起

与自然科学研究不同，社会科学的研究对象具有高度的异质性、多样性和能

---

[1] Banerjee A, Duflo E. Poor Economics: A Radical Rethinking of the Way to Fight Global Poverty[M]. New York: PublicAffairs, 2012.

[2] Strack F, Martin L L, Stepper S. Inhibiting and facilitating conditions of the human smile: A non-obtrusive test of the facial feedback hypothesis[J]. Journal of Personality and Social Psychology, 1988, 54(5): 768-777.

动性。为此，在社会科学研究中，研究者通过有限的样本选择、严格的变量控制及研究情境的"纯净化"等方式所生产的"软科学"证据，面临着比作为"硬科学"领域的自然科学更为明显的"效度悖论"。迄今为止，为平衡内外部效度，社会科学领域已分化出定量研究与定性研究两种泾渭分明的"范式"[①]。前者主张借鉴自然科学的理念与方法，通过对严格控制后的变量关系做出定量分析（如随机对照试验），从而得到唯一科学的因果解释。后者则认为，既然影响社会现象的因素相互交织、复杂多样，则立足于真实的研究情境观察、解释社会现象才是社会科学证据生产的可行路径（如人种志研究）。显然，定量研究范式更注重内部效度，而定性研究范式更强调外部效度。

无论研究者是采用定量研究范式还是采用定性研究范式，单一的原始研究都无法摆脱所生产证据的"效度悖论"。例如，定量研究者通过尽可能多地控制各种干扰因素而析出所关心变量间的"纯净"效应，以期获得较高的内部效度的同时，由于对干扰因素过于严格的控制，事实上很可能人为地塑造了一种研究结果适用的"理想化"情境，导致研究结果在事实上多元化的外部情境中的普适性和可外推性方面存在不足，从而制约了证据的外部效度。反之，定性研究者倾向于将研究情境设置在更为真实自然的情境中，从而放松对干扰因素的控制，以获取更具外部适应性的科学证据，但所生产证据的内部效度则会受到质疑。

如果对社会科学研究中"效度悖论"产生的源头进行深入解析就会发现，当研究者试图通过尽可能全面地控制无关因素以获得更加确定的因果关系时，事实上会营造一个与现实生活存在距离的理想化研究情境。这种人为设置的研究情境，如同栽培花朵的"温室"一样，因其生态环境与外界之间存在差异，而使生长于其中的生物难以存活于真实环境中。更何况研究者在对"无关因素"进行识别和控制的过程中，可能出现误判，将关乎本质的因素识别为干扰变量，由此进一步增加了研究结果难以适应现实情境的风险。如前文所述，相对于自然科学，社会科学研究中证据生产的"效度悖论"问题格外突出。具体而言，在社会科学领域的证据生产过程中，由于研究情境的多样性、研究对象的异质性以及各种变量间关系的复杂性，研究者不得不在是严格控制变量间关系还是对现象做出整体上的解析、是获取具有更高内部效度的"纯净效应"还是考虑外部情境本身的多样性与异质性以获得有外部效度保障的"一般特征"之间做出权衡。着眼于此，最近二十余年，国内外研究者积极倡导将循证研究的理论与方法应用于社会科学领域，以提高证据的可靠性、科学性和普适性。换言之，循证社会科学的本质就是对个体的原始研究的结果加以有效整合，以获取效度更高的科学证据。

---

① Kuhn T S. The Structure of Scientific Revolutions[M]. Chicago: The University of Chicago Press, 1999.

（二）社会科学领域"效度悖论"的表现形式

1. 定量社会科学研究面临的外部效度风险

社会科学领域的定量研究范式主要借鉴了以物理学为代表的自然科学研究路径，试图通过对变量的严谨测度和变量间因果关系的精确数理模型化解析，获得能够揭示事物本质的、具有因果关系的科学证据。显然，物理学式的高度科学化研究设计，能够有效保障研究的内部效度。然而，由于社会科学的研究对象是具有高度主观能动性的人，且社会环境也比自然界要复杂，因此，社会科学研究中经过严格控制所获得的理想情境下的定量研究结论常常难以适应多元异质的社会现实。可见，定量社会科学研究主要面临着外部效度风险。

2. 定性社会科学研究面临的内部效度风险

与定量研究相比，社会科学领域的定性研究范式更强调立足多元化的社会情境，对特定社会现象加以整体性认识和解读。为此，研究者常常通过参与式的观察或探索式的访谈，获取关于所研究社会现象的诸多质性特征（而不是定量测度），并结合参与者的理解与判断（而不是数理化的统计与推导），从而生产出具有良好情境适应性的证据。可见，定性的社会研究更具有外部效度的保障。然而，正是由于采用定性研究方法的社会问题研究者重视社会现象解析的整体性和研究情境的多元化，在研究设计中不强调"无关因素"的控制、变量的精确测度和变量间关系的数理模型化，从而使其研究的内部效度受到诟病。

总之，社会领域证据生产的定量范式在追求高内部效度的同时，存在着牺牲外部效度的倾向；而定性证据生产范式则重在追求证据的外部普适性，从而在提升外部效度的同时一定程度上牺牲了内部效度。可见，难以兼顾内、外部效度是社会领域证据生产过程中一个亟待突破的关键问题。近年来，循证社会科学领域所发展的证据综合等方法，已经使社会科学研究中内部效度与外部效度的有效协同成为可能。

三、循证效度协同的基本原理

（一）循证效度协同的含义及其必要性

基于前文对社会科学领域证据生产的"效度悖论"的源起与形式的解析可以看出，无论是定性研究还是定量研究，都旨在获取关于特定社会问题的高质量证据，但二者存在着明显的差异，即定量的社会科学研究范式强调获取高内部效度的科学证据，而定性的社会科学研究范式则更注重研究证据的外部适应性和解释力。如前文所述，由于定量和定性两种类型的原始证据之间固有的差异，社会科学研究不可避免地陷入了"效度悖论"。循证社会科学的发展，旨在通过对原始证据加以综合，实现内部效度与外部效度之间的协同，从而提升社会科学领域证据的整体效度。这一过程，被称为循证效度协同。

概括而言，所谓循证效度协同，是指研究者借助循证的理念、工具与方法，通过对零散的定量或定性原始证据加以综合，从而有效提升其内外部效度，并以系统评价的形式对综合后的高效度证据加以报告的过程。由于自然科学普遍采用定量研究范式，而社会科学研究者则同时采用定性与定量两种范式，因此，本书所述的循证效度协同主要指社会科学领域通过证据合并而实现的证据质量的提升。循证医学等领域将不同研究设计赖以提升证据质量的进程描述为如图 2-2 所述的"证据金字塔"。同时，为评价证据的质量，包括循证医学在内的诸多领域已发展了 GRADE 等证据质量分级和推荐强度系统，以便促进合理的证据质量评价与转化应用[1]。

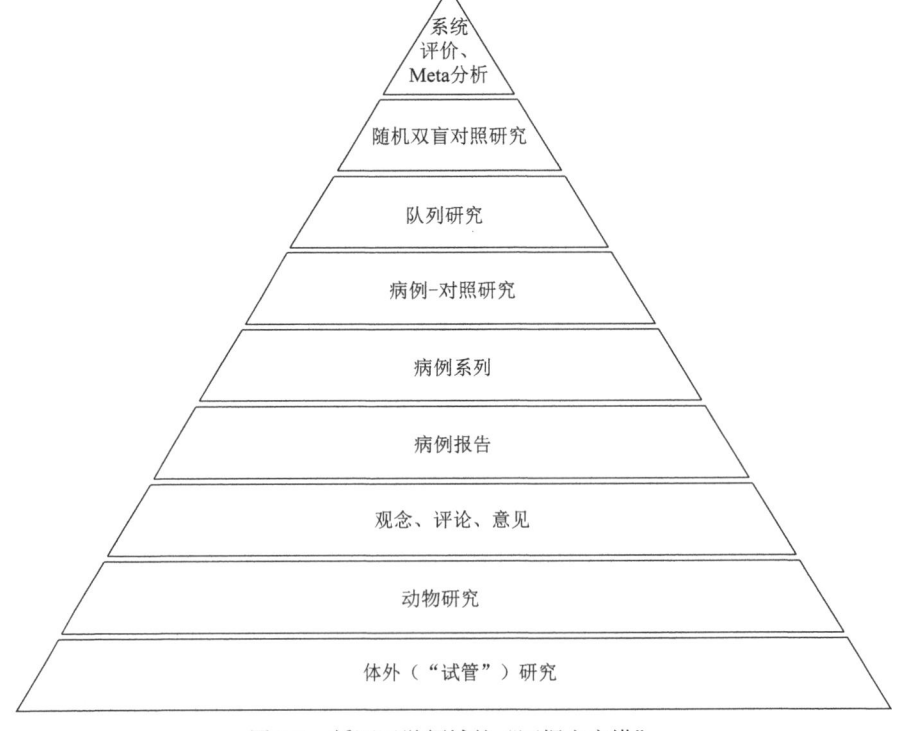

图 2-2 循证医学领域的"证据金字塔"

资料来源：杨克虎. 循证医学[M]. 北京：人民卫生出版社，2017：22

---

[1] 陈耀龙，杨克虎，姚亮，等. GRADE 系统方法学进展[J]. 中国循证儿科杂志，2013，8(1)：64-65.

循证效度协同为社会科学领域的研究者破解证据生产内外部效度难以兼顾的"效度悖论"问题提供了基础。具体而言，在社会科学研究中，将个别原始研究所获得的证据加以综合，既有助于"纯化"变量间关系，提高证据生产的内部效度，又能够将多样化的研究情境纳入证据质量的评价之中，从而实现社会科学研究证据内外部效度的提升。

（二）循证效度协同的类型

循证社会科学是一个旨在为理解和解决社会问题提供高质量证据的学科领域。在这一领域，证据生产者应用循证的工具和方法，实现对原始证据的综合，通过实现证据内外部效度协同而提升证据的质量。面向定量原始研究所生产的证据、来自真实世界的证据及大数据等展开的证据综合被称为定量研究综合（quantitative research synthesis），主要采用数理统计的方法展开，称之为 Meta 分析[①]；面向定性原始研究所生产的证据、观察或描述性的证据资料展开的证据综合被称为定性研究综合（qualitative research synthesis），主要采用共性研究观点的归类与再表征（re-presenting）的方式展开，称之为元综述。无论是 Meta 分析还是元综述，对证据综合结果的报告都通过系统评价的形式完成，不过定量的系统评价主要报告 p 值合并结果、偏倚的识别及真实效应量的发现，而定性的系统评价则主要通过现象学、人种志、扎根理论等质性分析方法进行解释性综合（interpretive synthesis）。

如前文所述，社会领域定量证据生产本身基于变量间的数量特征展开深入的建模与解析，因此具有较高的内部效度，而循证研究者通过对定量原始证据的 Meta 分析以期提升证据的外部效度，从而实现内外部效度的协同；相应地，立足于定性原始证据自身具有的较高的外部效度，循证研究者通过元综述以提升其内部效度，从而实现内外部效度的协同。可见，无论是对于定量原始证据，还是对于定性原始证据，循证效度协同虽然作用过程相反，但结果都是提升了内外部效度的协作程度，从而助益于破解社会领域证据生产的"效度悖论"。

（三）循证效度协同的主要工具

Meta 分析（Meta-analysis）和元综述（Meta-summaries）等方法是循证领域用以实现证据综合、提高证据效度的基本工具[②]。最早的 Meta 分析至少可追溯到

[①] Cooper H. The Handbook of Research Synthesis and Meta-Analysis[M]. New York: Russell Sage Foundation Publications, 2019: 43.

[②] Gurevitch J, Koricheva J, Nakagawa S, et al. Meta-analysis and the science of research synthesis[J]. Nature, 2018, 555(7695): 175-182.

1904年统计学家K. Pearson[①]的研究。1925年统计学家R. A. Fisher[②]的研究进一步扩展了Meta分析。1954年，W. G. Cochran正式提出了以固定效应和随机效应为主体的Meta分析方法[③]。1976年，G. V. Glass首次提出了术语"meta-analysis"[④]。1977年，M. L. Smith和G. V. Glass合著了首部社会科学领域的Meta分析著作[⑤]。1985年，L. V. Hedges和I. Olkin出版了首部Meta分析统计方法的教科书[⑥]。1993年，M. W. Lipsey和D. B. Wilson对来自社会科学领域的302篇文献的处理效应进行了Meta分析[⑦]。同年，Cochrane协作网正式成立。1995年，I. Chalmers和D. G. Altman首次提出了"系统评价"这一术语[⑧]。2000年，Campbell协作网正式成立。2002年，T. Lumley提出了"网状Meta分析（network meta-analysis）"[⑨]。2009年，PRISMA（Preferred Reporting Items for Systematic Reviews and Meta-Analyses）指南正式发布[⑩]。伴随着Meta分析与系统评价理论和方法的成熟，最近十多年，一些重要的统计软件包（如R和Stata）均开发出了Meta分析统计模块，极大地促进了Meta分析的数据处理能力。

在循证社会科学研究中，研究者通过Meta分析和元综述对来自定量或定性等不同类型原始研究的结果加以合并，从而不仅能够将研究情境的多元化纳入分析，而且能够通过增大样本量实现更接近真实效应量的目标。概括而言，循证社会科学研究者通过将不同的原始研究情境纳入分析来增强证据生产的外部效度，并通过证据综合获取真实效应量来提升证据生产的内部效度。由此可见，基于Meta分析和系统评价而展开的证据综合是循证社会科学研究实现效度提升的主要途径。

高质量地展开Meta分析和元综述的前提，是研究者尽可能全面、详尽地占有丰富的原始研究证据。因此，证据的检索和获取是研究结果整合的基础，也是保障循证研究内部效度和外部效度的关键环节。本书研究团队经过系统性文献调查

---

① Pearson K. Report on certain enteric fever inoculation statistics[J]. BMJ, 1904, 2(2288): 1243-1246.

② Fisher R A. Statistical Methods for Research Workers[M]. Edinburgh: Oliver and Boyd, 1925: 86.

③ Cochran W G. The combination of estimates from different experiments[J]. Biometrics, 1954, 10(1): 101-129.

④ Glass G V. Primary, secondary, and meta-analysis of research[J]. Educational Research, 1976, 5: 3-5.

⑤ Smith M L, Glass G V. Meta-analysis of psychotherapy outcome studies[J]. American Psychologist, 1977, 32(9): 752-760.

⑥ Hedges L V, Olkin I. Statistical Methods for Meta-analysis[M]. Orlando: Academic Press, 1985: 112.

⑦ Lipsey M W, Wilson D B. The efficacy of psychological, educational, and behavioral treatment. Confirmation from meta-analysis[J]. American Psychologist, 1993, 48(12): 1181-1209.

⑧ Chalmers I, Altman D G. Systematic Reviews[M]. London: BMJ Publishing Group, 1995: 77.

⑨ Lumley T. Network meta-analysis for indirect treatment comparisons[J]. Statistics in Medicine, 2002, 21(16): 2313-2324.

⑩ Moher D, Liberati A, Tetzlaff J, et al. Preferred reporting items for systematic reviews and meta-analyses: The PRISMA statement[J]. International Journal of Surgery, 2010, 8(5): 336-341.

发现，虽然循证研究在整合、协同证据的内部效度方面具有明显的优势，且社会科学研究中的内部效度与外部效度问题一直广受关注，但关于循证领域实现证据协同的原理及证据的检索如何影响循证效度协同等问题还没有得到清晰的回答。据此，本书旨在对社会领域证据生产的"效度悖论"加以解析的基础上，围绕循证效度协同的原理，应用本书课题组前期构建的文献数据集，针对文献证据检索对 Meta 分析和系统评价等证据综合工具的内部效度和外部效度的基础性影响展开实证分析，以期为循证社会科学研究的科学化提供参照。

四、循证社会科学研究的效度环

从本质上说，循证社会科学领域对证据综合的目的，是通过对大量原始证据的合并，以获取更加稳定可靠、更具有效度保障的高层次证据。实现循证效度协同的预期目标，需要经历从原始证据的生产与检索，到证据的合并、转化、评估与应用，这是一个循环往复的"生态系统"。

鉴于社会科学领域定性和定量两种原始证据所固有的效度差异，虽然两者都基于共同的证据生态系统，但循证效度协同的结果最终会形成"定性""定量"两种本质一致但方向相反的内外部效度协同过程闭环。概括而言，证据生态系统、定性循证研究效度环和定量循证研究效度环三者之间的关系可如图 2-3 所示。

如图 2-3 所示，证据的生产、合成、传播，以及评估、实施、反馈与改善构成证据由低级向高级不断进化的一个系统。四者之间不断循环往复，构成了证据生态系统。四部分之间相互支撑、互相制约，共同造就证据生态系统的平衡。前文所述的循证效度协同通过定性循证研究效度环和定量循证研究效度环嵌入证据的生态系统中。其中，定性循证研究效度环从内部效度低而外部效度高的定性证据生产开始，以元综述为工具进行证据合成，基于更加清晰的定性证据内部逻辑提升内部效度，在获取证据应用中各利益相关方的认同后，应用于实践并通过评估与实施对证据质量做进一步完善，从而又生产出新的定性证据，展开下一轮的循环。定量循证研究的效度环则由内部效度高而外部效度低的证据生产开始，以 Meta 分析为工具对来自不同场景的原始证据加以合成，从而通过应用场景的丰富化提升外部效度，进而展开与定性循证研究类似的传播、评估、实施、反馈、改善的"轮回"。

综上所述，循证社会科学的兴起，旨在破解社会科学研究中的"效度悖论"，以便在保持不同研究设计原有效度优势的前提下，弥补其潜在的效度"短板"。概括而言，循证社会科学领域实现内外部效度协同的基本原理是：对于本就具备较高内部效度的定量证据，循证研究者通过 Meta 分析，综合了多种情境下的研究证据，扩大了样本量，纳入了更丰富的研究对象，从而有效提升了研究结果的外

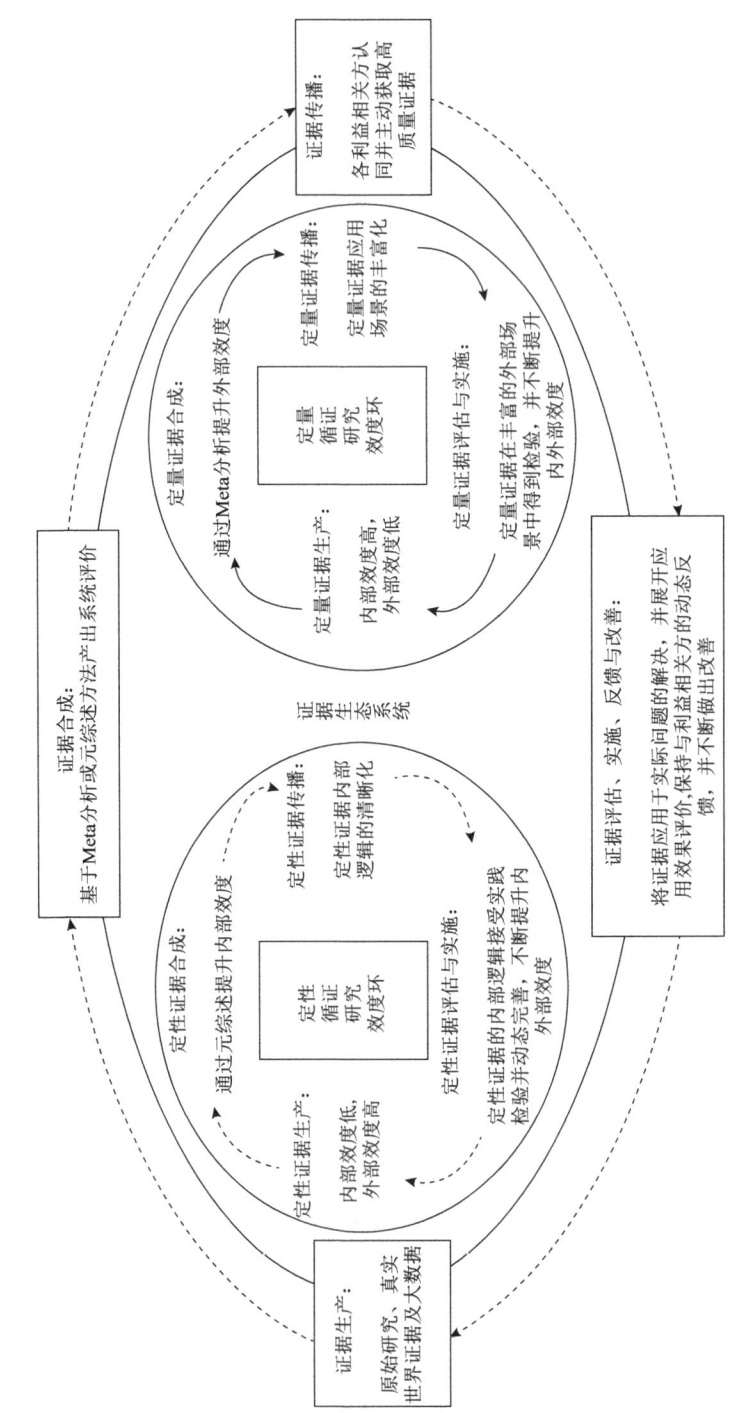

图 2-3 循证社会科学研究的效度环

部效度。对于外部效度相对较高的定性研究，循证研究者通过元综述，归类、析取来自不同原始研究的科学证据中的共性成分，提高证据的抽象概括能力，实现对内部效度的提升。由此可见，定性或定量的循证研究通过元综述或 Meta 分析方法对零散的原始证据加以综合，其本质都是从整体上提升证据的效度。

五、循证效度协同的意义

面对"效度悖论"，社会科学领域的研究者常常不得不在证据的"科学性"和"解释力"之间做出选择。所谓证据的"科学性"，是指研究者对证据的取得是否基于严格的控制标准而做出的评估。例如，一般认为，随机对照试验是一个评价证据质量的"金标准"。也就是说，在证据取得的过程中，越是严格遵行了随机化的对比分析，就越能够将"无关因素"剔除出去，因此所得到的研究结果也就越"科学"。然而，由于各种社会现象内部及现象之间交织着多种因素的复杂影响，研究者越想通过随机对照等方法营造"纯净"的研究情境，则这个通过人为设计构造的研究情境距离真实世界就越远,如物理学中常常假设"真空条件"。随着越来越多的因素得到控制，研究者虽然对研究结果的"科学性"越来越有信心，但因为研究者赖以获得证据的假设情境与真实世界之间的距离越来越远，研究结果得以成立的前提条件也越来越理想化，从而使极其复杂的研究设计常常仅能得到常识性的研究发现，有些研究发现甚至成了"正确的废话"。例如，在反贫困研究中，为了考察外部投入对于贫困人群的减贫效果，通过严格随机的方法对样本人群进行选择，并假设研究者通过"尽善尽美"的对照设计剔除了所有与外部投入和减贫效益"无关因素"（例如，年龄、性别、文化程度、家庭规模、地域环境等）的影响。最终，研究者确实获得了一个关于外部投入如何影响贫困者脱贫的真实效应"最科学"的证据，但当把这种效应放到存在年龄、性别等诸多差异的真实贫困人群中时，其适应性很值得怀疑。

由于严格的随机对照试验在社会问题的研究中既不经济，也不可行，且研究结果的生存能力较弱，社会领域的研究者就积极倡导在研究设计中放松"随机""对照"及其他控制手段。于是，在社会科学研究中，研究者越来越倾向于由严格参照物理学式的"真实验设计"而转向更具情境适应性的"准实验设计"，以及更多质性元素参与的调查研究、现场观察、文本分析、案例研究等。这种转向的逻辑是，社会现象常常是整体性的，当在社会科学研究中把一些看似"无关"的因素剥离出去后，所揭示的现象已不再真实。为此，研究者为追求研究结果对真实世界中相应现象的解释力，就应当适当放宽"科学性"假定。

总之，社会科学研究中的"效度悖论"常常使研究者面临一个"两难选择"：或者降低研究设计的内部效度要求，以便使研究情境更接近真实世界，从而提高研究结果在外部世界的"生存能力";或者尽量提高研究的内部效度,以期发现纯净的、完全抽象的理论化因果关系,但不必关注这种因果关系是否能够充分解释真实世界中所发生的现象。循证效度协同的必要性,恰恰在于破解这种"两难选择"。

研究者之所以能够基于循证方法实现证据效度的协同,首先在于 Meta 分析等循证研究的工具使研究者可以通过提取具有高内部效度的研究证据,然后将其加以综合,从而将多元化的研究情境也纳入研究之中。显然,循证效度协同的研究路径,实现了使高内部效度的证据适应于高外部效度的环境的目标。因此,对于社会科学研究者而言,循证效度协同在理论上不仅是可行的,而且是必要的。

除兼顾内外部效度,有效平衡社会科学研究证据的"科学性"与"解释力"外,循证效度协同在沟通理论与实践之间也扮演着桥梁的作用。多年来,社会科学领域的理论研究成果如何指导和服务实践,一直是一个"历久弥新"的争论话题。事实上,社会领域理论与实践之间的断裂已备受诟病,并使研究者与实践者两个社群都蒙受了损失。循证效度协同的一个重要应用价值,就是将个别的、零散的原始研究所获得的理论证据加以综合,以适应多元化、异质性的真实情境,从而在社会科学领域搭建起沟通理论与实践的桥梁。

着眼于社会科学研究中科学证据生产所存在的"效度悖论"问题,循证研究者需要基于证据生态系统理念,立足循证效度协同的概念,解析循证效度协同的基本原理。在此基础上,循证工作者需要从社会科学研究的主流范式入手,遵循定性和定量两种循证研究效度环,以破解社会科学领域证据生产的"效度悖论"。

本节所提出的循证效度协同概念及定性和定量循证研究效度环的构建,为破解社会科学研究证据生产中的"效度悖论"提供了一个比较可行的解决方案。具体而言,循证效度协同可望在如下几方面对循证社会科学的长远发展提供启示:第一,循证社会科学研究的主要贡献在于提高证据生产的质量,而效度既是循证领域研究者提升证据质量的主要理论依据,也为证据质量的评价提供了工具。从这个角度看,效度理论为循证社会科学的发展奠定了理论基础。第二,经过综合的研究证据是循证社会科学研究最重要的产出,而实现效度协同则是循证社会科学领域进行研究证据综合的核心目标和主要优势。为此,在循证社会科学的理论建设和实践活动过程中,需要将效度协同问题贯穿于证据检索、效应量提取、偏倚控制、异质性解析等各环节。第三,要明确认识到循证研究与原始研究在内外部效度的协同方面的特征、差异与联系。社会领域多种多样的原始研究为循证社会科学研究提供了丰富的"样本"与"素材",但这些原始研究在效度方面存在着不足。在社会科学领域,循证研究正是为了弥补原始研究在效度方面的不足,通过研究证据的综合而提供更具效度、更高质量的高层次证据。

第三章 证据的检索与质量评价

证据检索是开展循证社会科学研究的基础环节。所谓证据的检索，是指循证研究者通过对各类证据源中的证据要素（例如，效应量）及其载体（例如，学术论文）进行系统化检索，从而获得大量原始证据，以备通过证据综合实现证据高级化，完善证据生态系统的过程。证据检索的全面性直接决定了循证研究者有效消除偏倚的程度，对证据综合质量具有关键影响。因此，除遵循科学方法展开证据检索外，循证社会科学研究还特别重视对证据检索的质量评价。

第一节 证据的来源

在循证社会科学领域，证据广泛分布于各类学术文献、政策文本、统计数据、财务报表及其他载体之中。在先进信息技术的支撑下，社会科学领域迄今已建成大量文献数据库，专事数字化证据的结构化存储。本节将对这些可被用以开展证据检索的主要证据源加以介绍。

一、学术研究证据源

（一）学术论文数据库

1. ISI Web of Knowledge

ISI Web of Knowledge（http://www.isiknowledge.com）是汤森路透公司（Thomson Reuters）开发的信息检索平台。通过这个平台可检索自然科学、社会科学、艺术与人文学科的文献信息，包括期刊、图书、专利、会议录、免费开放资源、网络资源等，可以对单个数据库进行检索，也可以同时对多个数据库进行跨库检索。该平台提供全文链接、结果分析、信息管理、格式论文。其中，核心库主要包括：ISI 的三大引文数据库[科学引文索引（SCI）、社会科学引文索引（SSCI）及艺术与人文科学索引（A&HCI）]和化学数据库、科学技术会议录索引和社会科学及人文科学会议录索引等；分析工具数据库包括期刊引证报告、基本科学指标数据库和高被引网站；其他数据库包括生物学文摘、Thomson Pharma 和心理学文摘（PsycINFO）等。

2. Scopus

Scopus（http://www.scopus.com）由爱思唯尔公司（Elsevier）于2004年底推出，是目前全球规模最大的文摘和索引数据库，收录了1788年以来由7000多家出版商出版的27 100多种期刊，约25万本全球重要学术专著、1400万篇全球会议论文以及4700万项专利。覆盖自然科学、医学、社会科学、生命科学4个大类，27个大学科，334个小学科。与单一的文摘和索引数据库相比，Scopus的内容更加全面，学科更加广泛，囊括了来自全球各地的高质量期刊，特别是来自欧洲及亚太地区的期刊。

3. 中国学术期刊网络出版总库

中国学术期刊网络出版总库（http://www.cnki.net）是目前世界上最大的连续动态更新的中国学术期刊全文数据库，收录1915年至今（部分刊物回溯至创刊）国内出版的近8000种学术期刊，内容覆盖自然科学、工程技术、农业、哲学、医学、人文社会科学等各个领域。至2017年10月1日，累计收录学术期刊文献4900多万篇。按出版内容分为基础科学、工程科技Ⅰ、工程科技Ⅱ、农业科技、医药卫生科技、哲学与人文科学、社会科学Ⅰ、社会科学Ⅱ、信息科技、经济与管理科学等10个专辑，10个专辑进一步分为168个专题和近3600个子栏目，是检索中文研究成果最重要的数据库之一。

4. 中文科技期刊数据库（全文版）

中文科技期刊数据库（全文版）（http://www.cqvip.com/）是重庆维普资讯有限公司推出的一个功能强大的中文科技期刊检索系统。收录1989年至今14 000余种期刊的5900余万篇文献，年增长600余万篇，涵盖社会科学、自然科学、工程技术、农业科学、医药卫生、经济管理、教育科学、图书情报8大专辑28个专题，是检索中文研究成果最重要的数据库之一。

5. 数字化期刊全文数据库

数字化期刊全文数据库（http://www.wanfangdata.com/）由万方数据自主建设，是万方数据资源系统的重要组成部分，收录了1998年至今7600余种期刊，其中核心期刊3000余种，论文总数量为3700余万篇，每年约增加300万篇。收录哲学政法、社会科学、经济财政、科教文艺、基础科学、医药卫生、农业科学和工业技术等学科领域核心期刊，并实现全文上网、论文引文关联检索和指标统计。数字化期刊全文数据库已经囊括了我国所有科技统计源期刊和重要社会科学类核心期刊，成为中国网上期刊的第一大门户，是检索中文研究成果最重要的数据库之一。

（二）会议论文

1. 中国重要会议论文全文数据库

中国重要会议论文全文数据库（https://acad.cnki.net/kns55/brief/result.aspx?

dbPrefix=CPFD）是中国知网数据库之一，收录我国 1999 年以来国家二级以上学会、协会、研究会、科研院所及政府举办的重要学术会议，高校重要学术会议以及在国内召开的国际会议中所发表的文献，部分重点会议文献回溯至 1953 年。至 2024 年 1 月 27 日，累计收录会议论文全文文献 280 多万篇。

2. 中国学术会议全文数据库

中国学术会议全文数据库（http://www.wanfangdata.com.cn）是万方数据资源数据库之一，收录 1985 年至今世界主要学会和协会主办的会议的论文，以一级以上学会和协会主办的高质量会议的论文为主。每年涉及近 3000 个重要的学术会议，总计收录论文 350 万余篇；每年增加约 18 万篇。

3. 中外文会议论文数据库

中外文会议论文数据库（http://www.nstl.gov.cn）是由国家科技文献中心开发的，其中，中文会议论文数据库主要收录了 1985 年以来我国国家级学会、协会、研究会以及各省、部委等组织召开的全国性学术会议的论文。每年涉及 600 余个重要的学术会议，年增加论文 4 万余篇。外文会议论文数据库主要收录了 1985 年以来世界各主要学会和协会、出版机构出版的学术会议论文，部分文献有少量回溯。每年增加论文 20 余万篇。

4. 《科技会议录索引》（ISTP）

ISTP（http://www.ei-istp.com/）由美国科学情报研究所主办，1978 年创刊。主要收录 4000 多个国际学术会议的 20 多万篇科技会议论文的题录。其中工程技术与应用科学类文献约占 35%，其他涉及学科基本与 SCI 相同。

5. Papers First

Papers First（http://www.groupenp.com/）包括世界范围的会议、联合会、博览会、专题会、专业会、学术报告会上发表论文的书目索引，覆盖了从 1993 年 10 月至今英国国家图书馆资料提供中心收到的已出版论文，每两周更新一次。Proceedings First 是 Papers First 的相关库，它收录了在世界各地举行的学术会议上发表的论文的目录表。

（三）学位论文

1. 中国学位论文全文数据库

中国学位论文全文数据库（https://c.wanfangdata.com.cn/thesis）是万方数据主要资源之一，收录 1980 年以来我国自然科学和社会科学各领域的硕士、博士研究生论文共计 400 万余篇，其中 211 高校论文收录量占总量的 70%以上，每年增加约 30 万篇。

2. 中国优秀博硕士学位论文全文数据库

中国优秀博硕士学位论文全文数据库（https://kns.cnki.net/kns8s/?classid=LSTPFY1C）是中国知网系列数据库之一，收录 1984 年至今国内 438 个博士研究生培养单位的 30 万余篇论文，收录国内 727 个硕士研究生培养单位的 300 万篇论文。

3. 中文学位论文数据库

中文学位论文数据库（https://www.nstl.gov.cn/resources_search.html?t=DegreePaper）是国家科技文献中心系列数据库之一，收录 1984 年至今我国高等院校、研究生院及研究院所发布的硕士、博士以及博士后的论文。学科范围涉及自然科学各专业领域，并兼顾社会科学和人文科学，每年增加论文 6 万余篇。每季更新。

4. 外文学位论文数据库

外文学位论文数据库（https://www.nstl.gov.cn/resources_search.html?t=DegreePaper）是国家科技文献中心系列数据库之一，收录美国 ProQuest 公司博硕士论文资料库中 2001 年以来的优秀博硕士论文。学科范围涉及自然科学各专业领域，并兼顾社会科学和人文科学。

5. PQDD 数字学位论文数据库

PQDD 数字学位论文数据库（http://www.proquest.com/products-services/dissertations/）由美国 ProQuest 公司研制开发，收录欧美 1000 余所大学文、理、工、农、医等领域自 1861 年以来的 400 万篇博士、硕士学位论文摘要或题录，其中 200 余万篇有纸质和缩微格式的全文，是世界上最大的、使用最广泛的学位论文数据库，是学术研究中十分重要的信息资源。ProQuest 公司是美国国会图书馆（U.S. Library of Congress）指定的收藏全美博硕士论文的馆外机构，收录了北美几乎所有学科领域发表的博士、硕士研究生论文，年新增 9 万篇论文全文。同时，ProQuest 还负责合作高校学位论文的数字化处理，并提供数字版论文副本，使这些资源能收入它们的机构仓储中。

6. NDLTD（Networked Digital Library of Theses and Dissertations）

NDLTD（http://www.ndltd.org）是由联合国教科文组织和 Adobe 系统公司联合创建的以收集电子学位论文为主的网络学位论文数字图书馆，是一个国际性博硕士学位论文共享检索平台。NDLTD 学位论文库的主要特点就是学校共建共享、可以免费获取。另外，由于 NDLTD 的成员馆来自全球各地，所以覆盖的范围比较广，有收录德国、丹麦等欧洲国家以及中国香港、台湾等地的学位论文。目前，全球有 170 多家图书馆、7 个图书馆联盟、20 多个专业研究所加入了 NDLTD。截至 2024 年 1 月 27 日，该检索平台涵盖 646 多万条电子信息。

（四）其他

专业和具体研究领域的学术文献数据库，如保健协会文献索引资料库（The Cumulative Index to Nursing & Allied Health Literature, CINAHL）、IPA、CancerLit、EconLit、Biosis、PEDro（https://pedro.org.au/）等。

具有筛选和评价功能的搜索引擎，如 Medical Matrix、Medscape、OMNI 等。

国际或国家级研究机构以及国际或全国性学会/协会的网站，如世界卫生组织（World Health Organization, WHO）、国际肾脏病学会（International Society of Nephrology）和 Transplant Society of Australia and New Zealand 等。

二、非学术型证据源

循证社会科学研究不仅需要涵盖学术文献，也需要将大量的非学术证据载体纳入研究范畴。由于非学术型证据源数据庞大、形式多样且正呈高速发展的态势，因此，有必要对非学术型证据源先进行分类，以使此类证据源的结构更加清晰。

对于非学术型证据源的分类可以从获取方式和获取渠道两个维度展开。首先，根据证据载体的获取方式，可以将非学术型证据划分为一手证据和二手证据。所谓一手证据，是指循证研究者通过亲自调查研究而获得的证据；所谓二手证据，是指循证研究者借助网络数据库、网站等途径而获取的可应用于循证研究但非亲自调查而获得的证据。显然，一手证据源自循证研究者的事先设计与现场调查，因此，此类证据目标明确、针对性强。相反，二手证据的初始目标是广泛获取的一般性的证据，因此其对象范围较为广泛，循证研究者在设计特定循证事项后，可以有所侧重地检索，选择其中的证据加以使用。同时，根据证据信息的获取渠道，可以将非学术型证据划分为内部证据和外部证据。所谓内部证据，是指证据信息来自循证研究所关注的目标对象（如企业组织或决策机构）内部。所谓外部证据，则是指循证研究者基于循证研究目标对象外部，广泛获取各类间接的、宏观的、背景性的证据信息。进而，我们将上述两个维度的证据划分方式进行组合，据此可将循证社会科学领域的非学术证据载体划分为以下四种类型[1]。

（一）内部一手证据源

此类证据源指循证研究者根据事先确定的研究目标，在各类循证对象内部所获取的证据。此类证据源兼具"一手"和"内部"两个特征。所谓"一手"，是指此类证据是由循证研究者基于具体目标亲自调查、研究得到的；所谓"内部"，

---

[1] 本节关于四类证据源的示例均来自：周文杰. 工商竞争情报分析[M]. 北京：中国社会科学出版社，2015.

是指此类证据来自循证对象（如特定的企业或其他社会组织）的内部。表 3-1 以工商管理领域为例，展示了一些具有代表性的内部一手证据源。

表 3-1 内部一手证据源示例（工商管理领域）

证据源	可获取的具体证据信息
企业内部市场营销部门	市场营销部门的员工拥有大量行业知识，因为他们处于商业竞争的最前线，直接面对客户和竞争者。通过市场营销部门往往能够搜集到营销人员的数量、销售惯例、分销渠道、培训计划、报酬方式、产品的差别、定价惯例及趋势、促销组合、营销及客户开发计划、具体的未来战略、客户的反映和评价等重要信息
企业内部工程技术部门	工程技术部门的技术及研发人员同样有很大的作用，他们掌握的主要有技术、产品开发、专利、生产流程创新等方面的证据信息
企业内部财务部门	会计人员常常能够提供非常有价值的证据信息，他们不仅能够分析自身的财务状况，也能对竞争对手的年报及其他财务证据信息有所了解
企业内部生产运营部门	生产运营部门的员工也可以了解一些关于竞争对手和行业整体技术状态的证据信息。他们可能提供的证据信息包括：工艺流程、设备、员工组合、成本趋势、生产率、技术状况、产能与利用率
企业内部人力资源部门	人力资源部门的工作人员负责员工的招聘与薪酬福利管理，在其工作过程中，常常会得到关于竞争对手经营管理的各种证据信息，如管理风格、薪酬激励政策等
参加会议、讨论会、展览会的员工	通过参加会议、讨论会、展览会，员工通常会得到关于竞争对手大量有价值的证据信息

（二）内部二手证据源

与前文所述的内部一手证据源不同，当循证研究者基于循证对象内部获取证据信息，但这些信息并非来自研究者根据事先确定的循证目标而进行的亲自调查、研究，此类证据源就构成了内部二手证据源。也就是说，内部二手证据与前文所述的内部一手证据一样，都源自循证目标对象内部，二者的区别，仅仅是后者是由研究者亲自调查研究所得。表 3-2 以工商管理领域为例，展示了一些有代表性的内部二手证据源。

表 3-2 内部二手证据源示例（工商管理领域）

证据源	可获取的具体证据信息
企业内部图书馆、资料室、档案室文献资源	一个好的企业内部图书馆既会保存大量的图书、期刊等文献资料，也会收集保存官方统计资料、贸易统计数据、公司年度报表、其他与竞争对手和竞争环境相关的正式文档等
市场研究报告	市场份额分析
	竞争对手的分销渠道
	竞争对手的关键客户

续表

证据源	可获取的具体证据信息
市场研究报告	顾客对竞争对手的满意程度
	顾客对竞争对手产品和服务水平的强、弱势的感知分析
企业员工个人搜集的文档	工商企业的员工，如销售、公关人员等需要频繁地与外界接触，通常会得到一些有价值的信息文档。这些文档包括竞争对手的宣传册和商品目录、简报、简讯、促销价格、任命通知、年度报表和其他报表、经纪人报告和其他有关竞争对手的报告等。同时，研发人员也可能保存竞争对手注册的专利和描述其技术的文献资料；生产人员可能会收集竞争对手使用的生产设备和生产过程的证据信息等
行业协会报告	行业协会成员所提供的报表或统计数字可大量应用于循证研究，特别是对于分析业内总的情况、发展趋势等都有价值

（三）外部一手证据源

如前文所述，当证据来自循证对象外部时，称之为"外部证据"；如果循证研究者就事先设定的研究事项亲自展开证据搜集整理等调查研究活动，则其获取的证据属于"一手证据"。由此可见，针对循证研究的对象外部，通过事先设计好的方案开展调查研究而获取的证据，可称之为外部一手证据。表 3-3 以工商管理领域为例，展示了一些典型的外部一手证据源。

表 3-3 外部一手证据源示例（工商管理领域）

证据源	可获取的具体证据信息
销售代表	销售代表与竞争对手的职员有着直接或间接的接触，他们通常了解竞争对手公司里相应的数据，并从顾客那里得到关于竞争对手活动的相关情况。循证研究者可通过焦点组访谈等方式对相关证据信息加以收集
经销商	经销商作为工商企业的关键客户，对所经销的产品非常了解，也掌握大量关于竞争对手的信息。循证研究者可通过访谈、调查等方式对相关证据信息加以收集
客户（当前供应的客户、曾经供应的客户、潜在客户）	客户通常接触不止一家供应商。各供应商通常会向客户展示自己的产品和技术，披露自己的产品技术规范和产品说明书，同时会透露自己的发展规划和新产品推出方案。循证研究者可通过访谈、调查及调查分析对相关证据信息加以收集
供应商	工商企业因为与竞争对手在产品方面具有同质性，所以常常拥有相同的供应商，通过与供应商的交流可大体了解竞争对手的成本、产量、生产计划等。此外，还可通过物流、耗材等途径掌握相关信息。循证研究者可通过对供应商的访谈、调查来获取相关证据信息
竞争对手的前雇员	竞争对手的前雇员在离职后一段时间内具有很高的情报价值。循证研究者可通过查询招聘网站上的简历或对这些前雇员进行人际询问而获取相关证据信息
主管机构员工	行业主管机构的员工与他们所监管的企业之间有着紧密接触，有可能提供所发布的任何报告的背景资料。循证研究者可通过对主管部门相关员工进行访谈、调查而获得相关证据信息

续表

证据源	可获取的具体证据信息
专业协会和行业协会员工	专业协会和行业协会的员工和他们的会员关系密切,他们可能具有专业性的观点和获得真实信息的机会,循证人员可通过对其访谈而获得相应的证据信息
咨询顾问、证券分析师、记者等	咨询顾问、证券分析师、记者等人员因工作需要,常常掌握着大量有价值的信息。其中部分人员可提供专业的定题服务,从而提供证据信息
专业商务研究人员	大学研究所和实验室的科研人员从事大量的课题研究,可能会对行业的技术发展有独到的见解。商学院里进行公司案例研究的人员花费大量时间来跟踪业内发展和公司活动,有可能掌握非常重要的一手证据资料

(四) 外部二手证据源

相较于上述三类证据源,外部二手证据源来自循证对象外部,且不必来自循证研究者的亲自调查、研究。因此,此类证据数量庞杂,内容丰富。特别是在互联网高度发达的今天,外部二手证据源正以惊人的速度增长。展望未来,基于互联网、大数据与云计算的外部二手证据源很可能支撑循证社会科学发展进入一个新阶段。表 3-4 是工商企业可以从政府相关部门获取证据信息的部分贸易类证据源,是工商管理领域外部二手证据源的典型示例。

表 3-4 外部二手证据源示例(政府相关部门贸易类)

证据源	具体证据信息	证据获取渠道
商务管理部门	外经贸财务会议、统计信息	通常以文件、档案的形式存在,有的在互联网上发布,有的需要查阅政府出版物获得
	境外发展、投资管理办法和具体政策	
	境内外各种经贸交流会、展销会、招商活动	
	对外经济贸易活动的法律法规、进出口配额、进出口商品目录、许可证等	
海关	出口市场分析报告	通过免费或付费渠道,从海关部门获得相应的文档或数据
	出口量价格分析报告	
	商品原产地监测报告	
	港口价值分析报告	
	交易及时监测报告	
	出口周期性比较分析报告	
	企业出口产品动态监测报告	
	目标市场监测报告	

续表

证据源	具体证据信息	证据获取渠道
海关	提报单数据（包括买家联系方式、发货人、交易细节、采购日期、产品描述、HS 编码、数量、价格、包装、航运信息等）	通过免费或付费渠道，从海关部门获得相应的文档或数据
	全球买家数据（包括公司名称、公司地址、公司电话、公司传真、公司联系人及联系方式等）	
国家宏观经济管理部门	宏观经济数据	通过登录官网获取（如国家发展和改革委员会 http://www.ndrc.gov.cn；中国价格信息网 http://www.chinaprice.com.cn/）或通过关注机构发布的有关公告、报告等获取
	重要商品的价格信息	
	重要的收费标准	
	产业发展规划及其发展战略	
	宏观调控相关的其他数据	
	上市公司经营状况的有关数据	
	违规企业调查处理报告	

第二节　证据的检索

丰富的证据源为展开科学的循证研究与实践提供了坚实的基础。然而，随着数字化的发展和证据信息数量的几何级数增长，如何对分布于多元、异质信息源的证据信息进行有效检索，是决定循证研究质量的关键。本节中，我们将重点介绍当前主流的网络数据库检索技术与途径。

一、证据的检索技术

（一）布尔逻辑运算符

证据检索可能涉及一个主题概念，或一个主题概念的某一侧面，或由若干个概念组成的复合主题，或一个主题概念的若干个侧面。这些概念或其侧面，无疑都需要以一定的词汇或符号来表达，证据检索系统借助布尔逻辑运算符来处理这些较为复杂的词间（或符号间）语义关系。

（1）"逻辑与"：符号为"AND"或"*"，表示概念之间交叉或限定关系的一种组配。表达式为 A AND B 或 A*B。只有同时包含检索词 A 和检索词 B 的文献才是命中文献。该运算符可缩小检索范围，提高查准率。

（2）"逻辑或"：符号为"OR"或"+"，表示概念之间并列关系的一种组配。表达式为 A OR B 或 A+B。数据库中凡含有检索词 A 或检索词 B 或同时含有检索词 A 和 B 的文献均为命中文献。该运算符可扩大检索范围，提高查全率。

（3）"逻辑非"：符号为"NOT"或"AND NOT"或"-"，表示概念之间不包含关系的一种组配。表达式为 A NOT B 或 A AND NOT B、A-B。数据库中包含有检索词 A，但同时不包含检索词 B 的文献才算命中文献。该运算符可通过从某一检索范围中去除另一部分文献的方式达到缩小检索范围的目的，提高查准率。

（二）位置算符/邻近符

运用布尔逻辑运算符进行检索，由于对各个检索词之间的位置关系不能予以限制和确定，有时会产生误检，这就需要采用位置算符来弥补这一缺陷。不同数据库使用的位置算符/邻近符可能不同，常见的位置算符/邻近符主要有以下几种。

（1）"WITH"表示连接的两词相邻，且两词的前后顺序不固定。

（2）"NEAR/n"表示连接的两词之间可以有 n 个以内的单词出现，且两词的前后顺序不固定。

（3）"Next/n"表示连接的两词之间可以有 n 个以内的单词出现，且两词的前后顺序固定。

（4）"ADJ"表示连接的两词相邻，且两词的前后顺序不固定，在 ADJ 符号后加数字限制两词之间的最大距离，数字范围可在"0~255"。

（三）截词算符

截词检索可检索词根相同词尾不同的检索词，常用于检索词的单复数、词尾变化但词根相同的词、同一词的拼法变异等。不同数据库使用的截词算符可能不同，常见的截词算符有星号（*）、问号（?）、美元符号（$）、百分号（%）和井字号（#），"*"和"%"表示任意数量的字符，"?"和"#"表示任意一个字符，"$"表示零或一个字符。

（四）限定检索

限定检索是指检索人员指定检索某一或几个字段或限定项以使检索结果更为准确，减少误检。限定检索会采用缩写形式的字段标识符（如 TI 表示 Title，AB 表示 Abstract 等），中国生物医学文献服务系统（SinoMed）、荷兰医学文摘（Exccrpta Medica Database，EMBASE）和 PubMed 等数据库均提供限定项。

（五）扩展检索

扩展检索是同时对多个相关检索词实施逻辑"或"检索的技术，即当检索人员输入一个检索词后，系统不仅能检出该检索词的文献，还能检出与该检索词同属于一个概念的同义词或下位词的文献，如 SinoMed、EMBASE 和 PubMed 等数据库中主题词的扩展检索。

（六）加权检索

检索时不仅要查找检索词，还要考虑并估计检索词的权重，当权重之和超出阈值的记录才能在数据库中被检出。在 SinoMed、EMBASE 和 PubMed 等数据库中表现为仅检索主要概念主题词，而在中国知网中表现为词频检索。

（七）精确检索和模糊检索

精确检索是指检出结果与输入的检索词组完全一致的匹配检索技术，在许多数据库中用引号来表示，如检索"breast cancer"。模糊检索允许检出结果与输入的检索词组之间存在一定的差异，如输入 breast cancer，可检索出 cancer of breast 和 cancer of the breast 等，只要包含 breast 和 cancer 这两个词的文献均能被检索出来，并不要求 breast 和 cancer 一定按输入顺序相邻。

二、证据检索途径

1. 主题词检索

主题词是经过优选和规范化处理的词汇，由主题词表控制。主题词检索是根据文献的主题内容，通过规范化的名词、词组或术语（主题词）查找文献信息，其检索标识是主题词。如乳腺癌的主题词是"乳腺肿瘤"；冠状动脉性心脏病的主题词是"冠心病"。目前，支持主题词检索的数据库有 SinoMed、EMBASE、Cochrane Library（科克伦图书馆）和 PubMed 等。

2. 关键词检索

从文献篇名、正文或文摘中抽出来能表达文献主要内容的单词或词组中查找文献的检索途径。关键词与主题词不同，因未经规范化处理，检索时必须考虑与检索词相关的同义词、近义词等，否则，容易造成漏检。如检索"乳腺癌"时需要考虑"乳腺肿瘤"和"乳癌"等。

3. 题名检索

利用题名（篇名、标题）等作为检索入口检索文献，这是信息检索中最常用的途径。

4. 缺省检索

缺省检索是指自动在检索系统预先设定的多个字段中同时进行检索。如中国知网和万方数据知识服务平台的主题字段由篇名/题名、关键词和摘要 3 个检索项组成，而 SinoMed 的常用字段由中文标题、摘要、关键词和主题词 4 个检索项组成。

5. 著者检索

根据文献上署名的作者的姓名查找文献的检索途径，也是目前常用的一种检索途径。当要查找某人发表的论文，而且又知道其姓名的准确书写形式（包括中文的同音字、英文的拼法等）时，著者检索是最快捷、准确的方式。

6. 引文检索

引文检索是一种以文献中的引用（即参考文献列表）为起点的检索方法。例如，可以通过 SinoMed 和 Web of Science 等工具来查找相关文献的参考文献。

7. 智能检索

自动实现检索词、检索词对应主题词及该主题词所含下位词的同步检索。如 SinoMed 的智能检索。PubMed 的"自动词语匹配检索"亦属于智能检索。

8. 相关信息反馈检索

相关信息反馈检索是将与已检结果存在某种程度相关的信息检索出来的检索技术，多由检索系统自动进行检索。如 PubMed 的"Similar articles"，SinoMed 的"主题相关"，维普资讯网、中国知网和万方数据知识服务平台学术期刊的"相似文献"。

三、证据检索与文献检索的区别

循证证据检索的目的是为循证社会科学研究和实践查找此前所有最佳证据，因而其检索范围、方式、策略等必然有别于传统的文献检索，主要区别如下（表 3-5）。

表 3-5　证据检索与文献检索的区别

项目	证据检索	文献检索
信息来源	强调全面检索各种数据库、工具书、相关期刊，以及正在进行的研究和未发表的研究文献	很少对正在进行的研究和未发表的研究文献进行检索
检索范围	强调获得当前可得的全部相关文献（多国别、多语种文献）	对检索范围和检全率没有严格要求
检索方式	以计算机检索为主，辅以手工检索，进行参考文献的追查、灰色文献的搜集	很少对参考文献进行追查或搜集灰色文献

续表

项目	证据检索	文献检索
数据库选择	检索所有相关的临床证据数据库、临床实践指南数据库和书目型数据库	对数据库的选用无严格要求
检索策略的制定	严谨、科学	无严格要求
对检索结果的关注	关注临床证据级别,尤其重视系统评价和随机对照试验的研究结果,重视文献真实性、方法学的评价	较多关注述评文献或综述文献,不涉及文献真实性和方法学的评价

四、证据利用检索与证据制作检索的区别

根据检索目的的不同，循证社会科学证据检索可以分为证据利用检索与证据制作检索两大类。其中，证据利用检索更关注如何检索到（获得）当前最佳证据以指导管理决策，而证据制作检索则更关注在信息来源、检索策略、检索方式等方面的证据检索区别，主要区别见表3-6。

表3-6 证据利用检索与证据制作检索的区别

项目	证据利用检索	证据制作检索（如系统评价制作）
信息来源	循证指南数据库 循证社会科学相关教科书 循证社会科学数据库 其他综合评价资源 循证社会科学期刊 综合性文献数据库资源	综合性文献数据库资源 专题性文献数据库资源 循证社会科学专业数据库 各国专业文献数据库 专题调研、试验数据库 灰色文献（新闻报道、会议论文等）
检索策略	关注特异性，重点检索主题词相关内容	关注敏感度，确保最大限度查找相关研究
检索方式	首选计算机检索，人工检索不做强制要求	计算机检索，要求须辅以人工检索
检索顺序	可遵循"6S"循证信息服务模型	先检索主要数据库，再扩展检索其他相关来源
检索结果	关注证据级别高和推荐意见强的报告，如GRADE系统推荐的高质量证据	关注高质量原始研究

五、证据检索步骤

（一）分析整理证据信息需求，将问题转化为可选择检索式

首先要分析、确定欲检索循证研究与实践课题涉及的主要概念及其概念的内涵和外延，这些概念之间的联系或关系是什么。在此基础上，明确检索的内容、

目的、要求，从而确定检索的学科范围、文献类型、回溯的年限等。

循证研究者所面临的第一个问题，常常是面对一个具体的循证研究与实践问题不知道怎样去检索相关研究。为了解决这一难题，首先应将循证研究与实践问题的证据信息需求进行分析和整理，将初始的临床问题转变为可以回答的实际问题。例如，在循证医学领域，通常将临床问题分解为如下5个部分，这一做法称为PICOS模式。在此模式中，P表示Patient/Population（患者或人群），I表示Intervention（干预措施），C表示Comparison（对照措施），O表示Outcome（结果），S表示Study（研究类型）。在实施检索时，同时满足PICOS的很少。如针对"阿司匹林与安慰剂相比，能否降低心肌梗死患者的病死率"这一问题，根据PICOS模式，可将其初步分解为P：心肌梗死患者；I：使用阿司匹林；C：使用安慰剂；O：病死率。

（二）选择合适的证据信息数据库

根据所提循证研究与实践问题的类型和现有条件，先检索密切相关的数据库，若检索的结果不能满足需要，则再检索其他相关数据库。在数据库选择方面，循证领域的研究者已积累丰富的经验。为此，循证社会科学研究者可以参照循证医学领域所发表的"6S"模型（表3-7）展开证据信息检索。应用"6S"模型时，检索者从上一级数据库检索获得的文献如果解决了提出的循证问题，则不需继续检索下一级数据库，以避免不必要的时间浪费。

表3-7 循证资源的"6S"模型

分类	特点	举例
证据综合系统/计算机辅助决策系统（Systems）	能将医院信息系统如电子病历系统、电子健康档案系统、电子医嘱系统等与循证知识库高度整合，主动向临床医务人员提供循证治疗、护理等相关重要信息；能提供循证决策支持和个性化患者服务，消除医务人员面临的查阅时间、检索技能和意愿上的障碍	这类理想的计算机辅助决策系统目前还很少见，呈理想状态。目前做的比较好的有ZynxCare、UpToDate等
证据总结（Summaries）	代表循证知识库、循证临床指南，针对临床问题，直接给出相关背景知识、专家推荐意见、推荐强度和证据级别。因信息高度浓缩和内容结构化，需单独检索，且检索越来越趋于"人性化"	Clinical Evidence、DynaMed
证据摘要（Synopses of Syntheses）	对系统评价和原始研究证据的简要总结，以及专家对证据质量和证据结论的简要点评和推荐意见，通常表现形式是系统评价文摘版、循证医学/护理期刊、临床实践指南等	ACP Journal Club、EBM、美国国家指南交换中心（NGC）等
系统评价（Syntheses）	基于同一临床问题，全面评价并综合所有研究证据作为原始临床研究的系统评价	Cochrane Library、各种期刊上发表的系统评价等

续表

分类	特点	举例
原始研究摘要（Synopses of Studies）	对原始研究进行阅读、整理归纳和分析，再结合自己的经验给出观点，进行评论，即传统的文献综述	各种期刊上发表的原始研究的摘要及评论
原始研究（Studies）	收录在生物医学文献数据库中的原始临床研究	PubMed、EMBASE 等

资料来源：杨克虎. 循证医学[M]. 北京：人民卫生出版社，2017

（三）确定检索词

数据库选择好后，还应针对已分解的循证研究与实践问题选择恰当的检索词。列出一组与循证研究问题有关的词，这些词应包括主题词和关键词。在某些情况下，循证研究内容的主题概念在数据库中的检索用词标引得不够完善，很可能没有被列入主题词表。在这种情况下，用主题词进行检索，结果就很难令人满意。在很多情况下，关键词检索与主题词检索的结果差别较大。检索结果不仅受检索方式、检索策略的影响，也与各数据库主题标引的质量和收录范围有直接关系。为提高检索质量和检索效率，应熟悉数据库的主题词表，了解相关主题词在词表中的收录情况。在选择检索词时，既要重视对主题词的选择，充分利用主题词检索系统的优点（如主题词的树状结构，主题词和副主题词的组配，对主题词的扩展或不扩展检索等），但也不能忽视关键词检索方式的应用。

确定检索词要考虑满足两个要求：一是课题检索要求；二是数据库输入词的要求。

（1）选词原则：①选择规范词。选择检索词时，一般应优先选择主题词作为基本检索词，但为了检索的专指性也应选用关键词配合检索。②在检索外文数据库时，要注意选用国外惯用的技术术语。查阅外文文献时，一些技术概念的英文词若在词表中查不到，可先阅读国外有关文献，再选择正确的检索词。③一般不选用动词和形容词，不使用禁用词，尽量少用或不用不能表达课题实质的高频词（如"的""和"等词）。④为保证查全率，同义词尽量选全，并考虑同一概念的多种表达方式。例如，在循证医学中，关于"肾衰"有 kidney insufficiency、renal insufficiency、kidney failure、renal failure 等不同表达方式。另外，要充分关注同一名词的单复数、动词、动名词、过去分词等形式。词根相同时，可用截词符解决。

（2）选词方法：①检索已经发表、未发表和正在进行的系统评价/Meta 分析。②利用数据库提供的检索词辅助工具。例如，在 PubMed 数据库中，可选择使用主题检索界面 Entry Terms 下面提供的检索词。③利用数据库提供的同义词辅助工具。例如，在 EMBASE.com 数据库中，可使用主题检索界面 Synonyms 下面的同义词。④利用中文科技期刊全文数据库的查看同义词功能。⑤利用专业名词词典等工具。例如，医学领域常用药典和药物数据库查找药物商品名及其他近义词。⑥选择一个较为核心的组面的主要检索词进行预检索，并仔细浏览初步的检索结果，尤其是特别符合需要的记录，从中选择更多、更合适的检索词补充到检索式中，然后再浏览命中的文献记录，再从中选择检索词补充到检索式中。如此反复操作。该方法具有直接、生动、灵活的特点，检索词选择的有效性和针对性大大提高，但检索过程较长，相对费时。

（3）选词时，要充分考虑上位概念词与下位概念词之间的关联关系，必要时，基于概念网络展开检索。

（4）利用关键词进行检索应注意的问题。

第一，必须选择足够的同义词，因为关键词检索最容易产生漏检。同义词指检索意义上的同义词，包括语言学意义上的同义词、近义词甚至反义词等；不同拼写形式，全称与简称、缩写、略语，以及学名与商品名、习惯名等。

第二，若选用简称、缩写、略语等作为关键词，在检索时需要考虑加入其他的主题词或分类代码，以避免产生不必要的误检。

第三，如果需要选用多个关键词，还必须考虑各检索词之间的位置关系。

第四，尽量避免选用可能导致误检的多义词，若必须这样做，最好与其他的相关词一起组配使用。

（四）制定检索策略并实施检索

根据循证课题的已知条件和检索要求，以及所选定的信息检索系统所提供的检索功能，确定适宜的检索途径。检索途径确定后，编写检索策略表达式，即将选择确定作为检索标识的主题词、关键词以及各种符号等，用各种检索算符（如布尔逻辑运算符、截词符等）组合，形成既可为计算机识别又能体现检索要求的提问表达式。

制定检索策略时常需确定检索的敏感度和特异性。若关注敏感度方面，可扩大检索范围，提高相关文献被检索出的比例，提高查全率；若关注特异性方面，则可缩小检索范围，排除非相关文献被检索出的比例，提高查准率。检索者可根据检索目的来选择。若为制作证据（如撰写系统评价）而进行检索，对敏感度应有足够的重视。

制定针对疾病和干预措施的检索策略的一般步骤如下。

（1）针对某疾病的检索词（主题词/关键词）及其同义词和别名，还要考虑不同语言可能有不同的后缀或前缀。将所有检索词编号，以"OR"连接，意为只要其中任一个检索词相符就可以。

（2）针对干预措施可能涉及的检索词也用"OR"连接。

（3）将涉及疾病和干预措施的两组检索词用"AND"连接。

（4）如果检索结果较多时，可考虑加入研究设计（随机对照试验检索或系统评价/Meta 分析）策略，与疾病和干预措施进行逻辑"AND"运算。

构建检索策略的质量，直接影响检索效果或结果，是检索中最关键的环节。从系统论的角度来看，检索策略的编制是对多领域知识和多种技能全面、系统地综合运用，如涉及专业背景知识的主题分析、检索语言知识的概念与语言转换、信息检索原理与系统性能的多种检索技术，以及逻辑思维规则的各种组配形式等。其中任何一个环节的微小失误或不当，都会产生蝴蝶效应，从而影响检索质量。所以，这一环节最能体现检索者的信息素养、检索能力、知识水平。

（五）漏检和误检及其改进措施

对检索结果进行评价主要是看检索的结果是否在预期的范围之内。如果是为使用证据而进行检索，则主要是从证据的级别和临床适用性来判断检索结果的质量。如果是为制作证据而进行检索，则对检索结果的评价步骤有：浏览检出记录的标题和摘要，评价该记录是否符合事先制定好的纳入和排除标准，纳入符合要求的文献。对潜在的有可能符合纳入标准的记录以及不能确定是否需要纳入和排除的记录，应阅读全文，以进一步判断或评估。若检索结果不能满足需要，有必要对已检索过的数据库进行再次检索或检索其他数据库。由于不同的数据库收录范围不同，检索术语、主题词表及检索功能存在差异，因此，需在检索过程中仔细选择检索用词，并且不断修改和完善检索策略，调整检索策略的敏感度或特异性，以便制定出能满足检索需求的高质量的检索策略（表 3-8）。

表 3-8 漏检和误检的原因与改进措施

项目	漏检	误检
具体表现	检索范围太小	检索范围太大
	命中数量过少	命中数量过多
主要原因	没有使用足够的同义词	检索词的多义性
	未充分利用属种、上下位关系	误组配，即组配具有多义性
	逻辑运算符过于严格	没有排除无关的概念
	限制/限定措施过于严格	截词使用过度
	数据库本身的标引质量问题	数据库本身的标引质量问题
改进措施	提高检索的全面性	提高检索的准确性

续表

项目	漏检	误检
操作型对策	补充足够的同义词	将检索词限定为主要标引词
	把叙词作为紧邻关键词使用	加入分类代码或范畴代码
	选用登录数高的索引词	采用字段限制
	取消各种检索限制和限定	施加语种、出版年代等限定
	更少地使用位置逻辑运算符	更多地使用位置逻辑运算符
	运用更宽松的位置逻辑运算符	运用更严格的位置逻辑运算符
概念型对策	以 OR 加入相关检索词	以 AND 加入相关检索词
	以 OR 加入所有的下位叙词	用 NOT 排除无关概念
	采用上位叙词	采用下位叙词
	采用上位类	采用下位类
	排除数据库中的普遍概念	对泛指概念加以具体化

第三节 证据检索的质量评价

证据检索是否全面、彻底，是影响循证研究质量最关键的因素之一。为此，在检索展开之前和检索完成之后，均需要对证据检索的质量展开评价。本节将在对证据检索质量评价的必要性展开论述的基础上，立足于解析查全率和查准率等传统检索质量评价指标的缺陷，就循证社会科学研究者应用信度、效度、敏感度、饱和度等指标对证据检索质量加以评价的原理和参照标准展开介绍。

一、证据检索质量评价的必要性

Meta 分析与系统评价是当前循证领域展开证据综合与高质量证据获取的主要工具。循证研究者之所以需要对证据检索质量加以评价，其重要原因在于 Meta 分析存在异质性，而系统评价也常常存在各种偏倚。

（一）Meta 分析中的异质性[1]

纳入 Meta 分析的证据可能在多方面存在差异，如人群、干预措施的变化、评

---

[1] Borenstein M. Common Mistakes in Meta-Analysis and How to Avoid Them[M]. Cambridge: Cambridge University Press, 2005.

估结果的量表选择等。进行 Meta 分析的第一步就是确定效应量在所研究的样本中的变化，如果效应量在所有研究中的变化一致，则关注其平均值。相反，如果效应量在不同的研究中存在实质性的变化，就会产生异质性。

当系统评价中所包含的研究数量较少时，就会导致异质性的统计数据（如方差、标准差、预测区间、I^2）不可靠。异质性的问题也会因研究领域的不同而不同。例如，Cooper 描述当采用同一种方法研究同一人群时，评估的是具有一致效果的干预措施的影响，这种情况下异质性就会很小[1]。相反，当研究采用不同方法、不同人群、评估不同的干预影响时，研究中的异质性就会增强。Meta 分析的意义就是要将结论推广到更大的领域，但是如果研究样本较少，所有的异质性统计数据就会不可靠，尤其是预测区间，那么结论在更宽泛的领域中就会不适用。因此，我们需要仔细思考结论在未来需要推广的领域，考虑我们研究中的样本数可以在多大程度上代表此结论。如果在 Meta 分析中没有检验出异质性问题，那么可能会将明显不同的人群、结果、环境和时间归为一类，从而导致所获取的高级别证据出现偏差。可见，为消除 Meta 分析所面临的异质性问题，有必要对证据检索结果展开全面质量评价。

（二）系统评价中的偏倚

在循证社会科学研究和实践中，系统评价的目的是通过综合几个研究结果，总结有关具体问题的最佳证据。在系统评价的过程中，应始终使用透明公开的程序来发现、评价、得出结论，以尽量避免偏倚。但文献检索阶段，大部分有显著结果的研究会比没有显著结果的研究更容易发表，就更容易被纳入系统评价数据。此时会出现数据丢失的情况，那些已发表的研究有可能会高估或低估措施干预的真实效果，导致综合结果的偏倚，这种偏倚通常称为"发表偏倚"（publication bias）。

在文献检索时，我们无法在数据库中找到所有相关的研究，并且偏倚还会随着研究问题特征的变化而变化。大部分书目或数据库只涵盖已经出版的文献，Chalmers 等强调，当我们在文章中仅纳入并统计已发表的文章，为了抵消其中的潜在偏倚，应该特别注明在评价过程中纳入的未发表文章的影响[2]。Sterne 等认为发表偏倚的存在可能导致一部分研究无法在同行评审（peer review）的期刊上发表，并且已发表的研究也会有很大一部分不会被编入书目数据库索引[3]。涉及定量

---

[1] Cooper H. The Handbook of Research Synthesis and Meta-Analysis[M]. New York：Russell Sage Foundation Publications，2019.

[2] Chalmers T C，Frank C S，Reitman D. Minimizing the three stages of publication bias[J]. JAMA，1990，263（10）：1392-1395.

[3] Sterne J A C，Sutton A J，Ioannidis J P A，et al. Recommendations for examining and interpreting funnel plot asymmetry in meta-analyses of randomised controlled trials[J]. BMJ，2011，343（5）：d4002.

研究的系统评价在文献检索时应调整检索策略，尽量减少发表偏倚的影响。涉及定性数据时，Booth 认为可以用不太详尽的方法，但应审查资源范围内的数据，确保检索到足够种类的信息[1]。因此，必须仔细考虑获取文献的多种渠道，以及我们所选择的渠道之间如何相互补充。可见，出于消除系统评价中发表偏倚的目的，非常有必要对证据检索质量加以科学评价。

二、传统的文献检索质量评价指标及其缺陷

在循证社会科学诞生之前，图书情报学等领域就已广泛展开检索质量的评价。其中，查全率和查准率是评价文献检索质量的两种主要传统指标。查全率（recall ratio）是指检索到的相关文献在所有应该检索到的文件集合中的比率。但是，由于"所有文献"事实上常常不可得，所以查全率的分母无法预知，往往只是一个虚构的值。查准率（precision ratio）是指所检索到的文献中，被判断为相关文献的比值。查准率衡量了文献检索达到饱和时，查找到相关文献的概率。查准率和查全率成反比例关系。例如，当研究者查找到集合中所有的文献时，这也意味着其中有大量的不相关文献，提高了查全率但降低了查准率。相反，当文献检索变得精确时，就会丢失大量的相关文献，降低查全率。

Mann 提出，研究者需要追求更加精确的检索结果，因为研究者期望浏览较少的文献，另外在判断相关度过程中也能减少工作量[2]。然而，系统评价的特点就是要追求较高的"查全率"，因为我们没有办法确定，所定位的检索主题是否可以代表现有的全部研究。最好的解决办法就是尽可能全面地检索，避免漏掉规范检索之外的重要文献，确保习惯性的检索渠道不会使结果产生偏倚。因此，本书所使用的数据集，采用滚雪球、检索方式迭代等多种方法，尽可能穷尽检索与示例研究主题（本书以"社会认识论"为例）相关的文献。

三、证据检索的质量评价指标

如前文所述，开展证据检索质量评价对于提高循证研究与实践的质量具有重要意义，而现有的文献检索评价指标却存在着明显的缺陷。为此，循证社会科学领域需要发展一套较为完善的证据检索指标。魏志鹏、杨克虎、周文杰等通过一系列实证研究，提出并发展了证据检索质量评价的信度、效度、敏感度、饱和度和冗余度等指标，并确立了大致的参照标准。

---

[1] Booth A. How much searching is enough? Comprehensive versus optimal retrieval for technology assessments[J]. International Journal of Technology Assessment in Health Care，2010，26(4)：431-435.

[2] 转引自 Altman E. Library research models: A guide to classification, cataloging, and computers[J]. The Journal of Academic Librarianship，1994，20(4)：236-237.

（一）证据检索的信度[①]

信度（reliability）即可靠性，是指采用同样的检索途径对同一类型证据重复检索时所得结果的一致性程度。信度越高，多次检索的结果之间反映的一致性就越强。信度指标多以相关系数表示，大致可分为三类：稳定系数（跨时间的一致性）、等值系数（跨形式的一致性）和内在一致性系数（跨项目的一致性）。信度分析的方法主要有四种：复本信度法、重测信度法、折半信度法、α 信度系数法[②]。本部分主要介绍通过复本信度和重测信度来检验文献检索所获证据的可靠性与稳定性。

1. 复本信度

复本信度（parallel-forms reliability）又称为等值性系数，是等值性信度（equivalence reliability）的一种，指 A 检索途径的检索结果与 B 检索途径的检索结果的变异程度。针对同一类证据对象，通过两种不同的检索途径展开检索，则两次检索结果之间的相关性程度称为复本信度。相关程度越高，复本信度越高，两次检索结果的一致性越强，检索结果越稳定。

在证据检索质量评价中，复本信度主要通过应用主题、篇名、关键词、摘要和全文为检索项，判断不同途径的单项检索或组合检索项之间的相似程度。计算皮尔逊相关系数（Pearson correlation coefficient），构建检索项之间的相关系数矩阵，公式如下：

$$P_{x,y} = \frac{\text{cov}(x,y)}{\sigma_x \sigma_y} = \frac{E\left[(X-\mu x)(Y-\mu y)\right]}{\sigma_x \sigma_y}$$

皮尔逊相关系数 $P_{x,y}$ 的取值范围在[-1，1]，系数值越大，不同途径检索方式的相似程度越高，检索项的可靠性就越强。基于上述评价结果，再提出一个复本信度的排序，判断检索项的信度高低。

2. 重测信度

重测信度（test-retest reliability）又称为再测信度、稳定性系数，是针对同一组证据对象，利用相同内容的检索途径在不同的时间点先后检索两次，计算两次检索结果之间的差异程度。重测信度是由时间变化所带来的随机误差产生的，反映检索跨时间的稳定性和一致性。

[①] 周文杰, 赵悦言, 魏志鹏, 等. 循证视角下文献证据检索的科学性评价：缘起、指标与趋势[J]. 图书与情报, 2021(6)：31-36.
[②] 屈芳, 马旭玲, 罗林明. 调查问卷的信度分析及其影响因素研究[J]. 继续教育, 2015, 29(1)：32-34.

根据所测定证据数据的表现方式，重测信度可采用皮尔逊相关系数、等级相关系数和列联系数来表示。从相关系数的大小可以判断检索结果在经过一段时间后的稳定程度。相关系数越大，检索结果更加一致可靠，那么重测信度就越高，随机因素带给检索的影响也就越小[1]。证据检索质量的重测信度计算公式如下：

$$\sigma_m = \sqrt{\frac{\sum_{i=2010-2011}^{n}(x_i - \bar{x})^2}{n}}$$

式中，m 表示不同检索项，如单项检索主题，或二项检索"主题 and 篇名""主题 or 篇名"等组合；x_i 表示每一年匹配比例与上一年比例的差值。在这一公式中，$\bar{x}$ 表示 8 年匹配比例差值的平均值，n 为样本量（每种检索方式有 8 个样本）。标准差 σ_m 越大，说明每年匹配比例差值的离散程度越大，下一年的测量与上一年测量的差别越大，检索项在近十年的匹配度越不稳定。

3. 证据检索结果的信度

通过实证研究，卢洁妤、魏志鹏、周文杰[2]等得出以下结果。

在单项检索的信度评价中，"关键词"检索在稳定性结果方面更优，而如果要求更加全面的结果，则可以选择"主题"检索。"篇名"检索综合了前二者的优势，为最优选择。在检索中相关文献证据时，"摘要"检索的结果最可靠。

二项组合检索式由于各项之间存在重复，大部分检索项之间都存在很高的相似性。首先，"篇名 and 关键词"与其他具有显著相关性的检索项匹配系数最高，且重测信度检验也是最稳定的，因此高相关集检索优先选择"篇名 and 关键词"。其次，在中相关的系数矩阵中，复本相似度最高的一组是"主题 and 摘要"和"关键词 and 摘要"，这一组中后者的稳定性更强，优先选择后者。另外，"主题 or 摘要"在查找高相关和中相关文献时可以替代多种检索方法，检索结果最全面，包容性强。

在三项组合检索式中，要综合考虑数据相似程度与数据离散程度两项指标。在查找高相关文献时可以选择"主题 and 篇名 and 关键词"，or 连接时复本信度结果虽然是最优选择，但稳定性不高。因此，可以尝试主题、篇名与关键词的并集组合。另外，"主题 and 摘要 and 全文"和"主题 or 篇名 or 关键词"分别可以作为两种运算符检索中相关文献的高复本信度结果，在重测信度结果中前者更稳定。

四项组合时推荐使用"主题 and 篇名 and 摘要 and 全文"的检索式，其重测

---

[1] 蒋小花, 沈卓之, 张楠楠, 等. 问卷的信度和效度分析[J]. 现代预防医学, 2010, 37(3): 429-431.
[2] 卢洁妤, 魏志鹏, 周文杰, 等. 文献证据检索的信度研究：基于循证视角[J]. 图书与情报, 2021(6): 60-68.

信度表现最为稳定。在复本信度结果中，与高相关数据集匹配适用，与中相关文献匹配时，or 逻辑运算符连接也同样可以适用。

五项组合检索式只能从重测信度角度来看，且并集运算符 or 在任意数据集中都表现得更稳定可靠。

（二）证据检索的效度

本书第二章已对证据的研究效度和测量效度进行了阐释。在证据检索中，同样存在着效度问题。如第二章所述，从 Cooper 所提出的七阶段模型及所概括的效度威胁因素[1]来看，证据检索对于循证研究的效度存在基础性影响。Patrick Wilson 指出，尽管文献的查询本身并不能产生新的知识，但对检索所获得的文献加以分析和整合却是知识生产的可行途径之一[2]。基于文献的分析和整合而展开知识生产，正是循证社会科学研究的鲜明特征之一。然而，由于各种因素的影响，文献检索本身面临着诸多问题和挑战。很多学者都把文献检索视为循证研究者的负担，以强调文献检索之于证据获取和系统评价的难度[3]。下文中，将结合周文杰、魏志鹏等开展的证据检索的效度评价系列研究，重点介绍证据检索的效标关联效度和内容效度。

1. 证据检索的效标关联效度

在循证社会科学领域的证据检索质量评价中，效标关联效度可被操作化为研究者检索到的文献证据与基于"饱和"数据而获得的全部证据之间的相关性。对证据效标关联效度加以有效评价的步骤是：首先，将各种检索方式加以排列组合，并对各种检索方式所获得的文献证据的高频词在各十分位数上进行随机抽样，形成一个备分析的数据集。其次，以穷尽检索状态下全部文献的高频词为效标，计算备分析的数据集中各项检索结果的相关系数，从而对效标关联效度做出评价。为了使评价更加全面，本书中选择了两个相互独立但能互相印证的效度衡量指标：一是特定检索途径所获文献的高频词与效标的高频词的匹配百分比（即覆盖度）；二是特定检索途径所获文献高频词的频数与效标高频词的频数的相关系数（即相关性）。本书展开分析的基本逻辑是：如果在变换各种检索方式后，检索结果还能与效标保持一致，则其效度就有充分的保障；如果随机抽样后的结果在不同十

---

[1] Cooper H. Literature-searching strategies of integrative research reviewers: A first survey[J]. Knowledge, 1986, 8(2): 372-383.

[2] Wilson P. Public Knowledge, Private Ignorance: Toward a Library and Information Policy[M]. Westport: Greenwood Press, 1977.

[3] White V J, Glanville J M, Lefebvre C, et al. A statistical approach to designing search filters to find systematic reviews: Objectivity enhances accuracy[J]. Journal of Information Science, 2001, 27(6): 357-370.

分位数上与效标的相关系数还能继续保持稳定的状态，则说明检索样本量的变化不会影响特定检索途径效标关联效度的稳定性，因此检索的效度较高。总之，本书通过在不同的抽样水平上将不同途径的检索结果的高频词与穷尽结果的高频词进行匹配度和相关性分析，对各种检索方式的可靠性做出评价。

通过分析不同途径检索方式的高频词与穷尽检索状态下高频词的匹配度与相关性，本书对文献证据检索的效标关联效度进行了检验。研究发现，各种检索条件下的最优检索项如表 3-9 所示。

表 3-9　各种检索条件下的最优检索项

项数	并集（AND）	交集（OR）
单项	全文	全文
两项	摘要 and 全文	主题 or 全文
三项	主题 and 关键词 and 全文	关键词 or 摘要 or 全文
四项	主题 and 关键词 and 摘要 and 全文	题名 or 关键词 or 摘要 or 全文

经过对表 3-9 的综合分析，可以看出单项检索和各类组合检索的效标关联效度如下：①单项检索时使用全文检索的效标关联效度最高，题名检索时效度最低。②组合检索时，"or"连接的组合检索的效标关联效度优于"and"连接的检索项，为提高效标关联效度，可以优先原则基于"全文"项进行检索，其次可选择"关键词"。③并不是组合项数越多，效标关联效度就越好。五项组合检索的效度低于其他检索组合形式，两项组合检索的效度普遍较高。

2. 证据检索的内容效度

在证据的检索中，内容效度作为一个衡量特定检索途径对拟循证研究内容涵盖全面程度的有效工具，可以对所检索到的证据要素是否具有全面性和代表性做出评价[1]。

证据检索的内容效度评价对保障系统评价和 Meta 分析的质量具有重要的意义。证据检索的内容效度越高，就越能获得全面且具有代表性的原始证据，基于此而开展的系统评价和 Meta 分析才能更加科学且客观。因此，本书基于自建的文献数据集，通过自然语言处理，形成了相应的测试数据，对通过不同检索途径获得的文献证据的内容效度做出了全面评价。

循证领域对文献证据检索的内容效度加以检验，需要从内容相关性和内容覆

---

[1] Henning G. A Guide to Language Testing: Development, Evaluation and Research[M]. Beijing: Foreign Language Teaching and Research Press, 2001.

盖度两个方面展开评价。其中，内容相关性是指特定检索方式所获得的证据信息与全部证据信息之间的相关系数；内容覆盖度是指特定检索方式所获得的证据信息在全部证据信息中所占的百分比。在学术文献中，证据最终将通过词语的形式呈现，因此，本书中的证据信息是指通过自然语言处理而从学术文献中析取的名词。

为细分对内容效度的检验，本书对特定检索途径所获得的证据信息与高、中、低语料库中证据信息的相关性和覆盖度分别进行了分析。例如，高相关文献语料库中的覆盖度是指不同检索方式形成的分语料库中的名词与高相关文献语料库中的名词进行匹配后的词语重合百分比。公式如下：

$$P = X_i / Y_{(h, m, l)}$$

式中，X 表示检索得到的文献分语料库与高相关文献语料库的词匹配重合个数，Y 表示文本分词得到的词语总数（h、m、l 分别表示高相关文献、中相关文献、低相关文献语料库），i 表示不同检索项（如主题单项检索，或主题和篇名的组合检索等）。

文献证据检索内容效度的相关性指标指各单项或组合检索所获得语料中名词的词频数与相应总语料中名词词频数的相关系数。相关系数的取值范围在[–1, 1]，系数值越大，说明特定检索方式所获得的证据信息与总体证据信息之间的相似程度越高。仍然以高相关语料为例，其计算公式如下：

$$P_{x,y} = \frac{\text{cov}(x, y)}{\sigma_x \sigma_y} = \frac{E\left[(X - \mu x)(Y - \mu y)\right]}{\sigma_x \sigma_y}$$

式中，x 表示通过特定检索途径（例如，某个单项检索或各种组合检索）检索得到的文献中的名词与不同相关程度文献语料库的名词匹配后的词频，y 表示高、中、低三种相关程度的文献中析出的名词与每种检索方式所获得文献中的名词匹配后的词频。$\text{cov}(x, y)$ 表示 x 和 y 之间的协方差，σ_x 表示 x 的方差，σ_y 表示 y 的方差。

本书基于实证研究发现：首先，在单项检索中，全文检索的覆盖度最高，但精确度最低；主题、摘要和关键词的覆盖度居中，但精确度明显提高；题名检索的覆盖度最低且精确度也不够高。总之，单项检索中全文检索的内容效度最高，题名检索的内容效度最低。其次，以布尔逻辑符"and"连接的交集式组合检索普遍存在内容效度风险，且项数越多，内容效度越低。最后，以布尔逻辑符"or"连接的各种并集式检索组合中，如将"全文"加入检索式，则有助于提高内容覆盖度，但降低了检索的精确度；将"主题"和"摘要"纳入但不包括"全文"的检索式内容覆盖度和精确度都相对较高；检索式"题名 or 关键词"存在明显的内容效度风险。

(三) 证据检索的敏感度

关于证据检索的敏感度，循证社会科学相关领域的研究者已给予了一定关注。Cooper 把敏感度等同于查全率，将其定义为"通过搜索策略从数据库检索到的相关记录的比例"，即检索到的相关记录数除以相关记录总数。Cooper 还进一步将检索的精确度定义为"通过特定搜索策略检索到的所有记录中相关记录的比例"，即检索到的相关记录除以检索到的所有记录[①]。事实上，Cooper 所定义的精确度恰恰对应着查准率。Cooper 对于敏感度（查全率）和精确度（查准率）的定义，从一定程度上为研究者合理评估检索的科学性提供了思路。然而，计算查全率需要得到"相关记录总数"，但通常情况下，检索者对这一数据并不可知；同样，为计算查准率需要事先知道所检索到的记录哪些是相关记录，这通常也并不可行。为此，查全率和查准率作为一对相互支撑的指标，由于在评价中都需要满足一定的预设前提，在实际操作中存在诸多困难。

由于检索结果的稳健性和不确定性会对系统评价和 Meta 分析的质量产生显而易见的影响，因此一直受到相关领域研究者的关注。事实上，早在 1977 年，Smith 和 Glass 就在心理治疗研究中，试图将稳健性和不确定性结合，从而界定一个区别于查全率和查准率的敏感度指标，以便将其作为科学结果整合的必要前提[②]。围绕敏感度评价，Glass 发展了三点量表，但这一量表受到了广泛的批评（例如，Eysenck 的批评[③]），最终没能成为敏感度评价的公认工具。

在循证社会科学研究中，系统评价是通过尽可能多的找到相关研究来减少各种偏倚，同时尽量减少搜索结果中需要处理的无关数据的数量。这就意味着搜索策略倾向于强调敏感度[④]。本书所指敏感度与 Cooper 的定义有所不同，我们将数据集中的所有文献进行抽样，在不同样本覆盖度下，分析特定检索项目的查全率和查准率。应用主题、篇名、关键词、摘要和全文的单项检索与组合检索的不同抽样水平的数据与总数据中高相关组和中相关组进行匹配，计算高相关组的匹配比例与中相关组的匹配比例。数据指标用检索结果与总数据集的匹配比例来评估：

---

① Cooper H. The Handbook of Research Synthesis and Meta-Analysis[M]. New York: Russell Sage Foundation Publications, 2019.

② Smith M L, Glass G V. Meta-analysis of psychotherapy outcome studies[J]. American Psychologist, 1977, 32(9): 752-760.

③ Eysenck H J. An exercise in mega-silliness[J]. American Psychologist, 1978, 33(5): 517.

④ Booth A, Sutton A, Papaioannou D. Systematic Approaches to a Successful Literature Review[M]. London: Sage Publications, 2016.

$$P_{(i,m)} = X_{(i,m)} / Y_t$$

式中，X 表示检索结果与总数据集的匹配篇数，Y 表示总数据集中高相关（或中相关）组的文献总数，i 表示不同检索项（例如，主题单项检索，或主题和篇名的组合检索等），m 表示每10%抽样水平的差值（10%到90%）。

$$S = \sqrt{\frac{\sum_{p=20\%\sim10\%}^{90\%\sim80\%}\left(X_{(i,p)} - \bar{X}\right)^2}{N}}$$

式中，i 表述不同检索项；p 表示每10%抽样水平的差值（10%到90%）；N 为样本量（本数据集中数值为8），S 为针对每种检索方式计算的标准差系数，用来衡量敏感度。在敏感度的分析中，如果 S 越大，说明不同抽样水平下的匹配比例离散程度越大，所匹配数据的敏感度越大。

本书探索了在不同检索方式下，各检索项的敏感度排序，选择最优的敏感度检索式。综合比较来看，使用"and"运算符检索的方差与标准差系数要比使用"or"运算符的小，这与它们本身的性质有关。"and"缩小了检索范围，因此抽取样本的总体容量小，重复性会增加，敏感度比较低；"or"扩大了检索范围，就会增大抽样样本量的范围，数据离散程度变大，敏感度增强。其他检索方式的具体情况如下。

（1）单项检索中，使用"篇名"检索高相关文献时，敏感度最低。由于篇名检索的内容更加精确，本身就考虑了题目中所包含示例主题"社会认识论"的文章，且本身检索结果较少，在不同的抽样水平下都可以与高相关数据集精确匹配，因此单项检索的"篇名"项是敏感度最优的选项。"摘要"的敏感度次之，且在中相关数据集中最优。这一结果出乎意料，因为通常"关键词"检索会比"摘要"更精确一点，但从数据结果来看并没有。我们浏览以"摘要"为检索项检索到的文献时，发现一部分是"篇名"为"社会认识论"的文献，另一部分是"关键词"为"社会认识论"的文献，还有一部分文献不存在这两种情况，但阅读摘要后发现，文章中有引用到这一概念，或者这一概念以一小部分分支的形式出现。因此，"摘要"检索可以认为既有篇名、关键词的精确度，又有全文检索的包容性，综合来看结果中中相关文献占比较大，因此在这一数据集中表现最优。

（2）无论是几项检索项组合在一起，凡是出现"篇名"并且用"and"连接符连接各选项的检索式，都会出现在不同抽样水平下匹配比例的离散程度趋于0的情况。我们认为，在高相关数据集中，"篇名"不仅是最优选项，而且其组合检索进一步缩小了检索范围。例如，本部分检验中数据检索所使用的示例领域"社会认识论"主题词，"篇名"单项检索出31条结果，而使用"and"连接符连接其他选项则只检索出 23 条结果，这不仅缩小了范围，而且结果与高相关数据集实现了完全匹配，因此匹配比例的离散程度最小。在中相关数据集中，同样延续了"摘要"是最稳定的方法，但也能看出，每种最优项都尽量避免与"篇名"的组合。我们认为，中相关文献更要求数据的一般饱和度，即不仅要考虑检索结果的精确，也要考虑检索结果的全面，因此在这种情况下，与"摘要"组合，多项式再连接"关键词 and 摘要"会是更明智的选择。

（3）单项检索和组合检索的最优结果有很大的相似性，高相关数据集中单项检索的"篇名"选项敏感度最低，因此在后续组合检索中，如果使用"and"连接符缩小范围，则组合检索式的敏感度将同样趋于 0，而在中相关数据集中"摘要"检索也是同理。这一结果可能也与我们选择以"社会认识论"为搜索词有关，本身该领域的研究者以及成果数量就较少，搜索结果自然也不会很多。尽管我们想要尽可能多地检索相关文献，但受到文献研究量以及数据库的限制，越是增加条件的检索项，其结果就会越相近。

基于文玉锋等人[1]的实证研究可以看出：首先，不同连接符的使用会大大影响敏感度。总体来看，"and"运算符连接的组合项会比"or"检索的结果敏感度更低，离散程度更小，这与它们本身的性质有关。因此考虑到检索结果的敏感度，需优先选择"and"运算符的组合方式。其次，在检索高相关和中相关的文献时，也需要考虑不同的检索方式，高相关文献基于"篇名"检索得到的结果敏感度更低，而中相关文献优先考虑基于"摘要"项的检索方式。再次，根据与整体数据集的标准差系数的比较，除去高相关文献中连接"篇名 and"的检索式，标准差趋于 0 以外，凡是使用 and 连接并同时出现"篇名、关键词、摘要"这三项时，检索项标准差较低，表现良好，文献检索的稳健性也比较强；除去中相关文献匹配数量为 0 的情况，"主题 and 关键词 and 摘要 and 全文"在检索时，敏感度最优。

（四）证据检索的饱和度和冗余度

饱和度和冗余度都侧重于在测量一个文献数据集时，通过特定检索方法与途径得到的检索结果在不同状态下的"穷尽"检索中所占的比重[2]。穷尽检索主要是指应用特定检索方法（如滚雪球或多重迭代方式检索）而实现无法再检索到新的文献的状态；当达到穷尽检索时，总文献数据集中包括所有相关文献和被检出文

---

[1] 文玉锋，卢洁好，魏志鹏，等. 文献证据检索的敏感度研究：基于循证视角[J]. 图书与情报，2021（6）：52-59.
[2] 魏志鹏，周文杰，杨克虎. 循证视角下文献证据检索的饱和度与冗余度研究：基本理论与基础数据[J]. 图书与情报，2021（6）：37-44；赵悦言，魏志鹏，周文杰，等. 循证视角下文献证据检索的饱和度与冗余度研究：实证检验[J]. 图书与情报，2021（6）：45-51.

献总量。总文献数据集中文献与检索词的相关程度必然有高低之分，因此研究者依据相对应的分级标准判定总数据集中的文献相关度，将其分为高度相关、中度相关和低度相关。

饱和度是指检索中不再有新的文献被纳入的状况，而冗余度是指检索过程中检索到不相关文献的情况。本书将饱和度分为纯净饱和度和一般饱和度。其中纯净饱和度，是指采用特定检索方式，检索结果涵盖总文献数据集中高相关文献的程度。具体计算方法是：采用单项检索或者组合检索时与总数据集中高相关文献的重合率，在数值上等于检索出的高相关文献量与穷尽状态下高相关文献总量的比值。这一指标反映了特定检索途径是否能够准确定位高度相关研究证据的能力。一般饱和度指特定检索结果涵盖整体数据集中中度及中度以上相关文献的程度，在数值上等于检索出中度及中度以上相关文献量与穷尽状态下中度及中度以上相关文献总量的比值，这一指标反映了特定检索是否能够准确定位中度以上相关研究证据的能力。冗余度是指通过特定检索途径获得的与研究主题不相符的文献在穷尽检索数据集低相关文献中所占的比重，冗余度这一指标反映了特定检索方式检索出不相关文献的情况。

饱和度这个概念与查全率比较接近，但有区别。查全率主要是用来衡量在一次检索中检索出相关文献的能力，与饱和度都是检索出的相关文献和穷尽所有相关文献之间的比值。但是两者的区别是，相对于查全率来说，饱和度更加具有可操作性。我们能够应用滚雪球或者其他检索方法识别增加所有相关文献、可以检索到所有对口径的文献并且不再有新文献被纳入，在一定程度上可以无限接近总文献中所有相关文献的数量。并且通过引入纯净饱和度和一般饱和度指标能够体现文献查找的相关性，而这一点是查全率做不到的。查全率只能得到相关文献的比例，体现不出文献的相关程度。饱和度还能进一步体现文献检索的准确性，纯净饱和度和一般饱和度反映了特定检索方式是否能够准确定位高度相关研究证据或中度及中度以上相关文献的能力。由此可以看出，饱和度既汲取了查全率中的合理成分，又能更加准确地衡量查准率。

在魏志鹏、周文杰、杨克虎所设计的系列研究中，研究者在数据库中进行基本检索后，运用滚雪球方法对参考文献进行迭代，再继续改变检索方式使用代表性作者检索迭代，当不再有新的文献被纳入时，就达到了穷尽检索状态，从而构建了一个穷尽的数据集。同时，本书通过相应的分级标准对总数据集中文献进行相关度分级，为下一步计算饱和度和冗余度提供了完善的数据基础。

对于证据检索展开饱和度与冗余度协同评价具有明显的必要性。例如，如果放宽检索条件以求得较好的饱和度时，冗余度也必然会上升；相反，当缩小检索范围以降低冗余度时，饱和度又必然不理想。在追求高饱和度的同时，冗余度也会大大提升，耗费大量时间和精力，导致检索的准确性下降；当追求低冗余度时，可能会遗漏相关内容，降低检索的饱和度，导致检索不全面。因此，需要将饱和度和冗余度进行协同评价，在追求尽可能高的饱和度的同时，尽量选择不那么高的冗余度，以达到检索全面性和相关性的最优均衡。这样的检索可以为 Meta 分析、系统评价提供更加扎实的基础，得到质量更高的证据并且避免发表偏倚。

　　为此，魏志鹏等基于饱和度与冗余度建立了如下证据检索质量评价标准：在进行单项检索时，且以主题这种方式进行检索时，文献检索范围适中，检索出来的文献纯净饱和度和一般饱和度都处于较高水平，同时冗余度不是很高，总体上处于查"全"的最优状态。在时间和资源有限的情况下，基于主题的检索效率较高，饱和度比较合理。在进行组合项检索时，当使用具有缩检意义的逻辑与（and）时，需要选择尽量少的检索项，其中以两项为最优。同时，首先应选择饱和度指标表现最好且冗余度指标也不是很高的"主题 and 全文"这一组合检索项。其次可以选择"主题 and 关键词"这一组合项，同时避免使用题名作为检索项来进行组合检索。原因是，使用题名进行检索会使检索范围明显聚焦，当再使用 and 求并集时，检索到的文献会迅速减少，大大降低饱和度。当使用具有扩检意义的逻辑或（or）时，当检索项越多且包含全文检索时，会将检索范围最大程度扩大，在饱和度达到最高时，会导致冗余度异常的高。从饱和度和冗余度协同评价的角度来看，选择"主题 or 题名 or 关键词 or 摘要"组合检索最优。从饱和度与冗余度协同评价检索效率来看，"主题 and 全文"、"主题 and 关键词"和"主题 or 题名 or 关键词 or 摘要"三项检索效率相对较高。其中，组合检索中"主题 or 题名 or 关键词 or 摘要"的检索效率最高，单项检索中主题检索的检索效率次之。

　　概括而言，从饱和度和冗余度的角度看，证据检索质量评价具有如下特征：①饱和度和冗余度都与检索出来的文献数量呈正相关。②单项检索时，全文的饱和度和冗余度都是最高的；篇名的饱和度和冗余度都是最低的；主题检索效率最高。③组合项检索时，使用检索项 or 比使用 and 检索更容易提高检索结果的饱和度，同时也导致了更高的冗余度。当使用 and 连接组合项时，检索项"主题 and 全文"饱和度最高；使用 and 以篇名连接组合项时，饱和度和冗余度都是最低的；选择"主题 and 关键词"这一组合项检索效率最高。当使用 or 连接组合项时，只要组合检索项中含全文或主题，其饱和度和冗余度都是最高的；"题名 or 关键词"的饱和度和冗余度最低；"主题 or 题名 or 关键词 or 摘要"的检索效率最高。

第四章 证据的质量评价与分级

第一节 证据的质量评价

一、证据的质量评价何以如此重要

证据质量包括外部真实性和内部真实性,外部真实性是指研究结果与推论对象真实情况的符合程度,即在脱离研究情境后,研究结果还能成立的程度[1];内部真实性是指研究过程中能否遵循科学标准,有效控制混杂和偏倚,使结果达到真实可靠的效果[2]。方法学质量通常与内部真实性相对应,也被 Cochrane 协作网称为"偏倚风险"(risk of bias,RoB)[3]。

循证社会科学的核心证据类型包括原始研究证据和证据综合,其研究质量会直接影响各自研究的证据力[4]。原始研究的方法学质量决定了研究结果的真实性与可靠性,也是有效解释和应用评审结果的先决条件。系统评价和 Meta 分析是证据综合最常见的类型,具有较高的证据等级[5]。此外,当原始研究存在较高的偏倚风险时,使用系统评价/Meta 分析对研究结果进行盲目合并,不仅不能排除原始研究中存在的偏倚,还很有可能会进一步提高有偏估计,从而进一步歪曲真实的效应[6]。循证社会科学的重要基石为高质量证据,高质量证据应该具备科学和真实、系统和量化、动态和更新、共享和实用、分类和分级,以及结论的肯定、否定和不确定等特点[7]。高质量证据有助于科学决策,而低质量证据则会误导研究者、实践者

---

[1] 李欣, 石文典. 内部效度、外部效度及其关系[J]. 心理研究, 2009, 2(1): 9-12.

[2] 葛龙, 李雅睿, 曾巧铃, 等. 发表于《中华儿科杂志》的系统评价/Meta 分析的报告质量和方法学质量评价[J]. 中华医学图书情报杂志, 2013, 22(12): 55-60.

[3] 李柄辉, 訾豪, 李路遥, 等. 医学领域一次研究和二次研究的方法学质量(偏倚风险)评价工具[J]. 医学新知, 2021, 31(1): 51-58.

[4] 孙荣国, 贾晓蓉. 进一步认识与正确选用医学研究证据[J]. 卫生软科学, 2020, 34(10): 51-56.

[5] 王国豪, 靳英辉, 张磊, 等. 国内中医护理系统评价/Meta 分析的报告质量与方法学质量评价[J]. 护理学杂志, 2016, 31(1): 98-102.

[6] 杨智荣, 孙凤, 詹思延. 偏倚风险评估系列:(一)概述[J]. 中华流行病学杂志, 2017, 38(7): 983-987.

[7] 李幼平, 王莉, 文进, 等. 注重证据, 循证决策[J]. 中国循证医学杂志, 2008, 8(1): 1-3.

和管理者[1]。

随着循证理念的发展，系统评价/Meta 分析的研究数量大幅度上升。我国学者的研究显示，截至 2007 年 4 月，以中文发表的系统评价/Meta 分析的文献数量高达 1088 篇，且集中发表于 2001 年以后，并随时间的变化呈增长趋势[2]。就全球来看，1991 年至 2021 年共发表 270 162 篇系统评价/Meta 分析论文。在所有国家中，中国系统评价/Meta 分析论文数量占第二位，共发表 55 967 篇，占比 20.72%[3]。系统评价/Meta 分析中所包含的原始研究的质量，以及系统评价本身的方法学质量都会影响研究的内部真实性。因此，开展不同研究类型的方法学质量评价对于科学决策至关重要。

提高卫生研究质量和透明度（Enhancing the QUAlity and Transparency Of health Research，EQUATOR）协作网由牛津大学 NDORMS 医学统计中心（Centre for Statistics in Medicine，CSM）主办，于 2008 年 6 月正式启动。EQUATOR 协作网旨在促进透明、准确的报告和推动可靠指南报告的广泛应用，进而提升卫生领域发表研究的可靠性和价值。EQUATOR 协作网致力于为多种卫生健康领域研究类型提供准确、完整和透明的报告规范，最大限度地减少研究浪费。

EQUATOR 协作网召集了研究人员、期刊编辑、同行评审专家、报告规范的研发人员、资助机构等，其主要有以下目标：①开发并维护全面的在线资源集合，提供与卫生研究报告有关的最新信息、工具和其他材料；②通过教育和培训，推动报告规范的使用，促进研究实践；③协助制订、传播和实施可靠的报告规范；④通过开发工具和策略、开展教育等活动，支持期刊、大学和其他组织实施报告规范；⑤开展提高卫生相关研究价值的项目；⑥建立拥有地方 EQUATOR 中心的全球网络，促进全球范围内卫生领域报告规范的改进。EQUATOR 协作网囊括了不同类型研究的报告规范，主要包括随机对照研究的报告规范 CONSORT（Consolidated Standards of Reporting Trials）、观察性研究的报告规范 STROBE（Strengthening the Reporting of Observational Studies in Epidemiology）、系统评价的报告规范 PRISMA（Preferred Reporting Items for Systematic Reviews and Meta-Analyses）、研究计划的报告规范 SPIRIT（Standard Protocol Items: Recommendations for Interventional Trials）及 PRISMA-P（Preferred Reporting Items for Systematic Reviews and Meta-Analyses Protocols）、诊断性/预后研究的报告规范 STARD（Standards for Reporting of Diagnostic Accuracy Studies）及 TRIPOD（Transparent Reporting of a Multivariable Prediction Model for Individual Prognosis or Diagnosis）、

---

[1] 程薇,凡正成,杨淑婷. 国内教育技术领域元分析方法学质量研究[J]. 现代教育技术,2022,32(6):25-34.
[2] 卫茂玲,刘鸣,苏维,等. 中文发表系统评价、Meta 分析 18 年现状分析[J]. 华西医学,2007,22(4):697-698.
[3] 田金徽. 证据生态系统中证据合成与转化研究方法进展与挑战[J]. 中国药物评价,2022,39(1):1-10.

病例报告的报告规范 CARE（CAse REport Guidelines）、临床实践指南的报告规范 AGREE（Appraisal of Guidelines for Research and Evaluation）及 RIGHT（Reporting Items for Practice Guidelines in Healthcare）、定性研究的报告规范 SRQR（Standards for Reporting Qualitative Research）及 COREQ（Consolidated Criteria for Reporting Qualitative Research）、动物临床前研究的报告规范 ARRIVE（Animal Research：Reporting in Vivo Experiments）、质量改进研究的报告规范 SQUIRE（Standards for Quality Improvement Reporting Excellence）和经济评估的报告规范 CHEERS（Consolidated Health Economic Evaluation Reporting Standards）等，更多内容请关注 EQUATOR 协作网（https://www.equator-network.org/）。

二、证据的质量评价常用工具

（一）证据的质量评价工具概述

国际相关组织针对不同类型的研究开发了相应的方法学质量评价工具，循证社会科学常用工具包括定性研究偏倚风险评价工具，如关键评估清单（Critical Appraisal Skills Program，CASP）、乔安娜·布里格斯研究所（Joanna Briggs Institute，JBI）定性研究质量评价工具、定性研究质量评价清单等。定量研究偏倚风险评价工具，如随机对照试验偏倚风险评估工具 Cochrane RoB，非随机干预研究的偏倚风险评估工具（Risk of Bias in Non-randomized Studies - of Interventions Assessment Tool，ROBINS-I），队列研究偏倚风险评估工具纽卡斯尔-渥太华量表（Newcastle-Ottawa Scale，NOS），横断面研究方法学质量评价工具美国卫生保健质量和研究机构（Agency for Healthcare Research and Quality，AHRQ）推荐的标准等。此外，系统评价质量评价工具 AMSTAR（A Measure Tool to Assess Systematic Reviews）、CASP 清单、JBI 清单、苏格兰校际指南网络（Scottish Intercollegiate Guidelines Network，SIGN）方法学清单、系统评价偏倚风险评估工具 ROBIS（Risk of Bias in Systematic Reviews）和总体质量评估问卷 OQAQ（Overview Quality Assessment Questionnaire）等可被用来评估系统评价/Meta 分析的方法学质量（表 4-1）。

表 4-1 方法学质量（偏倚风险）评价工具的基本特征

序号	工具名称	研发组织/团队	研究类型
1	Cochrane RoB 工具和 RoB 2.0 工具	Cochrane 协作网	随机对照试验、诊断准确性研究

续表

序号	工具名称	研发组织/团队	研究类型
2	CASP 清单	文献严格评价项目	随机对照试验、队列研究、病例-对照研究、横断面研究、诊断性研究、临床预测规则、经济学评价研究、质性研究、系统评价/Meta 分析
3	NIH 质量评价工具	美国国立卫生研究院（National Institutes of Health，NIH）	对照干预研究、队列研究、横断面研究、病例-对照研究、前后对照研究（无对照组）、病例系列（干预性）系统评价/Meta 分析
4	JBI 清单	乔安娜·布里格斯研究所	随机对照试验、非随机试验研究、队列研究、病例-对照研究、横断面研究、患病率研究、病例报告、经济学评价研究、质性研究、文献和专家观点、系统评价/Meta 分析
5	SING 方法学清单	苏格兰校际指南网络	随机对照试验、队列研究、病例-对照研究、诊断性研究、经济学评价研究、系统评价/Meta 分析
6	ROBINS-I 工具	J. A. C. Sterne 等	非随机干预性研究
7	MINORS 工具	K. Slim 等	非随机干预性研究
8	纽卡斯尔-渥太华量表	George A. Wells 等	队列研究、病例-对照研究
9	AHRQ 方法学清单	美国卫生保健质量和研究机构	随机对照研究、有对照的临床试验、队列研究、病例-对照研究、病例系列研究和横断面研究
10	NICE 方法学清单	英国国家卫生与临床优化研究所（National Institute for Health and Care Excellence，NICE）	经济学评价研究
11	质性研究评估框架	英国国家社会研究中心	质性研究（社会研究）
12	AMSTAR 和 AMSTAR2	B. J. Shea 等	系统评价/Meta 分析
13	OQAQ	加拿大麦克马斯特大学 A. D. Oxman 和 G. Guyatt	系统评价/Meta 分析
14	DSU 网状 Meta 分析方法学清单	决策支持部门（DSU）	网状 Meta 分析
15	ROBIS 工具	P. Whiting 等	系统评价

资料来源：李柄辉，訾豪，李路遥，等. 医学领域一次研究和二次研究的方法学质量（偏倚风险）评价工具[J]. 医学新知，2021，31(1)：51-58

（二）常用的证据质量评价工具介绍

1. Cochrane RoB

Cochrane RoB 是由 Cochrane 协作网提出，适用于随机对照试验偏倚风险评估的工具，于 2008 年 2 月正式发表，并于 2011 年 3 月修订[1]。针对随机对照试验研究的设计、实施、分析和报告中可能存在的缺陷或不足，Cochrane RoB 工具将主要的偏倚风险划分为六类，分别为：选择偏倚（随机序列产生和分配隐匿）、实施偏倚（对研究者和受试者实施盲法）、测量偏倚（研究结局的盲法评价）、随访偏倚（结局数据的完整性）、报告偏倚（选择性报告研究结果）及其他偏倚（其他事项，最好预先指定），并将每一种偏倚风险分为了"低偏倚风险""高偏倚风险""不清楚"三种判定结果[2]，具体内容见表 4-2。

为了使 Cochrane RoB 工具更精准地评价随机对照试验研究的偏倚风险，2016 年 10 月 Cochrane 协作网方法学小组发布了 Cochrane RoB 2.0 工具，最新版本为 2019 年修订版。Cochrane RoB 2.0 工具将偏倚风险分为五个模块，分别是：随机过程中产生的偏倚、偏离既定干预的偏倚、结局数据缺失的偏倚、结局测量的偏倚以及结果选择性报告的偏倚。RoB 2.0 在原版的基础上做了一定的调整，对前一版本进行了内容的丰富和细节的完善，去除了原版中的专业名词或术语（如选择偏倚、失访偏倚、实施偏倚和检出偏倚等），直接对评估的问题进行描述。但 RoB 2.0 操作相对复杂，且存在可靠性较低等缺点[3]。对随机对照试验研究的偏倚风险评估，RoB 1.0 工具使用较广泛，因此本章主要对 RoB 1.0 进行介绍。

2. NOS

纽卡斯尔-渥太华量表（NOS）是乔治·A. 威尔斯（George A. Wells）等人制定的针对观察性研究的偏倚风险评估，包括队列研究和病例-对照研究的偏倚风险评估[4]，这两个量表均涉及三个领域的八个条目，三个领域分别是：研究人群选择、组间可比性和结果测量（或暴露因素测量）。NOS 对偏倚风险的评价采用了星级系统的半量化原则，满分为 9 分，具体内容见表 4-3 和表 4-4。

---

[1] Corbett M S, Higgins J P T, Woolacott N F. Assessing baseline imbalance in randomised trials: Implications for the Cochrane risk of bias tool[J]. Research Synthesis Methods, 2014, 5(1): 79-85.

[2] 谷鸿秋，王杨，李卫. Cochrane 偏倚风险评估工具在随机对照研究 Meta 分析中的应用[J]. 中国循环杂志, 2014, 29(2): 147-148.

[3] 刘括，孙殿钦，廖星，等. 随机对照试验偏倚风险评估工具 2.0 修订版解读[J]. 中国循证心血管医学杂志, 2019, 11(3): 284-291.

[4] 曾宪涛，刘慧，陈曦，等. Meta 分析系列之四：观察性研究的质量评价工具[J]. 中国循证心血管医学杂志, 2012, 4(4): 297-299.

表 4-2 Cochrane RoB 工具中偏倚风险的评估准则

偏倚类型		支持性判断	产生偏倚的原因	偏倚风险评估等级		
				高偏倚风险	低偏倚风险	不清楚
选择偏倚	随机序列产生	详细描述用于产生分配序列的方法，以便评估它是否应该产生可比组	由于随机序列的产生不当而导致的偏差（对干预措施的偏差分配）	在随机序列产生过程中有非随机成分的描述，如随机数目的产生：奇偶数或出生日期；入院日期、医院或诊所的记录号；或者直接用非随机日期，分类法对受试者分组，如依据以下因素分组：医生的判断；病人的判断，实验室可及性	随机序列可以对比组。随机数字表；利用电脑随机数生成器；抛硬币；利用密封的卡片或信封；骰子；抽签；最小化*	无充足的信息判定为以上两种等级
	分配隐匿	详细描述用于隐匿分配顺序的方法，以确定干预方案在分配之前或登记期间预见到干预分配	由于分配之前无充分隐匿而产生选择性偏差（干预措施的偏差分配）	受试者和研究者基于以下开放的随机分配清单而分配，信封无合适的保障（如没有密封、不是随机序列）；交替或循环；出生日期；病历号；任何其他明确的非隐藏程序	受试者和研究者（包括基于电话、中央随机）控制的随机；房控制的药箱；有相同外观的随机序列药箱；有随机序列的不透明、密封的信封	无充足的信息判定为以上两种等级
实施偏倚（对研究者和受试者实施盲法）		描述为使受试者和相关人员不知道受试者接受种干预而采取的所有措施。提供任何有关措施预期致盲有效的信息	由于受试者和研究者对研究期间分配的干预措施的了解而造成的表现的偏差	无盲法或不完全盲法，但结局不太可能受盲法缺失的影响；人员设盲，且未可能破盲	盲法或不完全盲法，但结局可能同意研究者和负责招募的研究者可能破盲，但结局可能受盲法缺失的影响	无充足的信息判定为以上两种等级；未提及
测量偏倚（研究结局的盲法评价）		描述所有实施的干预措施，如果有可能的话，以盲测结果评估。提供有关预期致盲是否可能对结果产生影响的信息	因对结果评估分配的干预措施的了解而导致的检测偏差	未对结局进行盲法评价，且结局可能受盲法缺失的太大可能影响	未对结局进行盲法评价，但研究者判定结局不太可能受盲法缺失的影响；结局的盲法可能已经破坏，且结局的测量可能受盲法缺失的影响	无充足的信息判定为以上两种等级；未提及

续表

偏倚类型	支持性判断	产生偏倚的原因	偏倚风险评估等级		
			高偏倚风险	低偏倚风险	不清楚
随访偏倚（结局数据的完整性）	描述每个主要结局数据的完整性，包括数据分析时的流失和排除。说明是否报告了损耗和排除，每个随机组的数量（与全部随机参与者相比），报告流失/排除的原因，以及综述作者进行的任何重新纳入	由于不完整结局数据的数量、性质或处理而导致的失访偏差	结局指标缺失的原因可能与结局的真值相关，且缺失数量或原因在组间不一致；对二分类结局指标，结局指标的缺失对于干预效应的估计有临床相关的影响；对于连续结局指标，缺失结局指标的效应大小足以引入对观察到的效应大小有临床相关的偏倚；当结局为干预适合随机分配时，应用"当作治疗（as-treated）"策略来分析；应用了不合适的方法来对缺失数据作了填补	结局无缺失数据；结局指标缺失的原因不太可能与结局的真值相关，缺失在组间平衡，且原因类似；对二分类结局指标，结局指标的缺失比例同观察到的事件比例不足以对干预效应的估计有临床相关的影响；对于连续结局指标，缺失结局指标的效应大小不足以确定其对有临床相关的影响；对于连续结局指标的估计有临床相关的影响；缺失结局观察的效应大小不足以确定其对临床相关的效应大小不合适的方法作了填补	报告里关于随访或排除的信息不足以判定为以上两种等级；未提及
报告偏倚（选择性报告研究结果）	说明综述研究者如何检查选择性结果报告的可能性以及发现了什么	由于有选择性的结果报告而导致的报告偏差	并非所有主要结局都已报告；一个或多个主要结局指标使用了未事先申明的测量指标、方法或分析方法或未报告预先申明的事件研究关注者无法纳入一个或多个主要结局指标报告不完全，无法纳入Meta分析；研究报告未报告那些预先申明的主要结局	可获得研究方案，所有关注的预先申明的结局都已报告；研究方案不可得，但发表的报告包含了所有期望的结局，包括那些预先申明的	无充足的信息判定为以上两种等级
其他偏倚（其他事项，最好预先指定）	说明在该工具的其他领域中未涉及的关于偏差的任何重要问题	因表中其他地方没有涉及的问题而造成的偏差	存在着与特定的研究设计相关的潜在偏倚；存在欺诈；其他问题	没有明显的其他偏倚	无足够的信息评价是否存在重要的偏倚风险；无充分的证据由或表明现有的问题会引入偏倚

*表示实施最小化时可能没有随机元素，但可认为等同于随机。

资料来源：Corbett M S, Higgins J P T, Woolacott N F. Assessing baseline imbalance in randomised trials: Implications for the Cochrane risk of bias tool[J]. Research Synthesis Methods, 2014, 5(1): 79-85; 谷鸿秋, 王杨, 李卫. Cochrane 偏倚风险评估工具在随机对照研究 Meta 分析中的应用[J]. 中国循环杂志, 2014, 29(2): 147-148

表 4-3　队列研究的 NOS 评级标准

领域	条目	评级标准
研究人群选择	暴露队列的代表性如何（1分）	·真正代表人群中暴露组的特征*； ·一定程度上代表了人群中暴露组的特征*； ·选择某类人群，如护士、志愿者； ·未描述暴露组来源情况
	非暴露组的选择方法（1分）	·与暴露组来自同一人群*； ·与暴露组来自不同人群； ·未描述非暴露组来源情况
	暴露因素的确定方法（1分）	·固定的档案记录（如外科手术记录）*； ·采用结构式访谈*； ·研究对象自己写的报告； ·未描述
	是否有证据证实在研究开始时所关注结果确实还没有出现（1分）	·是*； ·否
组间可比性	设计和统计分析时考虑暴露组和未暴露组的可比性（2分）	·研究控制了最重要的混杂因素*； ·研究控制了任何其他的混杂因素*（此条可以进行修改，用以说明特定控制第二重要因素）
结果测量	研究对于结果的评价是否充分（1分）	·盲法独立评价*； ·有档案记录*； ·自我报告； ·未描述
	结果发生后随访是否足够长（1分）	·是（评价前规定恰当的随访时间）*； ·否
	队列群体的随访是否充分（1分）	·随访完整*； ·有少量研究对象失访但不至于引入偏倚（规定失访率或描述失访情况）*； ·有失访（规定失访率）但未进行描述； ·未描述随访情况

*表示给分点

表 4-4　病例-对照研究的 NOS 评级标准

领域	条目	评级标准
研究人群选择	病例确定是否恰当（1分）	·恰当，有独立的确定方法或人员*； ·恰当，如基于档案记录或自我报告； ·未描述

续表

领域	条目	评级标准
研究人群选择	病例的代表性（1分）	·连续或有代表性的系列病例*； ·有潜在选择偏倚或未描述
	对照组的选择方法（1分）	·与病例同一人群的对照*； ·以与病例同一人群的住院人员为对照； ·未描述
	对照组的确定（1分）	·无目标疾病史（端点）*； ·未描述来源
组间可比性	设计和统计分析时考虑病例和对照的可比性（2分）	·研究控制了最重要的混杂因素*； ·研究控制了任何其他的混杂因素*（此条可以进行修改，用以说明特定控制第二重要因素）
暴露因素测量	暴露因素的确定（1分）	·固定的档案记录（如外科手术记录）*； ·采用结构式访谈且不知访谈者是病例或对照*； ·采用未实施盲法的访谈（即知道病例或对照的情况）； ·未描述
	采用相同的方法确定病例和对照组的暴露因素（1分）	·是*； ·否
	无应答率（1分）	·病例和对照组无应答率相同*； ·描述了无应答者的情况； ·病例和对照组无应答率或未描述

*表示给分点。

资料来源：陈泽鑫，刘慧，潘益峰，等.试验性和观察性研究相关医学文献质量评价方法[J].中国循证医学杂志，2011，11(11)：1229-1236.

3. AHRQ

AHRQ偏倚风险评价工具是美国卫生保健质量和研究机构及其下属的美国循证实践中心（Evidence-based Practice Center，EPC）于2008年制定的[①]。针对随机对照试验研究、有对照的临床试验、队列研究、病例-对照研究（包括巢式病例-对照研究）、病例系列研究和横断面研究的设计、实施、分析和报告中可能存在的缺陷或不足，AHRQ偏倚风险评价工具将偏倚风险划分为五类，分别是选择偏倚、实施偏倚、测量偏倚、随访偏倚和报告偏倚。AHRQ工具的质量等级按照低、中、高划分为3个等级，当研究报告中未明确给出相关信息时，则判定为不清楚，详见表4-5。

---

① 杨继春，杨智荣，于树青，等.美国卫生保健和质量机构干预性研究偏倚风险评价工具的解读[J].中华流行病学杂志，2019，40(1)：106-111.

表 4-5 AHRQ 对纳入多种研究设计的干预性研究偏倚风险评价工具

偏倚风险	评价标准	随机对照试验研究	CCT/队列研究	病例-对照研究	病例系列研究	横断面研究
选择偏倚	是否生成随机分配序列(使用随机数字表或计算机随机生成)?	√				
	是否进行了隐蔽分组(如药房控制的随机化或带有数字编号的密封信件)?	√				
	进行结果分析时研究对象是否还在最初分配的组中?	√	√			
	在所有比较组中纳入排除标准是否是统一的?		√			
	是否恰当地选择病例和对照(例如,病例的定义和诊断恰当,病例组和对照组均使用合适的排除标准,样本量的大小不受暴露状态的影响)?			√		
	进行研究设计或数据分析时是否通过匹配、分层、多变量分析或其他方法控制了重要的混杂因素?	√	√	√	√	√
实施偏倚	研究过程中是否控制了可能造成偏倚的干预措施或其他暴露因素?	√	√	√	√	√
	研究的实施是否按研究方案执行?	√	√	√	√	√
测量偏倚	测量过程中是否恰当处理缺失数据(例如,使用意向性分析,推算缺失数据引起的差异等)?	√	√	√	√	√
随访偏倚	在前瞻性研究中各组的随访时间是否相同?在病例-对照研究中,暴露开始到出现结局的时间在病例组和对照组之间是否相同?	√	√	√		
	对结局评估者是否施盲(即评估者不知道研究对象的干预或暴露状态)?	√	√	√	√	√
	对干预措施/暴露状态是否做出明确的定义?	√	√	√	√	√
	对测量的结局是否做出明确的定义?	√	√	√	√	√
	是否使用合理有效的方法评估混杂变量?		√	√	√	√
报告偏倚	是否存在选择性报告结果的偏倚?	√	√	√	√	√

注:CCT 表示有对照的临床试验研究;√表示此条目适用于评价的研究类型。

资料来源:杨继春,杨智荣,于树青,等. 美国卫生保健和质量机构干预性研究偏倚风险评价工具的解读[J]. 中华流行病学杂志,2019,40(1):106-111

4. AMSTAR-2

AMSTAR 是由荷兰阿姆斯特丹自由大学(Vrije University Amsterdam)医学研究中心和加拿大渥太华大学的临床流行病学专家于 2007 年发表的偏倚风险评估工具,适用于随机对照试验(RCTs)或非随机干预研究(non-randomized studies of interventions，NRSI）或两者都有的系统评价/Meta 分析的方法学质量评价[1]。2017 年 9 月，原研发小组专家成员联合非随机干预研究领域的医学统计学和工具研发方法学专家对 AMSTAR 进行修订，并推出 AMSTAR-2[2]。

与 AMSTAR 相比，AMSTAR-2 在原来十项内容的基础上做了相应的调整，并增加了四项新内容，分别是"研究问题和纳入标准是否遵循了 PICO 原则？""是否在纳入标准中对研究类型的选择进行了说明？""Meta 分析时是否评估了纳入研究的偏倚风险对 Meta 分析结果或其他证据综合结果可能产生的影响？""是否对研究结果的异质性进行了合理的解释和讨论？"。AMSTAR-2 中有关异质性的条目在第一版中放在条目 9 中[3]。第一版中的条目 2 和条目 11 都被拆分为 2 个，AMSTAR-2 评价工具清单的具体内容见表 4-6。AMSTAR-2 工具的质量等级分为 4 级，高：无或仅 1 个非关键条目不符合；中：超过 1 个非关键条目不符合；低：1 个关键条目不符合并且伴或不伴非关键条目不符合；极低：超过 1 个关键条目不符合，伴或不伴非关键条目不符合。

表 4-6 AMSTAR-2 评价工具清单

序号	条目	条目描述	评价
1	系统评价的研究问题和纳入标准是否基于 PICO 构建？	"是"： ・人群 ・干预措施 ・对照组 ・结局指标 备选（推荐）： ・随访期限	・是 ・否
2	制作系统评价前是否制定前期研究方案，若有修订，是否报告修订的细节？*	"部分是"，作者声明其有成文的计划书或指导文件，包括以下内容： ・研究问题 ・检索策略 ・纳入/排除标准 ・偏倚风险评估 "是"，在"部分是"的基础上，计划书应已注册，同时还应详细说明以下几项：	・是 ・部分是 ・否

---

[1] 熊俊，陈日新. 系统评价/Meta 分析方法学质量的评价工具 AMSTAR[J]. 中国循证医学杂志，2011，11(9)：1084-1089.

[2] 张方圆，沈傲梅，曾宪涛，等. 系统评价方法学质量评价工具 AMSTAR 2 解读[J]. 中国循证心血管医学杂志，2018，10(1)：14-18.

[3] 葛龙，潘蓓，潘佳雪，等. 解读 AMSTAR-2——基于随机和(或)非随机对照试验系统评价的质量评价工具[J]. 中国药物评价，2017，34(5)：334-338.

续表

序号	条目	条目描述	评价
2	制作系统评价前是否制定前期研究方案，若有修订，是否报告修订的细节？*	·如果适合 Meta 分析/合并，则有相应的方案 ·有异质性原因分析的方案 ·说明与研究方案不一致的理由	
3	对研究设计的选择依据是否给予了解释？	"是"，应满足以下一项： ·说明仅纳入 RCTs 的理由* ·说明仅纳入 NRSI 的理由 ·说明纳入 RCTs 和 NRSI 的理由*	·是 ·否
4	是否使用了全面的检索策略？*	"部分是"，应满足以下各项： ·至少检索 2 个与研究问题相关的数据库 ·提供关键词和（或）检索策略 ·说明文献发表的限制情况，如语言限制 "是"，还应包括以下各项： ·检索纳入研究的参考文献或书目 ·检索试验/研究注册库 ·纳入或咨询相关领域合适的专家 ·检索相关灰色文献，在完成系统评价的前24个月内实施检索	·是 ·部分是 ·否
5	研究筛选是否具有可重复性？	"是"，满足以下一项即可： ·至少应有两名评价员独立筛选文献 ·对纳入的文献达成共识或两名评价员选取同一文献样本，且取得良好的一致性（kappa 值≥80%），余下可由一名评价员完成	·是 ·否
6	数据提取是否具有可重复性？	"是"，满足以下任意一项： ·至少应有两名评价员对纳入研究的数据提取达成共识* ·两名评价员选取同一文献样本，且取得良好的一致性（kappa 值≥80%），余下可由一名评价员完成	·是 ·否
7	是否提供排除研究的清单以及排除理由？*	"部分是"： ·提供了全部潜在有关研究的清单。这些研究被全文阅读，但从系统评价中被排除了 "是"，还需满足以下条件： ·说明每篇文献从系统评价中被排除的原因	·是 ·部分是 ·否
8	是否描述纳入研究详细的基本信息？	"部分是"，需满足以下各项： ·描述研究人群 ·描述干预措施 ·描述对照措施 ·描述结局指标	·是 ·部分是 ·否

续表

序号	条目	条目描述	评价
8	是否描述纳入研究详细的基本信息？	·描述研究类型 "是"，还应包括以下各项： ·详细描述研究人群 ·详细描述干预措施（包括相关药物的剂量） ·详细描述对照措施（包括相关药物的剂量） ·描述研究的场所 ·随访期限	·是 ·部分是 ·否
9	纳入研究的偏倚风险评估方法是否合理？*	RCTs： "部分是"，需评估以下偏倚风险： ·未进行分配隐匿，且评价结局指标时，未对患者和评价者进行施盲（对客观指标则不必施盲，如全因死亡率） "是"，还必须评估： ·分配序列不是真随机，且从多种测量指标中选择性报告结果，或只报告其中指定的结局指标	·是 ·部分是 ·否 ·仅纳入 NRSI
		NRSI： "部分是"，需评估以下偏倚风险： ·混杂偏倚 ·选择偏倚 "是"，还需评估以下偏倚风险： ·用于确定暴露和结局指标的方法 ·从多种测量指标中选择性报告结果，或只报告其中指定的结局指标	·是 ·部分是 ·否 ·仅纳入 NRSI
10	是否报告系统评价纳入研究的基金资助信息？	"是"： ·必须报告各纳入研究的资助来源情况 备注：评价员查找了相关信息，但纳入研究的原作者未报告资助来源也为合格	·是 ·否
11	如果执行 Meta 分析，结果合成的统计学分析方法是否合适？*	RCTs： "是"： ·作 Meta 分析时，说明合并数据的理由 ·采用合适的加权方法合并研究结果，当存在异质性时予以调整 ·对异质性的原因进行分析	·是 ·否 ·未进行 Meta 分析
		NRSI： "是"： ·作 Meta 分析时，说明了合并数据的理由 ·采用合适的加权方法合并研究结果，当存在异质性时予以调整	·是 ·否 ·未进行 Meta 分析

续表

序号	条目	条目描述	评价
11	如果执行 Meta 分析，结果合成的统计学分析方法是否合适？*	·将混杂因素调整后再合并 NRSI 的效应估计，并非合并原始数据；当调整效应估计未被提供时，需说明原始数据合并的理由 ·当纳入 RCTs 和 NRSI 时，需分别报告 RCTs 合并效应估计和 NRSI 合并效应估计	·是 ·否 ·未进行 Meta 分析
12	如果执行 Meta 分析，是否评价单个研究偏倚风险对 Meta 分析结果的影响？	"是"： ·仅纳入偏倚风险低的 RCTs ·或当合并效应估计是基于不同等级偏倚风险的 RCTs 和（或）NRSI 研究时，应分析偏倚风险对总效应估计可能产生的影响	·是 ·否 ·未进行 Meta 分析
13	在解释和讨论系统评价的结果时是否考虑了单个研究的偏倚风险？*	"是"： ·仅纳入偏倚风险低的 RCTs ·或 RCTs 存在中度或重度偏倚风险或纳入非随机研究时，讨论偏倚风险对研究结果可能产生的影响	·是 ·否
14	是否对存在的异质性进行满意的解释和讨论？	"是"： ·研究结果不存在有统计学意义的异质性 ·或存在异质性时，分析其来源并讨论其对研究结果的影响	·是 ·否
15	如果进行定量合并，是否充分调查了存在发表偏倚的可能性，并讨论发表偏倚对结果的影响？*	"是"： ·采用图表检验或统计学检验评估发表偏倚，并讨论发表偏倚存在的可能性及其影响的严重程度	·是 ·否 ·未进行 Meta 分析
16	是否报告潜在的利益冲突来源，包括目前系统评价收到的基金来源？	"是"： ·报告不存在任何利益冲突，或描述资助的来源，以及如何处理潜在的利益冲突	·是 ·否

*表示标注的领域为 AMSTAR-2 评价工具的重点领域。

资料来源：张方圆，沈傲梅，曾宪涛，等. 系统评价方法学质量评价工具 AMSTAR 2 解读[J]. 中国循证心血管医学杂志，2018，10(1)：14-18

第二节 证据的质量分级

一、证据质量与推荐强度

（一）证据质量与推荐强度的起源

证据是经过系统评价后的信息，是研究人员和政策制定者决策的重要依据。

然而，证据种类繁多，且证据质量存在良莠不齐和标准不统一等问题，导致决策者很难从众多证据中筛选出真实且适用的证据[1]。因此，证据分级应运而生，其目的在于对不同类型的证据进行分级，帮助决策者恰当使用证据，以辅助决策[2]。证据分级包括证据水平（level of evidence，LOE）和推荐级别（class of recommendation，COR）两个方面[3]。

20世纪60年代的美国社会学家Campbell和Stanley首次提出证据分级，将随机对照试验的质量定为最高，并引入了内部真实性和外部真实性的概念[4]。1979年，加拿大定期体检特别工作组（Canadian Task Force on the Periodic Health Examination，CTFPHE）首次对医学领域的研究证据进行质量分级并给出推荐意见，此后不同组织和机构相应提出不同的证据分级系统。目前应用最广泛的是卫生领域证据推荐分级的评估、制订与评价——GRADE，随着证据分级系统理论和应用的不断发展，其正逐渐应用于社会科学领域。

（二）证据质量与推荐强度的发展演变

证据分级与推荐是指根据证据的内、外部真实性等对证据进行评价分级，并根据评价结果形成不同推荐意见以指导决策者进行实践。不同组织及机构的证据分级体系主要包括四种类型：基于"研究设计类型"的证据分级体系、以临床问题为主的证据分级体系、基于"证据体"的证据分级体系和其他证据分级体系。证据分级系统的类型虽有差异，但目的相同，即将证据质量从高到低进行分级，帮助使用者判定证据是否为高质量以及干预措施利弊之间的关系[5]。

医学领域证据质量与推荐强度分级方法的发展主要经历了三个阶段。第一个阶段单纯考虑试验设计，不同的试验类型证据水平不同，以随机对照试验为最高质量证据。第二个阶段在研究设计的基础上，以系统评价/Meta分析作为最高级别的证据，引入了分类概念，涉及治疗、预防、病因、危害、预后、诊断、经济学分析等七个方面，更具针对性和适应性。第三个阶段以GRADE工作组于2004年正式推出证据质量分级和推荐强度系统为标志，这是证据质量与推荐强度分级方

---

[1] 张薇，许吉，邓宏勇. 国际医学证据分级与推荐体系发展及现状[J]. 中国循证医学杂志，2019，19(11)：1373-1378.

[2] 陈薇，方赛男，刘建平，等. 国内循证医学证据分级体系的引入及其在中医药领域面对的挑战[J]. 中国中西医结合杂志，2017，37(11)：1285-1288.

[3] 周奇，王玲，杨楠，等. 基于GRADE康复临床实践指南证据质量与推荐强度研究[J]. 中国康复理论与实践，2020，26(2)：156-160.

[4] 转引自陈耀龙，李幼平，杜亮，等. 医学研究中证据分级和推荐强度的演进[J]. 中国循证医学杂志，2008(2)：127-133；Sackett D L, Rosenberg W M, Gray J A, et al. Evidence based medicine: What it is and what it isn't[J]. BMJ, 1996, 312(7023): 71-72.

[5] 王吉耀. 论《临床实践指南》/《专家共识》中证据的分级和推荐标准[J]. 肝脏，2015，20(4)：267-268.

法发展史上新的阶段[①]。证据分级从局部到整体、证据多元化发展、研究问题及适用领域扩大、标准由分散多样到趋向统一等特点，使证据分级体系日益成熟和完善，反映了决策者及使用者需求的变化[②]。

（三）证据质量与推荐强度的关系

质量分级和推荐意见在不同领域存在一定的差异，决策者在决策时必须依据科学合理的证据质量及推荐强度进行决策。推荐强度依赖于证据质量和利弊平衡等因素，当决策者面临重要、复杂而又不确定的问题时，证据质量及推荐强度可以帮助决策者在尽可能短的时间内了解采用某干预措施可能带来的后果，增强决策者决策的科学性。

证据质量能够衡量研究结果和结论正确预测真实情况的程度，推荐强度则反映对干预措施是否利大于弊的把握程度[③]。推荐强度的确定依赖于证据质量、利弊关系、经济性和价值观意愿等因素[④]，但证据质量及推荐强度之间并不是对等关系，特定质量并不一定意味着推荐的特定强度，即高质量证据并不一定意味着强推荐[⑤]。

二、社会科学领域的证据质量分级

（一）社会科学领域的证据质量分级现状

成立于 2000 年 2 月的 Campbell 协作网是一个提供高质量的、公开的及与政策相关的证据综合、简明语言摘要和政策简报的国际社会科学研究网络，其主要任务是为社会、心理、教育、司法犯罪学及国际发展政策等非医学领域提供科学严谨的系统评价决策依据[⑥]。Campbell 协作网由指导委员会、秘书处、方法指导组、交流传播组和专项协作组等组成，Campbell 系统评价制作过程由方法指导组协助，确保整个过程的科学性和完整性。

由于 Campbell 协作网的宗旨和强有力的方法学支持，Campbell 系统评价在一

---

① 陈耀龙，李幼平，杜亮，等. 医学研究中证据分级和推荐强度的演进[J]. 中国循证医学杂志，2008(2)：127-133.

② 张薇，许吉，邓宏勇. 国际医学证据分级与推荐体系发展及现状[J]. 中国循证医学杂志，2019，19(11)：1373-1378.

③ Atkins D, Best D, Briss P A, et al. Grading quality of evidence and strength of recommendations[J]. BMJ, 2004, 328(7454)：1490-1494.

④ 谢方艳，孙秀杰，芦秀燕，等. 低质量证据强推荐意见在中国护理实践指南中的现状分析[J]. 护理学报，2021，28(20)：39-43.

⑤ 谢瑜，文进，高晓凤，等. 国外航空风险管理方法及绩效的循证评价——医疗风险系列研究之一[J]. 中国循证医学杂志，2006(2)：131-138.

⑥ Davies P, Boruch R. The Campbell Collaboration: Does for public policy what Cochrane does for health[J]. BMJ, 2001, 323(7308)：294-295.

定程度上是社会科学领域高质量系统评价的代表。

检索纳入截至 2022 年 8 月 6 日 Campbell 协作网所有公开发表的系统评价全文,共 216 篇。两名研究人员独立使用 Microsoft Excel 预先制定的表格进行数据提取,如遇分歧由第三名研究人员判断。提取的信息包括但不限于标题、出版年份、作者和证据质量分级系统使用情况等信息。

分析结果显示共有 39 篇(18.06%)Campbell 系统评价使用了证据分级工具,且均为 GRADE,其中 1 篇 Campbell 系统评价对每个纳入的研究都进行了 GRADE 分析,还有 1 篇研究是系统评价再评价,排除 GRADE 使用错误和不在纳入范围之内的 2 篇 Campbell 系统评价后,共有 37 篇符合纳入要求。①纳入研究的主题分布:结果显示国际发展(15 篇,40.54%)和社会福利(13 篇,35.14%)是使用证据分级系统最多的主题;②证据体质量分布情况:37 篇 Campbell 系统评价共包含 799 个证据体,大多数证据体为低质量(275 个,34.42%)和极低质量(339 个,42.43%),高质量证据体的比重较低(29 个,3.63%);③升降级因素分布:37 篇 Campbell 系统评价共降级 1723 次,其中偏倚风险(957 次,55.54%)是最常见的降级因素,其次是不精确性(363 次,21.07%)和不一致性(318 次,18.46%)。

因此,极少数 Campbell 系统评价应用了证据质量分级系统,且以 GRADE 为主。大多数证据体为低和极低质量证据,最主要的降级因素为偏倚风险,未来在社会科学领域亟须开发和应用科学规范的证据质量分级系统。

(二)社会科学领域的常用证据质量分级工具

证据质量分级理念首先诞生在卫生领域,以 GRADE 为代表,后因其科学的理念和严谨的研究方法而被应用于教育和法律等领域。典型证据质量分级工具包括法律领域的马里兰科学方法量表(Maryland Scientific Methods Scale,SMS)以及管理领域的中国循证医学中心的证据分级,具体如表 4-7 所示。

表 4-7 分级工具或标准汇总

领域	名称	年份	制定者	分级
教育	教与学工具包(Teaching and Learning Toolkit)	2011	英国教育捐赠基金会(Education Endowment Foundation)	5 级
	Standards of Evidence	2015	Centre for Analysis of Youth Transitions (CAYT)	5 级
法律	马里兰科学方法量表	1998	Sherman 等	5 级
	EMMIE Framework	2016	What Works Centre for Crime Reduction	4 级
管理	中国循证医学中心的证据分级	2006	李幼平等	5 级
	Evidence Principles	2012	Bond	4 级

续表

领域	名称	年份	制定者	分级
卫生	OCEBM	2001	牛津循证医学中心	5级
	GRADE	2004	GRADE工作组	4级

1. 教育领域：教与学工具包

2011年，英国教育捐赠基金会提出的"教与学工具包"，是对学校可能选择使用的提升学习效果的30种方法的证据总结。其中包括艺术参与、愿望干预、行为干预、协作式学习法、延长学习时间、个性化指导等方法，学校可以选择使用这些方法，作为学生津贴战略或更广泛的学校规划的一部分。该工具包旨在成为学校考虑证据的一个起点，支持教师和学校领导决策，帮助他们决定如何提高学生的学习效率。

有效使用工具包的原则包括五个方面：①用专业判断来应用证据；②综合考虑安全性、成本和影响；③阅读标题并思考"平均值背后的影响"；④思考如何有效实施；⑤综合考虑工具包与其他资源。然而，该工具包也有一定局限性，它无法预测某种方法在某个特定的学校或教室接受度如何，也没有就如何改善每所学校的学生成绩做出明确声明。工具包的证据分级要素包括成本、证据强度和影响月数三方面，具体分级情况见表4-8。

表4-8　教与学工具包

名称	具体分级情况
教与学工具包	成本：按1~5分制评分（1为低成本） 证据强度：在1~5的范围内（1为证据较弱） 影响月数：以月数衡量

2. 法律领域：马里兰科学方法量表的5级证据分级系统

1998年制定的马里兰科学方法量表主要基于库克和坎贝尔的经典著作 Quasi-Experimentation[①]。制定它的主要目的是以最简单的方式向学者、政策制定者和从业人员传达评估犯罪学干预效果的研究在方法论质量上的差异。该量表用于对研究进行总体内部效度的排序，即按每项研究的总体内部效度从1（最弱）到5（最强）进行排序。该量表的缺陷在于没有确定外部有效性的标准方法，确切地说，就是项目内容和设置的变化可能会影响现有评估结果的普遍性。具体的分级情况见表4-9。

---

① Cook T, Campbell D T. Quasi-Experimentation[M]. Chicago: Rand-McNally, 1979.

表 4-9 马里兰科学方法量表

名称	等级	具体分级情况
马里兰科学方法量表	1	在单一时间点上,犯罪预防计划与犯罪或犯罪风险因素测量之间的相关性
	2	清楚地观察到该方案与犯罪或风险结果之间的时间顺序,或存在与治疗组无可比性的对照组
	3	在有或无计划的两个或多个分析单元之间的比较
	4	在控制其他因素的情况下,在有或无计划的多个单元之间进行比较,或使用仅能证明微差异的比较单元
	5	将可比单元随机分配到计划组和对照组

3. 管理领域:中国循证医学中心的证据分级

2006 年中国循证医学中心的李幼平等研究人员首次针对管理领域尚无证据分类分级理念的现状,在借鉴循证医学证据分级成功经验的基础上,不断探索对管理、教育等非医非药领域的研究证据进行分级的方法。经过长时间的发展完善,他们最终提出了中国循证医学中心的证据分级系统[1],将证据的标准分为 5 级,A 到 E 级证据质量依次降低,具体分级情况见表 4-10。

表 4-10 中国循证医学中心的证据分级

名称	等级	具体分级情况
中国循证医学中心的证据分级	A	系统评价、卫生技术评估(health technology assessment, HTA)、Meta 分析的证据
	B	政府及相关机构的报告
	C	有确切研究方法的文献
	D	综述
	E	专家意见

4. 卫生领域:GRADE 证据质量分级和推荐强度系统

2000 年,包括世界卫生组织在内的 19 个国家和国际组织成立了"推荐分级的评价、制定与评估"工作组。该工作组内多位临床指南专家、循证医学专家、权威标准的制定者和证据研究者共同合作。2004 年,该工作组正式推出了 GRADE 证据质量分级和推荐强度系统。这是当前证据质量和推荐强度分级的国际标准之一,适用于临床实践指南、系统评价和卫生技术评估[2]。该系统的优势主要体现在

---

[1] 谢瑜,文进,高晓凤,等.国外航空风险管理方法及绩效的循证评价——医疗风险系列研究之一[J].中国循证医学杂志,2006(2):131-138.

[2] 陈耀龙,杨克虎,姚亮,等.GRADE 系统方法学进展[J].中国循证儿科杂志,2013,8(1):64-65.

分级流程的具体清晰、科学合理、过程透明、适用性强、应用范围广上。GRADE系统也存在一些局限性，如 GRADE 系统的应用大多在预防、治疗方面，诊断、预后、经济学效益等方面有所欠缺；证据质量的升降级情况可能会因研究者的主观判断而导致结果差异[1]。因此，GRADE 系统仍需不断地完善发展。

---

[1] 张薇，许吉，邓宏勇. 国际医学证据分级与推荐体系发展及现状[J]. 中国循证医学杂志，2019，19(11)：1373-1378.

第五章 证据的综合

证据综合（evidence synthesis）是指将各种来源和学科的信息汇集在一起，为具体问题的辩论和决定提供信息的过程。由于决策的复杂性，决策者往往需要及时获得所有相关证据的无偏总结。证据综合技术可以有效汇集大量信息，并将其转化为有益于社会的可用知识。如果决策者能够获得当前关于某一问题的最佳证据，那么决策就能得到最好的证据支持。因此，对证据进行准确、简洁和无偏倚的综合是研究界可以为决策者提供的最有价值的贡献之一。

第一节 证据综合的主要功能

证据综合是一种无偏倚、可重复的研究形式，其目标是识别和综合某一特定主题的所有学术研究（包括已发表和未发表的研究），为实践和决策提供高质量证据，因此具有发现真实效应等功能。

一、发现真实效应

针对统一社会科学问题的研究很多，但因原始研究实施的社会环境、纳入研究对象的标准、测量结果的方法、干预措施和研究设计等的差异，可能会导致探索同一个问题或研究时产生不同甚至相互冲突的结果。当调查结果发生冲突或结果不能重复时，就不清楚为什么会发生这种情况，总体情况如何，还有哪些重要问题尚未解决，或者哪些结果最可靠，哪些结果应作为实践和政策决策的基础。整体大于部分之和。系统评价在合成资料时，会系统全面地收集所有相关研究，并按照一定的纳入标准筛选文献，对纳入研究进行严格的偏倚风险和证据质量评估，最后对各研究结果进行合并分析或客观评价，可以就重大问题、原则和事件得出有力的结论，或解释现有研究之间有何联系、为什么有此联系以及这些联系对理论研究和未来研究有何意义[①]。

---

① Borenstein M，Hedges L，Higgins J，et al. Why perform a meta-analysis[M]//Introduction to Meta-Analysis. New York：John Wiley & Sons，Limited，2021：9-14.

二、剔除各类偏倚

多数研究者在他们的研究报告中表明均采用了减少偏倚和随机误差的方法，但"每个专家都有一个与其立场相同和相反的专家"。解决偏倚和随机误差的传统科学方法是由专家或该领域其他知名人士进行文献综述，然而，此类方法通常以非系统且非批判性的方式，对高度不具代表性的研究样本进行概括。研究人员可能在有意或无意间受到个人固有观点、资助方的影响，以及在发表成果压力下产生对显著结果的倾向。所有这些使得在科学的许多领域很难找到真相的平衡点。然而，系统评价纠正了读者和研究人员被这种偏见所左右的自然倾向，可以作为一种科学陀螺仪发挥重要作用，可以识别和剔除各类偏倚，具有内置的自我纠正机制。[1]

三、应对信息超载

随着网络技术不断发展，世界的信息和知识都处于大爆炸状态，从而造成信息量大、信息质量差、信息价值低等问题，信息超载的现象也随之而生。在此背景下，科学文献数量庞大或呈指数增长，知识通过互联网在世界各地迅速产生和共享，新理论、新结构和新文献不断涌现，这可能是知识民主化或信息普及化的指征。但并不是所有信息来源都是可靠的，这将导致社会实践者、研究人员和决策者迷失在信息的海洋中而难以进行科学决策。正如拉维茨所说，"信息危机部分归咎于'毫无意义的出版'，部分归咎于低劣的科学研究。在许多领域的大多数期刊上，充斥着除了他们自己以外从未被其他作者引用过的论文，这些论文被视为完全无趣或糟糕透顶的文章"[2]。系统评价通过搜集、综合和评论一篇或多篇文献，以提供与特定研究问题相关的证据的范围、性质和质量的总体印象，突显出我们所知道的和需要知道的之间的差距。

四、避免重复性危机

近年来，重复性危机引起了多领域研究者的注意，尤其是一些关键的科学研究发现不能被重复的事实引起了广泛关注。重复性，即重复原始研究时观察到一致结果的程度，这是科学的定义特征之一，但一项研究不能被重复并不一定说明原始研究中的发现/结果是错误的，因为造成重复失败的原因有很多，包括统计功效不够、研究者的自由发挥（收集和分析数据的判断力）、出版偏倚、不当的研

---

[1] Petticrew M, Roberts H. Why do we need systematic reviews[M]//Systematic Reviews in the Social Sciences: A Practical Guide. Oxford: Blackwell Publishing, 2006: 1-26.

[2] Ravetz J. Scientific Knowledge and Its Social Problems[M]. Middlesex: Penguin University Books, 1975: 28-65.

究操作（如 p 值取整数，伪造数据）、原始或重复研究中不恰当的设计、实施过程或数据分析不恰当、未能识别和记录研究产生的环境和社会背景、人口学的变化以及其他已知和未知因素。因此，我们应着重于跨研究、跨方法的一致性研究结果，减少对原始研究的依赖，即使是里程碑式的研究结果。[1]

系统评价的目标是在所研究的问题以及研究过程中尽可能做到全面、有条理、明确、透明和公正，其本质意味着它们本身（即它们的结果）是可复制的。纳入标准需要明确描述并坚决执行，这意味着如果其他研究者按照此标准进行检索，就会得到完全一致的结果。当然，不同的研究者在呈现研究结果，或在做出如何使用这些结果的决策时可能会稍有不同。然而，系统评价无疑比其他类型的文献综述具有更少的偏倚和更多的再现性。与代价不菲的重复性研究项目相比，应用系统评价来检查重复性危机的做法更为普遍。针对某一特定的主题，系统评价可以提供最稳健的方式来阐明证据的范围、证据的本质、证据的质量。因此，系统评价可以在可重复性问题的很多重要方面做出贡献，这也潜在地促进了科学的严谨性。

第二节　证据综合的主要方法

最常用的证据综合形式是系统评价。同时，随着统计学等领域专家学者的不断探索和研究，新型的证据综合方法也在不断涌现，如现实主义整合（realist synthesis）、系统评价再评价（overviews of reviews）和证据差距图（evidence gap map，EGM）等。需要注意的是，为了使证据综合的初学者（无论是政策制定者还是研究人员）更容易识别和使用证据综合成果或技术，清晰地了解证据综合的产生和评价过程，证据综合需遵循包容性、严谨性、透明性与简洁性等原则[2]。

一、系统评价

系统评价是针对某一特定问题，系统全面地收集所有相关的原始研究，按照一定的纳入标准筛选文献，然后对纳入研究进行严格的偏倚风险和证据质量评估，将各研究结果进行定量合并分析或定性客观评价，进而得出可信结论的一种研究

---

[1] Borenstein M, Hedges L, Higgins J, et al. Why perform a meta-analysis[M]//Introduction to Meta-Analysis. New York：John Wiley & Sons, Limited, 2021：9-14.

[2] Donnelly C A, Boyd I, Campbell P, et al. Four principles to make evidence synthesis more useful for policy[J]. Nature, 2018, 558(7710)：361-364.

方法①。

系统评价旨在对多个研究资料进行综合分析，这一性质意味着它有潜力实现以下目标②。

（1）对围绕某个特定主题的证据进行无偏差的总结，得出稳健且广泛的结论。

（2）通过识别关系、矛盾、差距和不一致性，探索潜在原因。

（3）评价现有的理论或发展新的理论，以解释原始研究如何和为何相互关联。

（4）为实践和政策提供指导。

（5）指出未来研究的重要方向（例如，指出缺乏证据或证据质量低的地方）。

根据系统评价涉及的研究问题、纳入原始研究的类型、结果呈现的形式和数据类型，以及是否采用统计分析等，系统评价可分为定量系统评价（quantitative systematic review）和定性系统评价（qualitative systematic review）。定量或定性方法哪个更合适，取决于现有文献的性质和状态、研究的问题、理论性和经验性方面的议题。

与传统文献综述相比，虽然定量系统评价和定性系统评价两种方法都是对某一具体研究问题的总结，都进行文献收集整理，但它们之间在研究目的、研究方法和研究结果方面存在着本质区别（表5-1）。在研究目的上，传统文献综述是研究者根据自己的兴趣或特定的目的，收集并分析大量资料，以提炼出某一领域、专业或方向的最新进展，并结合自己的观点提出学术见解或建议。相比之下，系统评价的目的则是全面总结某一明确的研究问题。例如，比较远程教育和传统教室学习的效果，评价学校教育对经济发展的影响，或者探讨教师责任和学生成绩之间的关系。在研究方法上，传统文献综述没有固定的格式和写作流程，没有严格的数据统计分析过程，也没有评价纳入研究质量的统一标准。系统评价则有严格的方法学和报告规范，对原始研究进行质量评估是其重要特点。在研究结果上，传统文献综述主要是总结以往的研究，不一定需要得出结论；而系统评价的目标是评价，需要得出某一干预措施对于某个特定的研究问题是否有效的结论。

表5-1 传统文献综述与系统评价的比较

项目	传统文献综述	系统评价
研究目的	可能有明确的研究问题，但经常根据作者的兴趣或特定的目的针对主题进行综合讨论，而无研究假设	有明确的研究问题和研究假设

① 杨克虎. 循证社会科学的产生、发展与未来[J]. 图书与情报，2018(3)：1-10.

② Gurevitch J, Koricheva J, Nakagawa S, et al. Meta-analysis and the science of research synthesis[J]. Nature, 2018, 555(7695): 175-182.

续表

项目	传统文献综述	系统评价
原始文献资源	常未说明文献来源，虽尝试找到所有相关文献，但不全面，且文献筛选标准不明确，存在潜在选择偏倚	有明确的原始文献来源，并力求找出所有发表或未发表文献，并在文献筛选前确定纳入排除标准，以减少选择性偏倚
文献质量评价	未评价或评价方法不统一	评价原始研究的方法学质量，发现潜在偏倚和纳入研究间异质性来源
研究结果合成	多采用定性方法	定性与定量相结合，基于最佳研究证据得出结论
结论推断	较为主观	遵循研究依据
结果更新	未定期更新	定期更新
可重复性	难以重复	可重复

二、现实主义整合

（一）现实主义整合的基本原理

现实主义整合也称为现实主义综述（realist review），是在现实主义哲学视角下，研究者对复杂干预开展的一种理论驱动的证据综合方法。该方法始于一个或多个能够解释研究问题的初始项目理论，研究者通过整合与该理论相关的研究证据，寻找潜在的情境-机制-结局关系，挖掘其中反复出现的实践模式，即半规律性，对项目初始理论进行验证、反驳和完善，进而获取对研究问题更深刻的理论理解和对政策制定者或临床工作者情境化的决策推荐。现实主义整合不探讨干预措施的有效性问题，而是通过提取和综合文献中发现的情境、机制和结局的配置来评估复杂的干预措施，从根本上关注理论的发展和完善，在系统和透明地整合相关文献的过程中考虑背景和结果，进而解释"什么样的干预措施在什么情境下能够运用于什么样的人群"[1]。

（二）现实主义整合与系统评价的比较

现实主义整合和传统的系统评价两种证据综合方法的本质区别在于是否标准化和可重复，具体比较见表5-2。现实主义整合强调其非标准化和不可重复性的特点，这在系统评价看来是一个根本性缺陷，但其却根植于现实主义的哲学理念中。现实主义哲学认为人类认识世界的途径无法脱离人的感知和经验，融入了人的主

---

[1] Rycroft-Malone J, McCormack B, Hutchinson A M, et al. Realist synthesis: Illustrating the method for implementation research[J]. Implementation Science, 2012, 7: 1-10.

观判断，所以综述过程中文献的筛选、评价和整合并不是完全客观可重复的过程，而是融合了研究者的价值判断和直觉经验等。在具体实践中，研究者可以检索出大量不同类型的文献，文献中的内容又可以从情境、机制、结局等各个角度为项目理论的完善提供信息，而其中有的文献提供的信息数量丰富，需要重点分析，有的可能只需要简单了解和记录。所以研究者不可能保持中立客观和完全的透明化，而需要在某些节点上做出主观判断。此外，现实主义认为不存在绝对真理，我们获取的任何知识都是暂时的、基于具体情境的，所以研究者需要做的是对所获取的知识不断证伪和反驳，尽可能寻找与项目理论相悖的研究证据，进而不断完善项目理论，而非强调其可重复性。尽管两种综述方法在各方面都存在差异性，但两者的关系并不是竞争性的，而是互补性的。现实主义整合可以为系统评价的研究结果提供情境化的解释。[①]

表 5-2 现实主义整合和系统评价的比较

项目	现实主义整合	系统评价
哲学视角	现实主义	实证主义
整合基础	理论驱动（始于一个或多个初始项目理论）	程序驱动（由一套既定的程序开始）
实施过程	灵活的、反复的，步骤间存在重叠，并尽可能保证透明性	严格按照既定程序，并保证透明性
研究问题	明确研究范畴：研究问题、研究目的和初始项目理论	明确研究问题
文献检索	检索多种不同类型的文献（不存在等级性），使用目的性抽样、滚雪球方法和饱和性原则。检索词、检索策略和纳入排除标准可能随着证据的出现而不断修正	全面系统地检索原始研究，严格按照预先设定的纳入排除标准进行文献筛选，实行线性流程
文献评价	研究者根据自身经验判断，从服务于研究目的的角度分析文献的相关性和严谨性	使用现有权威的质量评估工具进行文献质量评价
数据提取	基于情境-机制-结局假设制定个体化的数据提取表，数据提取是一个反复的阶段性过程	使用既定统一的模板进行文献信息的提取
证据综合	每个理论假设是一个研究单元；完善项目理论，回答"什么样的干预措施在什么情境下能够运用于什么样的人群"	每一个研究是一个研究单元；整合数据获取效应量和可信区间的信息/归纳主题（定性研究）
推荐意见	情境化的暂时性推荐，任何结论都存在情境性，不存在普遍性推荐	去情境化的普遍性推荐，或需要更多研究进一步验证

---

① 赵俊强. 现实主义综述：现实主义哲学视角下理论驱动的复杂干预系统综述方法[J]. 医学新知, 2020, 30(4)：291-301.

续表

项目	现实主义整合	系统评价
利益相关者的参与	利益相关者在部分中间环节或者全程有意义的参与	目前利益相关者参与较少
优势	回答复杂干预的作用机制；考虑真实事件的复杂情境，提供情境化的推荐意见，外部真实性较好	回答简单干预的有效性及效应量大小的问题；标准化、规范化、可复制，内部真实性较好
缺点	非标准化，过程较复杂，具有不可复制性，对于理论思辨性要求较高	未充分考虑真实世界的复杂情境，推荐意见的适用性和实用性较差，即外部真实性较差

（三）现实主义整合的具体作用

现实主义整合是通过提取和综合文献中发现的情境、机制和结局来评价复杂的干预措施的，其评价侧重于理解和揭示干预措施的机制（或干预失败的原因），即探究在哪些具体情境下干预措施能够发挥作用。现实主义整合通常可发挥三个方面的作用。

（1）理论整合。复杂干预措施常涉及一系列中间结局（因果机制串联），只有这些中间结局顺利达成才能达到预期的终点结局。所以理论整合主要是了解干预方案是否如预期那样进行，是否在某个中间环节存在问题和挑战。

（2）理论裁决。许多干预方案都是在其实际作用机制并不完全明确的情况下开展的。现实主义整合通过综合证据，在多个对立理论之间进行裁决，找出最合适的解释性理论，或者判断哪种因果机制串联最合理。

（3）情境比较。现实主义认为干预方案不会普遍有效，只是在某些人群某些情境中有效。现实主义整合可以综合多个不同情境下相同的干预方案，比较干预方案的情境适用性。

（四）现实主义整合的具体步骤

现实主义整合在实践过程中的步骤之间常存在重叠性，而且实施中间环节经常反复进行，因此其步骤的呈现是非线性的，但总体思路分为四个步骤：明确研究范畴并定位现有理论，检索、评价和筛选证据，提取和综合证据，做出结论。

（1）明确研究范畴并定位现有理论。这一阶段是现实主义整合的基础，因为这为检查和综合各种证据提供了结构和框架。在现实主义整合中，干预是一种理论，是建立在假设的基础上的，即如果我们以某种方式做某件事，那么它就会带来某种结果。因此，这一阶段需要通过"挖掘"文献和借鉴经验，来确定关键词和关键概念，发展出一套可行的中层理论，为研究的主题提供一些解释性的支撑。

现实主义整合关注的是在不同的背景下哪些干预有效，因此，最终的结构和框架必须以结果为中心。[1]

（2）检索、评价和筛选证据。现实主义整合中的文献检索是比较复杂且耗时的，常和其他阶段交织在一起，需要研究者在文献、研究问题和项目理论之间不断追踪和反思。检索大致可以分为四个部分：①背景信息检索，对研究问题相关领域的文献有一个初步认识；②初始项目理论的检索，获取复杂干预方案的解释性理论；③检索文献证据，验证、反驳这些理论（或者理论中的部分因果链）；④在数据整合即将完成时进行最后的检索，以寻找可能进一步完善项目理论的其他研究。

现实主义整合的证据评价有两个综合判断指标：相关性和严谨性，并且强调与检索原始研究的阶段性一样，证据评价也需要在每个检索阶段进行。其中，相关性是指某个研究是否对发现、验证、反驳和完善项目理论提供帮助；严谨性是指研究结论是否足够可靠，是否可以为完善项目理论做出贡献。它们并不是绝对指标，而是判断某研究能否服务于现实主义整合目的而需要考虑的两个维度。[2]

（3）提取和综合证据。基于初始项目理论，研究者在设计研究问题时就提出了多个情境-机制-结局的假设。因此，研究者需要基于该假设制定个体化的数据提取表，重点包括研究的干预情境、作用机制、结局等。数据提取阶段并非线性的过程。由于研究者可能对初始项目理论进行反驳和修正，所以前期没有纳入整合的文献，后期也有可能再次纳入。

证据综合过程的基本任务是完善项目理论，即确定什么是有效的，对谁有效，在什么情况下有效，在什么方面有效，以及为什么有效。Rycroft-Malone 等人提出了一种基于现实主义评价原则的整合方法，包括以下步骤：①将提取的数据转化为证据表；②由研究者独立确定研究主题；③比较并合并所有研究者们从文章中提取的主题，然后从确定的主题中形成推理链；④确定支持推理链主题的文献来源；⑤建立推理链之间的关联；⑥利用推理链生成假设。[3]

（4）做出结论。研究者将提炼出的新的项目理论及其情境-机制-结局假设与利益相关者分享，利益相关者从其自身视角对这些假设进行评价。基于评价结果，研究者可能需要再回到文献上，对项目理论和情境-机制-结局假设做进一步修正和完善，进而为政策制定者和临床决策者提供相关的决策推荐。

---

[1] Rycroft-Malone J, McCormack B, Hutchinson A M, et al. Realist synthesis: Illustrating the method for implementation research[J]. Implementation Science, 2012, 7: 1-10.

[2] 赵俊强. 现实主义综述：现实主义哲学视角下理论驱动的复杂干预系统综述方法[J]. 医学新知, 2020, 30(4): 291-301.

[3] Rycroft-Malone J, McCormack B, Hutchinson A M, et al. Realist synthesis: Illustrating the method for implementation research[J]. Implementation Science, 2012, 7: 1-10.

关于现实主义整合的详细介绍，请参考 Pawson 等人的著作。[①]

三、系统评价再评价

（一）系统评价再评价的基本原理

系统评价作为一种证据综合的方法，自出现以来，便引起了人们的注意。从目前发表的研究来看，针对同一主题或同一领域的系统评价的数量是比较多的，而且这些研究可能存在较大的差异，如研究者在制作或报告规范时存在的差异会导致不同质量的证据。当实施者需要选择这些证据时，他往往难以抉择。因此，人们逐渐意识到，面对同一主题或领域中较多的系统评价时，有必要对现有的系统评价再进行整体评估，以便更高效地为实践者提供证据指导。基于此，系统评价再评价的研究方法被提出，并逐渐得到发展。[②]系统评价再评价是一种针对同一研究问题，对相关系统评价进行综合分析的方法，其英文名称曾有多种表达，如 Umbrella Reviews、Overviews of Systematic Reviews 等。2008 年第 17 届 Cochrane 年会后，学界比较认同"Overviews of Reviews"。2009 年，国内首次将其译为"同类评价"。[③]

（二）系统评价再评价与系统评价的比较

系统评价再评价是一种基于系统评价的研究方法，它既具有系统评价的特点，又有所不同。尽管系统评价再评价和系统评价都是将科学证据进行综合研究的方法，且两者的制作过程都需要经过定题、制订研究计划（包括背景、目的、研究方法等）、设定文献选择标准、全面检索并认真筛选文献、提取资料、对纳入研究进行严格质量评价、分析资料以及解释结果等步骤，但系统评价再评价在分析单元、研究范围、数据呈现、方法论、时间和资源方面与系统评价有所不同。在分析单元方面，系统评价以原始研究作为检索、纳入和数据分析的单元，而系统评价再评价以系统评价本身作为检索、纳入和数据分析的单元；在研究范围方面，系统评价再评价的研究范围通常比任何单独的系统评价更广泛，其目标主要是提供与决策相关的研究广度的"用户友好型"摘要，决策者不需要自己评价和比较

---

① Pawson R, Greenhalgh T, Harvey G, et al. Realist Synthesis: An Introduction[M]. London: Sage Publications, 2004.
② 刘雅莉，袁金秋，杨克虎，等. 系统评价再评价的制作方法简介及相关资料分析[J]. 中国循证儿科杂志，2011，6(1)：58-64.
③ 杨克虎，刘雅莉，袁金秋，等. 发展和完善中的系统评价再评价[J]. 中国循证儿科杂志，2011，6(1)：54-57；刘雅莉，袁金秋，杨克虎，等. 系统评价再评价的制作方法简介及相关资料分析[J]. 中国循证儿科杂志，2011，6(1)：58-64.

多个系统评价的结果;在数据呈现方面,系统评价再评价既可以准确呈现所纳入的系统评价中出现的结果数据,也可以重新分析系统评价的结果数据;在方法论方面,系统评价遵循严格的方法来回答特定的研究问题,而系统评价再评价则整理了有关同一条件下干预措施有效性的多个系统评价,以提取和分析原始结果的结果;在时间和资源方面,与通过综合原始研究解决相似问题的系统评价相比,系统评价再评价可以更快地进行。

(三)系统评价再评价的具体作用

系统评价再评价是基于系统评价的研究,其核心是针对当前多个相关系统评价证据进行综合研究,为证据使用者提供更为集中的高质量证据,其作用主要体现在以下几个方面。

(1)证据综合。系统评价再评价使用明确和系统的方法来搜索和识别同一主题领域中相关研究问题的多个系统评价,以便提取和分析重要结局指标的结果。例如,我们如果正在研究抑郁症的各种治疗方法,那么可能会找到多个系统评价,每个评价都专注于一种特定的治疗方法,如药物疗法、心理疗法或改变生活方式的疗法。在这种情况下,系统评价再评价可以将这些系统评价的结果进行综合,以提供一个全面的视角,帮助我们理解哪种治疗方法可能最有效。

(2)描述当前证据现状。系统评价再评价可以描述与感兴趣主题有关的系统评价证据的现状,并可以针对纳入系统评价中尚未强调的重要问题生成新的系统评价。例如,如果所有的系统评价都忽视了某种潜在有效治疗抑郁症的方法,如音乐疗法,那么系统评价再评价就可以指出这一点,并建议进行新的系统评价来填补这一缺口。

(3)数据呈现。系统评价再评价可以准确呈现所纳入的系统评价中出现的结果数据,或者可以以不同于系统评价中进行的分析方式重新分析系统评价结果数据。例如,如果原始的系统评价使用了不同的统计方法或效应量,那么系统评价再评价可以选择一种统一的方法来重新分析数据,使得不同的系统评价之间可以进行直接的比较。提供与决策相关的研究广度的用户友好型摘要,决策者就不需要自己评价和比较多个系统评价的结果。

(4)用户友好型摘要。系统评价再评价的最终产品通常是一份详细的报告,其中包含了对所有纳入的系统评价的总结和评价。这份报告可以帮助决策者快速理解一个复杂问题的全部证据,而无须自己去阅读和理解每一份系统评价。例如,一个政策制定者可能需要决定是否推广一种新的教育干预措施。通过阅读关于这个问题的系统评价再评价,他/她可以迅速地了解到这个干预措施的优点、缺点以及尚未解决的问题,从而做出更为明智的决策。

与系统评价相似,系统评价再评价的制作流程也包括选题、制定纳入和排除标准、检索和筛选文献、提取资料、质量评价和资料分析等步骤。具体分析过程请参考刘雅莉等人的著作。[1]

四、证据差距图

(一)证据差距图的基本原理

证据差距图(EGM)是一种新型的证据综合研究方法,主要以表格或图形的形式呈现,描述某一特定领域的研究的性质、特点和数量。这种方法通过系统收集、深入分析、综合评价和整合凝练相关研究领域的现有证据,比较所研究问题的相关文献,确定不同证据的样本量和结论等信息,从而揭示出证据的差距。值得注意的是,EGM 通常不对纳入研究进行质量评价。通过可视化特定领域中的现有证据,EGM 可以为政策制定和实践提供有价值的信息。[2]

EGM 是一种系统的和可视化的证据呈现方式,用于特定政策领域。它通过绘制领域现有的和正在进行的系统评价和影响评估,整合了我们对"什么有效"(what works)的已知和未知信息。EGM 可以根据多个因素进行分类,包括主题领域(例如,母婴健康、艾滋病/艾滋病病毒、农业等)、研究类型(例如,系统评价或影响评估)、结果领域(例如,就业、收入、公共福利接受情况以及教育和培训结果等)和干预类型等。

(二)证据差距图与系统评价的比较

与获得普遍认可的系统评价、系统评价再评价相比,EGM 突破了仅针对具体问题的证据的局限,着眼于对更广泛的证据进行综合,并以更为直观的方式为读者(研究人员和决策者)呈现现有的可获得证据有哪些,是提高证据可发现性和使用性的一种方法,节省了战略和计划开发人员从一些普通数据库等搜索引擎中筛选研究的时间和精力,也比他们自己寻找这些研究更有效,还能更高效地引导他们找到相关的干预措施和结果证据。[3]此外,EGM 是交互式的,通常以矩阵的形式呈现,行标题和列标题以及过滤器称为 EGM 的框架。研究者或决策者可以直接点击单元格访问原始研究,再加上一些过滤器,如研究设计、国家或地区以及子群体,他们可以快速、高效地找到满足特定标准的研究子集。最常见的 EGM

---

[1] 刘雅莉,袁金秋,杨克虎,等. 系统评价再评价的制作法简介及相关资料分析[J]. 中国循证儿科杂志,2011,6(1):58-64.

[2] White H, Albers B, Gaarder M, et al. Guidance for producing a Campbell evidence and gap map[J]. Campbell Systematic Reviews, 2020, 16(4): e1125.

[3] 李艳飞,李秀霞,李睿,等. 证据图谱的制作与报告[J]. 中国循证医学杂志,2020,20(9):1098-1103.

是有效性研究的证据图（或"有效性地图"，尽管它不显示有效性）。有效性证据图通常以干预作为行标题，以结果作为列标题，这两者都可以细分子类别。每个单元格呈现与该干预/结果组合相关的研究。[1]

（三）证据差距图的制作步骤

制作 EGM 一般需要遵循以下 10 个步骤，详细做法请参阅 EGM 的制作指南。[2]

1. 确定研究问题和研究范围

EGM 比大多数系统评价的范围更广，因此，其标题比传统系统评价的标题更广泛，通常比较长，需要突出研究的问题和范围。例如，关于减少高收入国家对风险儿童和脆弱儿童（0~11 岁）的干预措施有效性的证据差距图[3]。一些较短的标题通常以人群、结果或干预为中心。例如，以人群为中心的题目"关于残疾人的证据差距图"，以结果为定向的题目"儿童福利证据差距图"，以干预为定向的题目"关于司法诉讼的证据差距图"。因此，在确定研究问题和研究范围时，应首先检索现有的和正在进行的 EGM，以避免重复。

2. 制定一个概念框架

EGM 的概念框架定义了地图的维度，主要有两个维度：行标题和列标题。在有效性 EGM 中主要是干预类别和结果领域两个维度，干预类别通常分为若干子类别，结果领域分为若干子域。除了行标题和列标题外，EGM 的概念框架中还需设计过滤器，过滤器通常为研究特征（例如，研究设计、国家或亚群体）。

3. 制定检索策略

EGM 制定检索策略的过程与传统系统评价相同。

4. 制定纳入和排除标准

与系统评价类似，EGM 在制定纳入和排除标准时，也要遵循 PICO 原则。

5. 检索与筛选

证据检索过程与传统系统评价类似，但由于 EGM 的范围更广，可能会有大量的研究需要筛选。一篇传统的系统评价通常需要筛选 2000~5000 项研究，而制

---

[1] Saran A, White H. Evidence and gap maps: A comparison of different approaches[J]. Campbell Systematic Reviews, 2018, 14(1): 1-38.

[2] White H, Albers B, Gaarder M, et al. Guidance for producing a Campbell evidence and gap map[J]. Campbell Systematic Reviews, 2020, 16(4): e1125.

[3] Pundir P, Saran A, White H, et al. PROTOCOL: The effectiveness of interventions for reducing violence against children: An evidence and gap map in low- and middle-income countries[J]. Campbell Systematic Reviews, 2019, 15(3): e1040.

作一个 EGM 可能需要筛选 15 000～30 000 项研究甚至更多。当有大量的研究需要筛选时，可以考虑使用机器学习辅助检索。[①]

6. 数据提取与编码

EGM 通常纳入的研究比传统系统评价要多，但对纳入的单个研究需要编码的信息会更少，所以总体上的工作量是相似的。EGM 的编码表通常应包括三个部分：基本研究特征、研究问题的特征和其他信息。基本研究特征包括作者、出版年份、研究类型/设计、目的、检索日期、纳入研究数量和样本大小等；研究问题的特征包括人群、干预类型、对照措施和结局；其他信息一般包括纳入研究的其他研究内容。在正式编码前，研究者需要采用少量纳入的研究（20～30 篇）进行预编码，这一工作应由项目负责人和实际编码人员负责。EGM 的预编码是对数据提取表进行"修订、完善和定义"的过程，每一轮预编码都可能对框架进行修订，对分类进行细化，对每个标签进行重新定义和解释。

7. 证据质量评价

EGM 的质量评价主要是指对纳入的原始研究或二次研究进行质量评价，评价内容包括方法学设计、实施步骤、各类偏倚状况及偏倚控制、利益冲突报告等。目前有许多用于评估原始研究和二次研究的工具，研究者可根据具体情况，选择恰当标准对证据质量进行评价。

8. 结果呈现

EGM 的结果主要是通过表格和图形两种形式呈现的，可将丰富的证据简明、直观地呈现给证据使用者。在 EGM 的全文中，数据提取表所展示的内容是全文中非常重要的一部分，被称为基本特征。但总体来看，数据提取表所展示的内容深度有限。因此，EGM 通常通过一个专门的表格对纳入研究进行更深层次的分析。例如，质量评价结果的展示、通过 PICO 原则所绘制的研究问题（包括研究问题的特征）等。除制作表格之外，图形展示亦是 EGM 的一大亮点，其中最常见的是气泡图。气泡图能够清晰地展示 3 个或多个变量之间的关系，在 EGM 结果的呈现中有举足轻重的地位。例如，在三维图中，可以同时展示纳入研究的质量、样本量和干预措施的分布这 3 项内容。在 EGM 中，还可以运用气泡图来立体呈现关键证据的分布和状态，可显著增强可读性。

9. 最终报告

在线交互式地图通常附有一份描述性报告，为研究人员、决策者和从业者等利益相关者提供证据总结。EGM 中纳入的研究分析是描述性的，通常包含

[①] Kugley S, Wade A, Thomas J, et al. Searching for studies: A guide to information retrieval for Campbell systematic reviews[J]. Campbell Systematic Reviews, 2017, 13(1): 1-73.

以下信息。

（1）对 EGM 方法的描述。

（2）在跨干预/结果类别证据方面的主要发现，突出研究文献中的证据差距和趋势。

（3）来自过滤器的其他研究结果，如研究设计、地理位置、人群、对研究结果的可信度以及所纳入研究的资助和实施机构等信息。

（4）对政策和未来研究的影响和关键建议。

（5）关于关键发现的简短摘要。

10. 维护和更新

由于 EGM 通常涉及范围较广，新的研究会很快出现。因此，EGM 需要每年更新一次，并且每三年进行一次系统评价。建议使用机器学习来进行检索和筛选，如 EPPI-Reviewer，这有助于每年更新和维护动态地图。[①]

[①] 李艳飞，李秀霞，李睿，等. 证据图谱的制作与报告[J]. 中国循证医学杂志，2020，20(9)：1098-1103；White H, Albers B, Gaarder M, et al. Guidance for producing a Campbell evidence and gap map[J]. Campbell Systematic Reviews, 2020, 16(4): e1125.

第六章 证据的定量分析

证据的定量分析是指使用数学和统计学方法来度量和评估证据的效应量、精确度、一致性、可信度和其他特征。证据的定量分析可以帮助研究者从多个研究中提取、整合和比较数据，从而得出更可靠和客观的结论。循证研究的定量分析方法有多种，具体采用何种方法取决于分析的目的。常用的方法包括：Meta 分析（用于综合不同研究的总体效应量，可以增加统计效力和减少随机误差）、异质性分析（用于评估研究间的差异性，可以发现潜在的效应修饰因素）等。

第一节 Meta 分析

一、传统的 Meta 分析

Meta 分析是一种统计方法，通过综合多个研究的结果，以得出总体效应大小。在科研领域，这种方法得到了广泛应用，其主要优势在于扩大样本量及提高统计功效，从而加深对研究问题的理解。Meta 分析在医学、教育、心理学等领域具有重要意义，有助于我们更好地理解各种干预措施的有效性、评估不同研究的可靠性以及确定未来研究方向。

（一）传统 Meta 分析的基本原理

Meta 分析是一种将多个研究结果合并为一个总体效应量的方法，它可以对同一个问题的跨研究进行综合的统计分析，从而从定量角度解决存在争议的问题。Meta 分析以正态分布为前提，对来自单个研究的效应量分配不同的权重后进行合并，进而得出总体效应量。传统 Meta 分析以固定效应模型（fixed effect model，FEM）和随机效应模型（random effect model，REM）中的一种作为基础。这两种模型在处理研究异质性时有所不同。固定效应模型假设所有纳入的研究有共同的真实效应，研究间存在异质性是由抽样误差引起的。因此，固定效应模型的合并效应是对这个共同效应的估计。随机效应模型假设真实效应会随纳入研究的不同而改变，研究间存在的异质性可能由两种因素引起：一是真实效应本身的异质性，二是抽样误差。因此，随机效应模型的合并效应是对这些效应分布的评估值的估计。[1]

1. 固定效应模型

在固定效应模型分析中，假设所有纳入的研究拥有共同的真实效应量（μ）。换句话说，所有可能影响效应大小的因素在所有研究中都是相同的，因此真实效应的大小在所有研究中都是相同的（因此被标记为固定）。在实践中，当然每项研究的样本量都不是无限的，因此存在抽样误差，研究中观察到的效应并不与真实效应相同。如图 6-1 所示，在固定效应模型中，每个研究的真实效应虽然都是 0.6（由圆点表示），但观察到的效应（由方块表示）在各个研究之间有所不同。例如，在研究 1 中，抽样误差（ε_1）是-0.2，这产生了一个观察效应（Y_1），$Y_1 = 0.6 - 0.2 = 0.4$；在研究 2 中，抽样误差（ε_2）是 0.1，这产生了一个观察效应（Y_2），$Y_2 = 0.6 + 0.1 = 0.7$；在研究 3 中，抽样误差（ε_3）是-0.1，这产生了一个观察效应（Y_3），$Y_3 = 0.6 - 0.1 = 0.5$。由此看出，任何研究的观察效应 Y_i 都是由总体平均效应加上该研究中的抽样误差决定的，即 $Y_i = \theta + \varepsilon_i$，其中总体平均效应（$\theta$）等于所有研究共同的真实效应量（$\mu$）。[2]

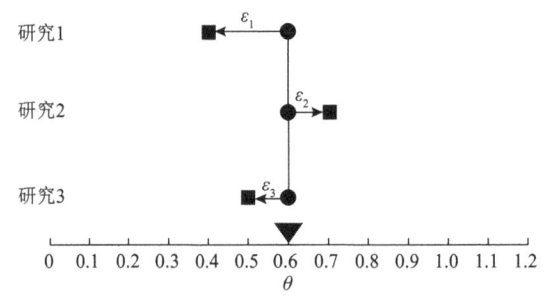

图 6-1 固定效应模型中观察效应量与真实效应量和抽样误差的关系

为了获得对总体效应最精确的估计（最小化方差），我们通常计算加权平均值。在固定效应模型下，对综合效应量估计的唯一误差来源是研究中的抽样误差（ε）。每个研究的权重（W_i）等于方差（V_i）的倒数，而单个研究的方差与样本量成反比。因此，样本量越大，效应量的方差就越小，那么相应的权重分配就越大；反之，样本量越少，分配的权重也就越小。如果有足够大的样本量，误差将

---

[1] Nikolakopoulou A, Mavridis D, Salanti G. How to interpret meta-analysis models: Fixed effect and random effects meta-analyses[J]. Evidence-Based Mental Health, 2014, 17(2): 64.

[2] Borenstein M, Hedges L V, Higgins J P, et al. Introduction to Meta-analysis[M]. New York: John Wiley & Sons, Limited, 2021: 61-64.

趋于零。[1]例如，对于连续性结果变量，测量效应通常表示为样本处理组和对照组均值之间的差异。权重表示为样本均值之间差异的方差的倒数。因此，如果方差较大，那么该研究将被赋予较低的权重。如果方差较小，那么该研究的权重就会较大。在固定效应模型中分配给每项研究的权重为

$$W_i = \frac{1}{V_i}$$

其中，V_i 为研究（i）的研究内方差。

加权后的平均效应量（M）为

$$M = \frac{\sum_{i=1}^{k} W_i Y_i}{\sum_{i}^{k} W_i}$$

2. 随机效应模型

在随机效应模型分析中，假设真实效应量是随机分布的，纳入研究的单个效应量来自不同的总体，那么各个研究的效应量之间存在一定的异质性。随机效应模型不仅考虑了每个研究内部的抽样误差，还考虑了研究之间的异质性。例如，在图 6-2 中，所有真实效应量的平均值为 0.6（由倒三角表示），各个观察效应量围绕该平均值分布（由圆点表示），如正态曲线所示。曲线的宽度表明大多数真实效应量在 0.5~0.7。假设从正态曲线描绘的研究分布中抽取的三项研究，每项都有无限的样本量，则抽样误差将为零，并且每项研究的观察效应量将与该研究的真实效应量相同。[2]

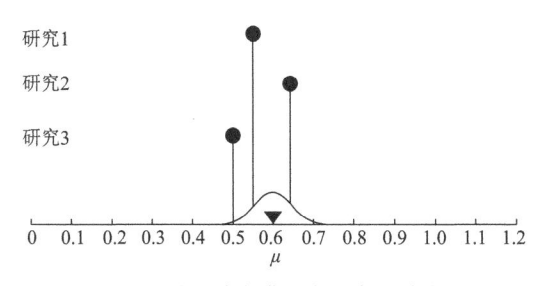

图 6-2 随机效应模型中的真实效应量

实践中，任何研究中的样本量都不是无限的，因此抽样误差不为零。如果一

---

[1] Nikolakopoulou A, Mavridis D, Salanti G. Demystifying fixed and random effects meta-analysis[J]. Evidence-Based Mental Health, 2014, 17(2): 53-57.

[2] Borenstein M, Hedges L V, Higgins J P, et al. Introduction to Meta-analysis[M]. New York: John Wiley & Sons, Limited, 2021: 65-70.

项研究的真实效应大小为 θ_i，那么因为抽样误差，该研究观察到的效应将小于或大于 θ_i。例如，在图 6-3 中，研究 3 的真实效应（θ_3）为 0.5，抽样误差（ε_3）为 -0.1，观察效应（Y_3）为 0.4，观察效应量到总体平均真实效应量（μ）的总距离是-0.2。由此看出，任何给定研究中总体平均值与观察效应量之间的距离由两个不同的部分组成：效应量的真实变异（ς_i）和抽样误差（ε_i），单个研究观察到的效应量 Y_i 由研究的平均真实效应量（μ）与研究间变异（ς_i）和抽样误差（ε_i）共同决定，即

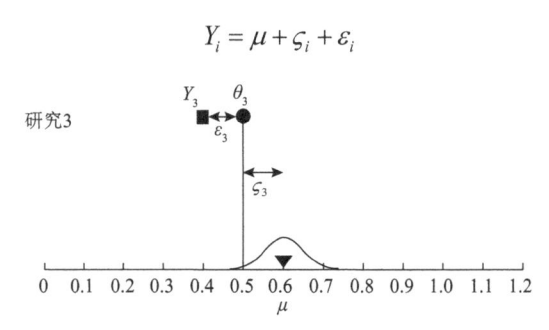

$$Y_i = \mu + \varsigma_i + \varepsilon_i$$

图 6-3 随机效应模型中的观察效应量与真实效应量和抽样误差的关系

在随机效应模型下，我们需要考虑两个层次的抽样和误差来源。首先，单个研究的真实效应量 θ_i 分布在 μ 附近，研究间方差 τ^2 反映了单个研究的真实效应量与总体平均真实效应量的实际分布。其次，纳入的单个研究的观察效应量 Y_i 将分布在该研究真实效应量 θ_i 附近，其单个研究方差 σ^2 主要取决于该研究的样本量。因此，在随机效应模型下，每项研究都将根据其方差的倒数进行加权，但不同于固定效应模型中，此时的方差包括研究内方差（σ^2）和研究间方差（τ^2）。

研究间方差 τ^2 为

$$\tau^2 = \frac{Q - \mathrm{df}}{C}$$

Q、C、df 计算公式如下：

$$Q = \sum_{i=1}^{k} W_i Y_i^2 - \frac{\left(\sum_{i=1}^{k} W_i Y_i\right)^2}{\sum_{i=1}^{k} W_i}$$

$$C = \sum W_i - \frac{\sum w_i^2}{\sum W_i}$$

$$df = k - 1$$

其中，k 为研究个数。

每个研究的权重为

$$W_i = \sigma_i^2 + \tau_i^2$$

选择模型应该基于研究的性质和研究结果的目标。固定效应模型适用于假设所有研究的效应量都相同的情况。如果我们的目标是计算共同效应量，并将其推广到相同人群的其他个案中，那么固定效应模型是适用的。然而，在实际收集数据时，所有研究的效应量都相同的可能性不大。这是因为在这些研究中受试者或干预措施可能会对研究结果产生不同的影响，即所有纳入的研究不太可能存在唯一的共同效应量。在这种情况下，随机效应模型可能是更好的选择。随机效应模型假设所有研究的效应量之间存在差异，而综合效应量仅代表所有效应量的平均效应量。此外，随机效应模型估计的目标通常是将综合结果推广到一系列的人群中，而不仅仅是某一同质的人群中。

（二）传统 Meta 分析的数据合并

1. 效应量的选择

在数据合并之前，要根据数据资料的类型选择合适的效应量，即用来反映干预效果重要性的值或者说是两个变量之间关系的强度值，这是 Meta 分析常用的单位。一般是计算每个研究的效应量，然后通过效应量考察研究效应的一致性并计算综合效应。原始数据资料的类型主要分为二分类变量和连续型变量。

二分类变量即为那些结局只有两种可能性的变量，如有效与否、发生与未发生等，一般将发生事件的人数除以样本量总数得到的事件发生率作为结局考察。常见的二分类数据的效应量包括：风险比（risk ratio，RR）、比值比（odds ratio，OR）和风险差（risk difference，RD）。在选择风险比、比值比和风险差时，研究者需要考虑实际的和技术的因素。风险比和比值比是相对指标，因此它们对于基线事件的反应相对不够灵敏。相反，风险差是一个完整的数值，它对于基线风险的反应十分灵敏。

连续型变量是指在一定区间内可以任意取值的变量，其数值是连续不断的，相邻两个数值可作无限分割，即可取无限个数值。在干预性研究中，根据干预组和对照组的样本量、均值以及标准差来计算效应量，效应量指标分为均数差（mean difference，MD）、加权均数差（weighted mean difference，WMD）和标准化均数差（standardized mean difference，SMD）。在相关性研究中，相关系数本身也可以作为效应量来反应两个连续变量间的关系，但在计算过程中需将其转化为

Fisher' Z 进行定量合并，分析完成后再将相关系数的综合效应及可信区间转换为相关系数（如表6-1所示）。

表6-1 原始数据资料对应的效应量及计算公式

原始数据类型	效应量指标	计算公式	
二分类变量	风险比（RR）	风险比是两组风险简单的比，是反映干预措施与事件关联强度最有用的指标。RR=1 表示比较组间没有差异。当研究结局为不利事件时，RR<1 表示干预可以降低结局风险	风险比的公式为：$RR = \dfrac{A/n_1}{C/n_2}$ 风险比转换为对数：$LogRR = \ln(RR)$ 近似方差为：$V_{LogRR} = \dfrac{1}{A} - \dfrac{1}{n_1} + \dfrac{1}{C} - \dfrac{1}{n_2}$ 近似标准误为：$SE_{LogRR} = \sqrt{V_{LogRR}}$ 对数值转换风险比：$RR = \exp(LogRR)$	其中，A 为干预组发生人数，B 为干预组未发生人数，C 为对照组发生人数，D 为对照组未发生人数；n_1 为干预组样本量，n_2 为对照组样本量
	比值比（OR）	比值比是两个风险比数的比，即某组中某事件的比值与另一组内该事件比值的比。OR=1 表示比较组间没有差异。当研究结局为不利事件时，OR<1 表示暴露可能会降低结局风险	比值比的公式为：$OR = \dfrac{A/B}{C/D} = \dfrac{AD}{BC}$ 比值比转换为对数：$LogOR = \ln(OR)$ 近似方差为：$V_{LogOR} = \dfrac{1}{A} + \dfrac{1}{B} + \dfrac{1}{C} + \dfrac{1}{D}$ 近似标准误为：$SE_{LogOR} = \sqrt{V_{LogOR}}$ 对数值转换风险比：$OR = \exp(LogOR)$	
	风险差（RD）	风险差是指干预组和对照组结局事件发生概率的绝对差值。RD=0 表示比较组间没有差异。当结局为不利事件时，RD<0 表示干预可降低结局风险	风险差的公式为：$RD = \dfrac{A}{n_1} - \dfrac{C}{n_2}$	
连续型变量	均数差（MD）	均数差即干预组和对照组均值的差值，主要用于 Meta 分析中所有研究具有相同连续变量和测量单位时	均值差为：$MD = M_1 - M_2$ 近似标准误为：$s_e = \sqrt{\dfrac{s_1^2}{n_1} + \dfrac{s_2^2}{n_2}}$	其中，M_1 为干预组均值，s_1 为干预组标准差，n_1 为干预组样本量；M_2 为对照组均值，s_2 为对照组标准差，n_2 为对照组样本量
	加权均数差（WMD）	加权均数差即加权后的均数差，主要用于 Meta 分析中所有研究具有相同连续性结局变量（如体重）和测量单位时。每个原始研究均数差的权重（例如，每个研究对 Meta 分析合并统计量的影响大小）由其效应估计的精确性决定	均值差为：$MD = M_1 - M_2$ 近似标准误为：$s_e = \sqrt{\dfrac{s_1^2}{n_1} + \dfrac{s_2^2}{n_2}}$ 权重为：$w = \dfrac{1}{s_e^2}$ 加权均数差为：$WMD = MD \times w$	

续表

原始数据类型	效应量指标	计算公式	
连续型变量	标准化均数差（SMD）	标准化均数差是指两组均数的差值除以合并标准差的商，可以消除多个研究测量单位不同的影响。通常也用 Cohen's d 表示，且当 $d=0.01$ 时为极小效应，$d=0.2$ 为小效应，$d=0.5$ 为中等效应，$d=0.8$ 为大效应，$d=1.2$ 为极大效应，$d=2.0$ 为巨大效应	两组的联合标准差为：$$s_p = \sqrt{\frac{(n_1-1)s_1^2 + (n_2-1)s_2^2}{n_1+n_2-2}}$$ 标准化均数差为：$d = \frac{M_1 - M_2}{s_p}$	其中，M_1 为干预组均值，s_1 为干预组标准差，n_1 为干预组样本量；M_2 为对照组均值，s_2 为对照组标准差，n_2 为对照组样本量
	Fisher's Z	相关系数本身也可以作为效应量来反映两个连续变量之间的关系，在进行数据合并的过程中，要先将相关系数转化为 Fisher's Z 进行分析，分析完成后再将相关系数的综合效应及可信区间转换为相关系数	样本相关系数 r 转换为 Fisher's Z：$$Z = 0.5 \times \ln\left(\frac{1+r}{1-r}\right)$$ 近似方差为：$V_Z = \frac{1}{N-3}$ 近似标准误为：$s_e = \sqrt{V_Z}$ Fisher's Z 转换为样本相关系数 r：$$r = \frac{e^{2Z}-1}{e^{2Z}+1}$$	其中，r 为两组独立变量间的相关系数；N 为总体样本量

不同资料类型间的效应量可以通过相应的公式进行转换，转换公式如下：

比数比对数转换为 Cohen's d：$d = \text{LogOR} \times \frac{\sqrt{3}}{\pi}$；$s_{e_d} = s_{e_{\text{LogOR}}} \times \frac{\sqrt{3}}{\pi}$

相关系数 r 转换为 Cohen's d：$d = \frac{2r}{\sqrt{1-r^2}}$；$s_{e_d} = s_{e_r} \times \sqrt{\frac{4}{(1-r^2)^3}}$

注：由于二分类数据不符合正态分布，所以计算风险比和比值比的时候，是在对数尺度下执行的，即先计算风险比的对数和风险比对数的标准误，再应用这些数值来完成 Meta 分析中的所有步骤，只到最后，才会将其转换为原始单位；风险差为两个风险的差值，所以用原始单位而不是用对数单位计算。

资料来源：Sawilowsky S. New effect size rules of thumb[J]. Journal of Modern Applied Statistical Methods, 2009, 8(2)：597-599

2. 效应量的合并

Meta 分析的结果通常采用森林图的方式呈现。它在平面直角坐标系中，以一条垂直的等效线（横坐标刻度为 1 或 0）为中心。用平行于横轴的多条线段表示每个被纳入研究的效应量和置信区间（confidence interval，CI），线段上实心正方形的大小表示单个研究的效应量大小,线段长短表示可信区间,用一个菱形描述纳入研究的合并效应量大小及可信区间。

(1)二分类变量数据资料的合并。

对于二分类变量的数据资料,通常以比值比或风险比作为效应量指标,横轴范围为[0, ∞],等效值为 1。在森林图中,当效应量的 95%置信区间的横线与等效线相交时,可以认为干预组的效应量等于对照组。如果 95%置信区间的横线不与等效线相交,并且位于等效线的右侧,那么可以认为干预组的效应量大于对照组。相反,如果 95%置信区间的横线不与等效线相交,并且位于等效线的左侧,那么可以认为干预组的效应量小于对照组。图 6-4 显示了 PBL(problem-based learning)教学法对国内医学本科生生物化学课程考试成绩合格率影响的综合分析结果。其中有 3 个原始研究的 95%置信区间与等效线相交,表明该研究结果提示接受 PBL 教学法与接受以授课为基础的教学法(language-based learning,LBL)对本科生生物化学课程考试成绩合格率的影响没有显著差异;另外 1 个原始研究的 95%置信区间的横线落在等效线右侧,其结果提示接受 PBL 教学法的本科生生物化学课程考试成绩合格率高于接受 LBL 教学法的学生。但该研究合并效应量的 95%置信区间的横线(以菱形中的棱长表示)同样与等效线相交,故可认为 PBL 教学法与 LBL 教学法的比较差异无统计学意义,即 PBL 教学法与 LBL 教学法对提高本科生生物化学课程考试成绩合格率的效果差异不大。

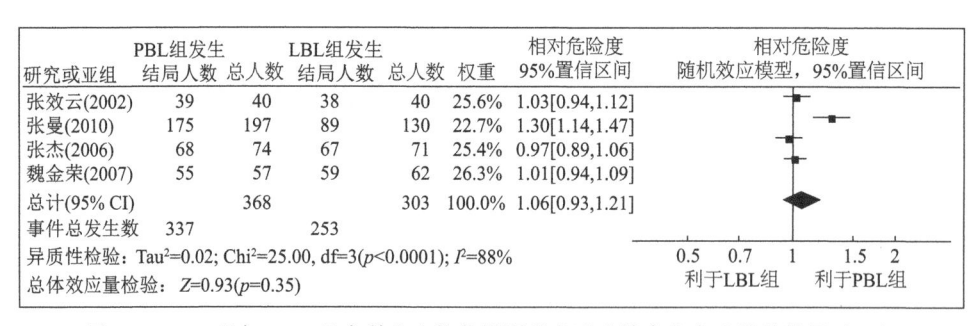

研究或亚组	PBL组发生 结局人数	总人数	LBL组发生 结局人数	总人数	权重	相对危险度 95%置信区间	相对危险度 随机效应模型,95%置信区间
张效云(2002)	39	40	38	40	25.6%	1.03[0.94,1.12]	
张曼(2010)	175	197	89	130	22.7%	1.30[1.14,1.47]	
张杰(2006)	68	74	67	71	25.4%	0.97[0.89,1.06]	
魏金荣(2007)	55	57	59	62	26.3%	1.01[0.94,1.09]	
总计(95% CI)		368		303	100.0%	1.06[0.93,1.21]	
事件总发生数	337		253				
异质性检验:Tau^2=0.02; Chi^2=25.00, df=3(p<0.0001); I^2=88%							0.5 0.7 1 1.5 2
总体效应量检验: Z=0.93(p=0.35)							利于LBL组 利于PBL组

图 6-4 PBL 组与 LBL 组本科生生物化学课程考试成绩合格率比较的结果(一)

资料来源:顾取良,李荷,何震宇,等. 国内医学本科生生物化学课程 PBL 教学效果的 Meta 分析[J]. 药学教育,2015,31(2):30-33

(2)连续型变量数据资料的合并。

针对连续型变量数据资料,干预性研究通常采用均值差/标准化均值差作为其效应量指标,横轴区间范围为[-∞, ∞],等效值为 0。在森林图中,当效应量的 95%置信区间的横线与等效线相交时,可以认为干预组的效应量等于对照组,即干预措施无效;当效应量的 95%置信区间的横线不与等效线相交且位于等效线右侧时,可认为干预组的效应量大于对照组,即干预措施有效;相反,当效应量的

95%置信区间的横线不与等效线相交且位于等效线左侧时，干预组的效应量小于对照组，即干预措施无效。图 6-5 显示 PBL 教学法对国内医学本科生生物化学课程考试分数影响的综合分析结果。其中仅有 1 个原始研究的 95%置信区间横线与等效线相交，表明该研究结果提示 PBL 教学法与 LBL 教学法对医学本科生生物化学课程考试分数的影响没有差别，另 4 个原始研究的 95%置信区间的横线落在等效线右侧，其结果提示 PBL 教学法对提高医学本科生生物化学课程考试分数的效果优于 LBL 教学法。合并效应量的 95%置信区间的横线（以菱形中的棱长表示）落在等效线右侧，故可认为 PBL 教学法与 LBL 教学法的比较差异有统计学意义，且 PBL 教学法对提高医学本科生生物化学课程考试分数的效果优于 LBL 教学法。

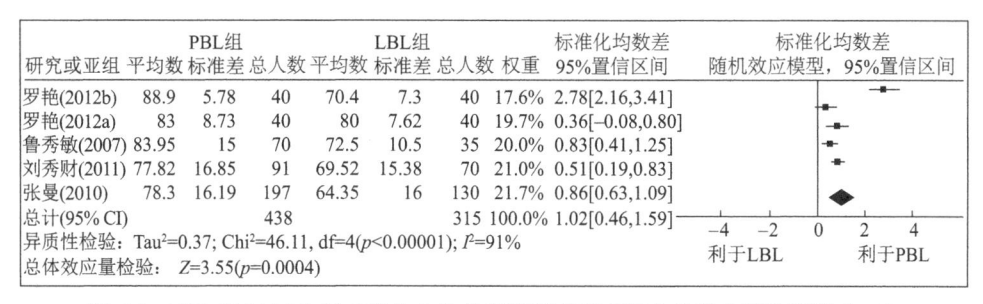

研究或亚组	PBL组 平均数	标准差	总人数	LBL组 平均数	标准差	总人数	权重	标准化均数差 95%置信区间	标准化均数差 随机效应模型，95%置信区间
罗艳(2012b)	88.9	5.78	40	70.4	7.3	40	17.6%	2.78[2.16,3.41]	
罗艳(2012a)	83	8.73	40	80	7.62	40	19.7%	0.36[-0.08,0.80]	
鲁秀敏(2007)	83.95	15	70	72.5	10.5	35	20.0%	0.83[0.41,1.25]	
刘秀财(2011)	77.82	16.85	91	69.52	15.38	70	21.0%	0.51[0.19,0.83]	
张曼(2010)	78.3	16.19	197	64.35	16	130	21.7%	0.86[0.63,1.09]	
总计(95% CI)			438			315	100.0%	1.02[0.46,1.59]	

异质性检验：Tau^2=0.37; Chi^2=46.11, df=4(p<0.00001); I^2=91%
总体效应量检验： Z=3.55(p=0.0004)

利于LBL　利于PBL

图 6-5　PBL 组与 LBL 组本科生生物化学课程考试成绩合格率比较的结果（二）
资料来源：顾取良，李荷，何震宇，等. 国内医学本科生生物化学课程 PBL 教学效果的 Meta 分析[J]. 药学教育，2015，31(2)：30-33

针对以相关系数为效应量的研究，先将相关系数转化为 Fisher's Z 进行计算，在结果报告时再将 Fisher's Z 转化为相关系数，这样的处理方法可以帮助我们更准确地估计效应量，并且使效应量的分布更接近正态分布，从而满足许多统计方法的假设。该研究森林图的横轴范围为[-1，1]，等效值为 0。当 95%置信区间横线与等效线相交时，研究中的两个变量相关关系不显著；当 95%置信区间横线不与等效线相交且落在等效线右侧时，研究中的两个变量存在显著正相关；反之，当其 95%置信区间横线不与森林图的等效线相交且落在等效线左侧时，研究中的两个变量存在显著负相关。图 6-6 显示了早期教育中教师资格与儿童语言/推理评分相关关系的综合分析结果。其中有 9 个原始研究的 95%置信区间的横线与等效线相交，表明该研究结果提示教师资格与儿童语言/推理评分相关不显著。其他 5 个原始研究的 95%置信区间的横线落在等效线右侧，其结果提示教师资格与儿童语言/推理评分呈显著正相关。合并效应量的 95%置信区间的横线（以菱形中的棱长表示）落在等效线右侧，故可认为教师资格与儿童语言/推理评分呈显著正相关。

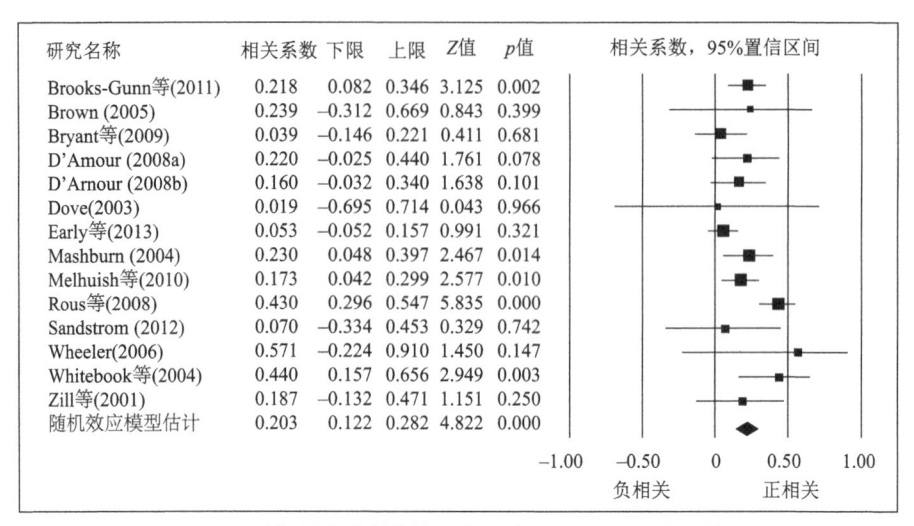

研究名称	相关系数	下限	上限	Z值	p值
Brooks-Gunn等(2011)	0.218	0.082	0.346	3.125	0.002
Brown (2005)	0.239	−0.312	0.669	0.843	0.399
Bryant等(2009)	0.039	−0.146	0.221	0.411	0.681
D'Amour (2008a)	0.220	−0.025	0.440	1.761	0.078
D'Arnour (2008b)	0.160	−0.032	0.340	1.638	0.101
Dove(2003)	0.019	−0.695	0.714	0.043	0.966
Early等(2013)	0.053	−0.052	0.157	0.991	0.321
Mashburn (2004)	0.230	0.048	0.397	2.467	0.014
Melhuish等(2010)	0.173	0.042	0.299	2.577	0.010
Rous等(2008)	0.430	0.296	0.547	5.835	0.000
Sandstrom (2012)	0.070	−0.334	0.453	0.329	0.742
Wheeler(2006)	0.571	−0.224	0.910	1.450	0.147
Whitebook等(2004)	0.440	0.157	0.656	2.949	0.003
Zill等(2001)	0.187	−0.132	0.471	1.151	0.250
随机效应模型估计	0.203	0.122	0.282	4.822	0.000

图 6-6　早期教育中教师资格与儿童语言/推理评分的结果

资料来源：Manning M, Garvis S, Fleming C, et al. The relationship between teacher qualification and the quality of the early childhood education and care environment[J]. Campbell Systematic Reviews, 2017, 13: 1-82

二、Meta 分析的扩展

（一）网状 Meta 分析

1. 网状 Meta 分析的基本原理

传统的系统评价通常涉及两种干预措施的直接比较，相对简单和常见。假设我们想比较两种提高医学专业学生临床技能的教学方法：模拟病人教学法（A）和小组讨论教学法（B）。然而，直接比较这两种方法的实验研究可能很少，甚至可能不存在。但是，我们可能找到一些随机对照试验，这些试验比较了模拟病人教学法（A）和传统教学法（C）在提高医学专业学生临床技能方面的效果，还有一些试验比较了小组讨论教学法（B）和传统教学法（C）的效果。在这种情况下，如图 6-7 所示，我们可以通过传统教学法（C）这个共同的比较基准，间接地比较模拟病人教学法（A）和小组讨论教学法（B）的效果。

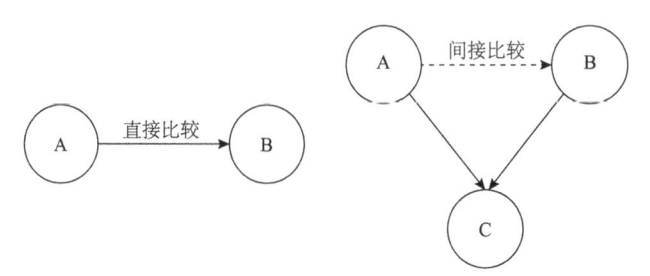

图 6-7　直接比较与间接比较示意图

网状 Meta 分析（network meta-analysis，NMA）是一种基于 Meta 分析技术的统计方法，它结合了直接比较和间接比较，对由 3 种及以上干预措施构成的证据体里的所有研究进行加权合并分析，其主要作用是对处于同一个证据体的所有干预措施同时进行综合评价并排序。这种方法可以同时比较证据体中多个干预措施之间干预效果的差异，并按效果大小进行排序，从而为决策者提供重要参考依据。例如，我们在实践中经常会碰到没有直接比较的证据或者需要从众多干预措施中选择对研究对象效果最佳的措施的情况。此时，研究者往往会从随机对照试验中寻找间接证据，这就形成了间接比较的 Meta 分析或多种干预措施比较的 Meta 分析，即网状 Meta 分析。

网状 Meta 分析常涉及三个关键假设：①同质性假设，即研究间不存在异质性；②相似性假设，即所有研究以及不同对照组间影响效应量的因素相似；③一致性假设，即直接比较证据与间接比较证据一致和（或）不同路径的间接证据一致[1]。

2. 网状 Meta 分析的数据合并

在进行网状 Meta 分析的数据合并之前，要构造一个等级模型，以处理抽样变异、干预异质性及研究干预比较间的不一致性，并提供模型的最大似然比。目前，主要的方法有经典的频率法和贝叶斯法。

（1）频率法。

频率法（frequency analysis method）的统计推断主要是通过统计样本得到结论，这种统计推断框架是建立在完善的假设检验与可信区间理论的基础上。在网状 Meta 分析的证据合成中，频率法主要应用倒方差法和广义线性（混合）模型。倒方差法是将各研究的方差倒数作为权重，对各研究效应进行加权平均，总体效应的方差为权重之和的倒数，实施相对简单；广义线性模型则考虑了随机效应，但应用的前提是需要获得受试者个体数据。

（2）贝叶斯法。

贝叶斯法（Bayesian analysis method）是基于贝叶斯定理发展而来的。与频率法相比，其优势在于可以利用后验概率对所有分析的干预措施进行排序，且克服了频率法在参数估计时通过不断的迭代去估计最大似然函数易出现不稳定而得到有偏倚的结果的缺陷，故估计值更为准确，且建模更灵活，为当前推荐的方法。

网状 Meta 分析的结果通常采用网状关系图（network plot）、森林图（forest plot）、累积排序概率图（cumulative ranking plot）与累积排序概率曲线下面积（surface under the cumulative ranking，SUCRA）呈现。网状关系图可以清晰地呈现哪些干预措施间存在直接比较，以及哪些干预措施间可以通过何种干预措施进

---

[1] 田金徽，李伦. 网状 Meta 分析方法与实践[M]. 北京：中国医药科技出版社，2017：19-22.

行间接比较。如图 6-8 网状关系图所示，关于不同教学方法对知识获取和技能提升的研究，在知识获取方面，有 8 种教学方法（包括无干预），且所有教学方法都与网状中至少两种教学方法进行了比较。

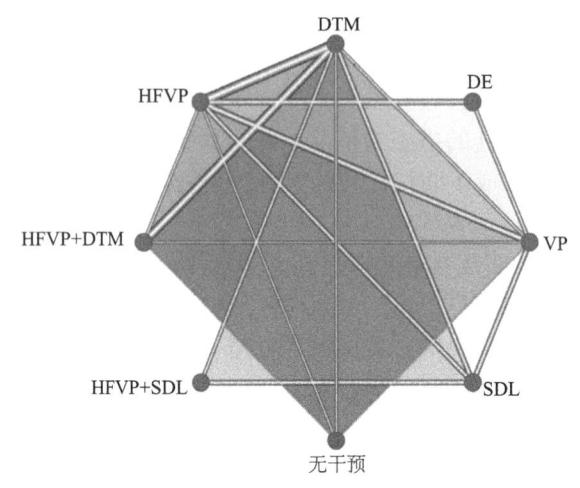

图 6-8　网状 Meta 分析中的网状关系图

SDL：自主学习；VP：虚拟患者模拟；DE：数字教育；DTM：说教式教学；HFVP：高保真虚拟患者模拟

森林图呈现了单个干预措施与无干预相比的效应量大小和 95% 置信区间，如图 6-9 所示，HFVP+SDL 的教学方法对知识获取的效应量最高（SMD=2.66；95%CI：1.20～4.12），DTM 的效应量最低（SMD=1.73；95%CI：0.66～2.80）。[1]

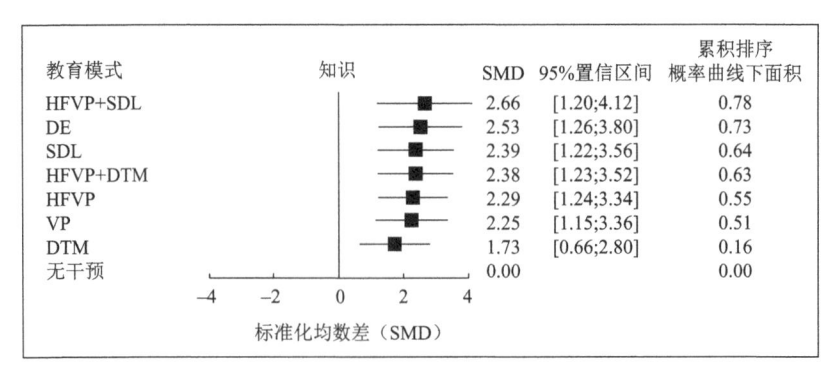

教育模式	知识	SMD	95%置信区间	累积排序概率曲线下面积
HFVP+SDL		2.66	[1.20;4.12]	0.78
DE		2.53	[1.26;3.80]	0.73
SDL		2.39	[1.22;3.56]	0.64
HFVP+DTM		2.38	[1.23;3.52]	0.63
HFVP		2.29	[1.24;3.34]	0.55
VP		2.25	[1.15;3.36]	0.51
DTM		1.73	[0.66;2.80]	0.16
无干预		0.00		0.00

标准化均数差（SMD）

图 6-9　网状 Meta 分析中的森林图

在网状 Meta 分析中比较多种干预措施后，研究者便可获知最优干预。但若最优干预无法获取、难以实施或实施价格昂贵时，研究者便需考虑最优干预

---

[1] Jhou H，Ou-Yang L，Lin M，et al. Different pedagogies for acquisition of knowledge and skill：A systematic review and network meta-analysis[J]. Postgraduate Medical Journal，2022，98（1162）：604-609.

以外的干预措施。累积排序概率图与累积排序概率曲线下面积可帮助研究者决策。[1]如图6-10所示,在累积排序概率图中越接近右上半部分,就意味着干预措施效果越好。x轴表示技能提升的SUCRA值,y轴表示知识获取的SUCRA值。实心圆点表示该干预方案是有效的干预方案,空心圆点表示该干预方案比无干预有效,菱形表示该干预方案较无干预有轻微的改善。[2]对网状Meta分析的进一步讨论以及如何制作和运用网状Meta分析感兴趣的读者,请参考田金徽和李伦的著作。[3]

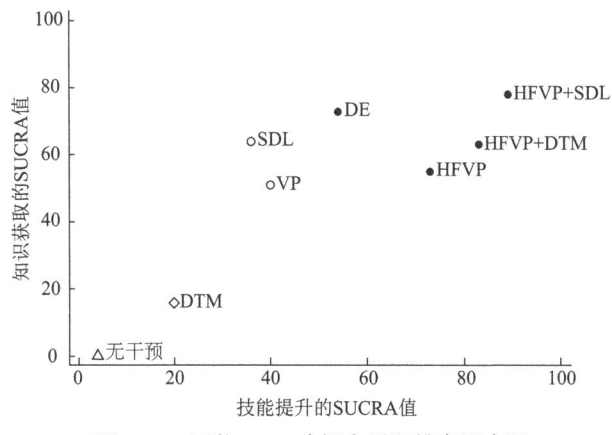

图6-10 网状Meta分析中累积排序概率图

(二)累积Meta分析

1. 累积Meta分析的基本原理

累积Meta分析(cumulative meta-analysis,CMA)是在某个研究领域历史进程中的某个节点上运行Meta分析的过程。它继承了传统Meta分析的优点,同时又具备了新的特点。传统的Meta分析只对各研究做一次综合分析,能综合地反映研究结果,却不容易分辨先前各研究结果对综合结果的影响;而累积Meta分析恰恰弥补了传统Meta分析的这一劣势,能将新的各个独立的研究依次添加到累积的Meta分析数据库中进行单独Meta分析,并按照一定的顺序排列累积的结果,用图形表示,既可以反映研究结果的动态变化趋势,又能评估各研究对综合结果的影响。累积Meta分析代表的是时间序列数据(在荟萃分析的层面上),可以反映

---

[1] 易跃雄,张蔚,刘小媛,等. 网状Meta分析图形结果解读[J]. 中国循证医学杂志,2015,15(1):103-109.
[2] Jhou H,Ou-Yang L,Lin M,et al. Different pedagogies for acquisition of knowledge and skill:A systematic review and network meta-analysis[J]. Postgraduate Medical Journal,2022,98(1162):604-609.
[3] 田金徽,李伦. 网状Meta分析方法与实践[M]. 北京:中国医药科技出版社,2017.

效应量的估计值随着时间或者其他协变量的变化而变化的趋势。在应用行为学等领域，对时间序列的分析运用较为常见。累积 Meta 分析在很多领域早就证明了其具有的充分性和稳定性。[①]

基于累积 Meta 分析的统计原理，可实现以下功能：①能综合同类实证研究，有效增加研究样本量，减少随机误差，提高统计学效能；②研究某一干预措施的利弊趋势，指出在某一选定水准下，干预措施具有统计学意义的最初时间，进一步指导或改善社会实践问题；③探讨和分析某些单项实证研究未能涉及的问题，并为开展新的研究提供方向和科学依据；④能够简化社会实践研究不断增加所致的文献消化及信息传播工作。

2. 累积 Meta 分析的数据合并

累积 Meta 分析使用的统计分析方法与传统的 Meta 分析方法并无不同，只不过是针对动态的、连续的同类研究引入累积的思想加以分析。研究结果可以按照一定的顺序排列出来，如发表年代顺序、样本量大小顺序等。

累积 Meta 分析的结果是以一种典型森林图的形式呈现的。最后一项研究的效应量和 95%置信区间与对所有研究进行传统 Meta 分析的结果一致。森林图有三重作用：①总结随时间累积的证据，帮助检测出版年份是否与效应大小的显著变化相关，并指出何时添加的研究没有提供新信息（即效应大小没有变化）；②每次添加（新）研究时，分析的样本量都会增加，因此估计效应量的精度也会增加；③随着新证据的累积，新增研究对结果的影响逐渐减弱。这或许暗示着潜在的冗余研究存在，也就是说，原本分配给这些"冗余"研究的资源本可以投入其他更有益的研究中，参与者也避免了将自己暴露于不必要的无效干预之中。[②]

如图 6-11 所示，在模拟教学效果的累积 Meta 分析研究中，首先进行传统 Meta 分析，结果显示技术增强模拟教学可以显著提高医学生的技能（$n=20\,934$；$SMD=1.10$，95%CI：$1.03\sim1.16$；$p<0.001$）。然后按照发表年代先后顺序累积分析，结果显示第一项研究（发表于 1973 年）发现模拟教学可以显著提高训练效果（$p=0.05$）。虽然这一结论未随着额外证据的积累而改变，但其效应量大小的确发生了波动，最高达到 1.23，最低为 0.66。1997 年这一效应量稳定在较大效应量（28 项研究）内，2000 年稳定在与最终合并效应量的 0.1 差异范围内（52 项研究）。直到 2006 年（199 项研究），合并效应量的精确置信区间才达到 95%。

[①] 赵景波. 累积 Meta 分析方法及其在临床医学研究中的应用[J]. 循证医学，2002(3)：167-171.

[②] Spineli L M, Pandis N. An introduction to cumulative meta-analysis[J]. American Journal of Orthodontics & Dentofacial Orthopedics，2022，161(3)：474-476.

年份	累积研究数量	无刺激	有刺激	累积效应量95%CI	p值	I^2值
1973	1(30)			0.75[0.01,1.49]	0.05	—
1980	2 (53)			1.23[0.31,2.14]	0.009	—
1983	3 (92)			0.96[0.29,1.63]	0.005	75
1985	4 (168)			1.13[0.52,1.75]	<0.001	80
1986	5(242)			0.93[0.36,1.51]	0.002	84
1987	7(653)			0.75[0.43,1.07]	<0.001	81
1990	10 (1069)			0.70[0.47,0.92]	<0.001	84
1991	11 (1079)			0.72[0.50,0.95]	<0.001	83
1992	15(1237)			0.66[0.47,0.85]	<0.001	80
1993	16 (1386)			0.66[0.48,0.84]	<0.001	78
1994	18 (1434)			0.67[0.49,0.84]	<0.001	77
1995	20(1480)			0.68[0.52,0.85]	<0.001	75
1996	25(1823)			0.75[0.59,0.92]	<0.001	81
1997	28 (1984)			0.85[0.67,1.04]	<0.001	86
1998	35(2240)			0.93[0.75,1.10]	<0.001	85
1999	44(2627)			0.89[0.73,1.04]	<0.001	85
2000	52(2992)			1.00[0.83,1.16]	<0.001	88
2001	65(3206)			1.03[0.88,1.18]	<0.001	86
2002	84(4278)			1.06[0.92,1.21]	<0.001	88
2003	105 (4807)			1.01[0.89,1.14]	<0.001	87
2004	126(5297)			1.02[0.90,1.13]	<0.001	86
2005	155(6237)			1.03[0.92,1.13]	<0.001	85
2006	199 (8222)			1.09[1.00,1.19]	<0.001	87
2007	233 (9509)			1.09[1.01,1.18]	<0.001	87
2008	275 (11 025)			1.10[1.02,1.18]	<0.001	86
2009	349 (16 191)			1.08[1.01,1.14]	<0.001	87
2010	415 (19 820)			1.08[1.02,1.15]	<0.001	88
2011	430(20 846)			1.09[1.02,1.15]	<0.001	89
2012	432 (20 934)			1.10[1.03,1.16]	<0.001	89

合并效应量（95%置信区间）

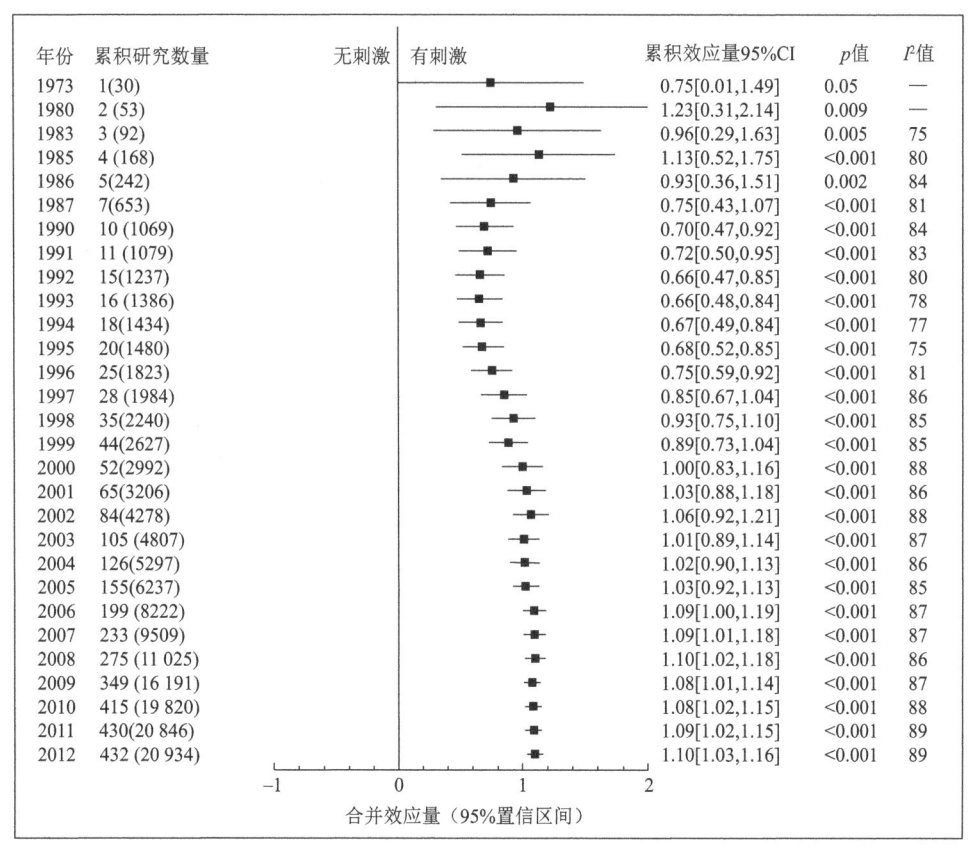

图 6-11　技术增强模拟教学技能结果的累积 Meta 分析

资料来源：Cook D A. How much evidence does it take? A cumulative meta-analysis of outcomes of simulation-based education[J]. Medical Education, 2014, 48(8): 750-760

（三）个体数据 Meta 分析

1. 个体数据 Meta 分析的基本原理

个体数据（individual participant data，IPD）Meta 分析是一种特定类型的系统评价，其不是直接采用已发表研究的结果进行数据合并，而是通过向原始研究作者获取每位参与者的原始数据，进而对这些原始数据进行 Meta 分析。此类 Meta 分析涉及对每项研究中参与者原始数据的搜集、核查及再分析。个体数据可以从研究人员处获得，也可以通过数据共享存储库或平台获得。[1]

与传统的 Meta 分析相比，个体数据 Meta 分析具有以下优势：①减少报告偏

---

[1] Tierney J F, Vale C, Riley R, et al. Individual participant data (IPD) meta-analyses of randomised controlled trials: Guidance on their use[J]. PLoS Medicine, 2015, 12(7): e1001855.

倚。个体数据 Meta 分析不依赖已发表的信息，而是纳入所有可用的试验数据，这也有助于减少发表偏倚。②方便评估原始研究的完整性。例如，可以通过比较随机化方案和个体数据 Meta 分析中招募的被试的顺序来评估随机化的充分性。③提高试验之间的一致性。个体数据 Meta 分析能够对被试特征、干预措施或结局指标采用标准定义。④支持额外分析。个体数据 Meta 分析有助于解决原始文献中没有解决的问题，研究协变量和干预效果之间的相互作用，调整研究中相同的变量，探索被试水平的异质性，被试水平数据的亚组分析，以及其他时间-事件分析等。⑤支持更新与结果相关的数据。例如，如果收集了后续数据或从事件到时间的数据，则将其更新为最新的数据。因此，个体数据 Meta 分析在讨论长期效果时非常有用。⑥鼓励研究者之间的合作。由多名研究人员组成的研究团队可能有助于完整地识别相关的原始数据，更好地遵守提供缺失数据的规定，更公正地解释结果，更广泛地认可和传播结果，还有助于明确后续研究的目标与方向，并在此基础上展开合作。[①]因此，目前建立在个体数据基础上的 Meta 分析被称为系统评价的"金标准"。

2. 个体数据 Meta 分析的数据合并

在个体数据 Meta 分析中，来自不同研究的个体数据不能像从单一的大型随机对照试验中得出的一样汇总在一起，我们必须考虑来自不同研究的数据所产生的聚类。个体数据合并方法主要有两种：一阶模型（one-stage model）和两阶模型（two-stage model）。

（1）一阶模型。

一阶模型主要采用分层回归分析评估干预效果，可提高检测协变量和干预效果之间的交互作用的效率。一阶模型比较灵活，它允许一个模型中包含多个协变量，并有效避免了生态偏差。然而，与两阶模型相比，一阶模型更复杂，需要更高程度的统计专业知识和数据挖掘能力。由于一阶模型不生成森林图，对结果的解释具有很大的挑战性。

（2）两阶模型。

两阶模型类似于传统的 Meta 分析，涉及单个研究中的数据合并。在第一阶段得到聚合后的数据，然后在第二阶段进行 Meta 分析，得出效应量估计。两阶模型中，在调查协变量与干预效果之间的关联时，应通过估计试验内相关，然后使用传统 Meta 分析将试验间相关估计进行合并，以避免生态或聚集性偏差。两阶模型不太复杂，易于解释，并能够生成森林图。然而，它在研究协变量和干预效果之间的交互作用时效率较低，尤其在小型试验和异质性存在的情况下。

对个体数据 Meta 分析的进一步讨论以及如何制作和运用感兴趣的读者，请参

---

① Tierney J F, Pignon J P, Gueffyier F, et al. How individual participant data meta-analyses have influenced trial design, conduct, and analysis[J]. Journal of Clinical Epidemiology, 2015, 68(11): 1325-1335.

考 Stewart 等人的著作。[1]

（四）贝叶斯 Meta 分析

1. 贝叶斯 Meta 分析的基本原理

贝叶斯统计是有别于"经典统计"的一种分析方法，最早由英国数学家 T. Bayes 于 1763 年在《论有关机遇问题的求解》一文中提出，后被 Laplace 等一些统计学家发展为一种系统的统计推断方法，称为贝叶斯法。[2]

在贝叶斯统计中，先验信息是一个很重要的概念，是指在观察到样本数据之前人们关于感兴趣参数的任何知识和信息。一般而言，先验信息主要来源于主观经验和历史数据。基于先验信息得出的未知参数 θ 服从于一个先验分布。之后，在"先验"的基础上，利用样本信息对"先验"进行更新后得到统计推断结果，即后验分布。在贝叶斯统计中，最初的不确定性使用"先验分布"来表达，当前数据和关于数据如何生成的假设可用似然估计来总结，两者结合后得到后验分布。后验分布可用多个点估计和可信区间的方式，类似于经典参数估计和置信区间进行概括。[3]

贝叶斯 Meta 分析（Bayesian meta-analysis）是近年来基于贝叶斯统计发展起来的一种新型的 Meta 分析方法。与传统 Meta 分析相比，贝叶斯 Meta 分析虽然只是在 Meta 分析统计方法上存在不同，主要采用"马尔科夫链蒙特卡罗"（Markov chain Monte Carlo，MCMC）方法，但在以下方面具有独特的优势：①允许直接对感兴趣的定量结局进行概率描述，如接受干预措施 A 的被试比接受干预措施 B 的被试有更好的中位生存期的概率；②能够在一致的建模框架内考虑不同来源的关于特定问题的证据；③能够根据当前的知识状态，尤其是在数量不确定的情况下，对结果进行预测；④先验信念要求调查人员结合实际需求，仔细思考他们真正期望的是什么，进而对研究的启动、监测和停止进行检查；⑤类似的分析单元，如 Meta 分析中的研究，可以借助其他单元的力量来估计个体效应；⑥充分考虑了所有参数的不确定性；⑦贝叶斯方法很自然地形成了一个决策理论框架，该框架在制定医疗保健或政策决策时还可以考虑成本和效用。[4]

---

[1] Stewart G B, Altman D G, Askie L M, et al. Statistical analysis of individual participant data meta-analyses: A comparison of methods and recommendations for practice[J]. PLoS ONE, 2012, 7(10): e46042.

[2] Bayes T. An essay towards solving a problem in the doctrine of chances[J]. Philosophical Transactions (1683-1775), 1763, 53: 370-418.

[3] 董圣杰, 冷卫东, 田家祥, 等. Meta 分析系列之五：贝叶斯 Meta 分析与 WinBUGS 软件[J]. 中国循证心血管医学杂志, 2012, 4(5): 395-398.

[4] Sutton A J, Abrams K R. Bayesian methods in meta-analysis and evidence synthesis[J]. Statistical Methods in Medical Research, 2001, 10(4): 277-303.

2. 贝叶斯 Meta 分析的数据合并

与传统的 Meta 分析类似，贝叶斯 Meta 分析有两种数据分析模型：贝叶斯固定效应模型（Bayesian fixed effects model）和贝叶斯随机效应模型（Bayesian random effects model）。

（1）贝叶斯固定效应模型。

在固定效应模型中，假设所有纳入的研究都提供了对相同潜在效应的估计，估计效应量之间的差异仅由抽样误差造成。假设 Meta 分析中要合并的数据包括 k 个效应量估计$(y_1, y_2, \cdots, y_k)$，即我们假设所有研究中都存在一个共同的潜在效应 θ，则贝叶斯固定效应模型为

$$y_i \sim \text{Normal}(\theta, \sigma_i^2) \quad i = 1, \cdots, k$$

$$\theta \sim P_\theta$$

其中，σ_i^2 是研究 i 中效应量的方差，P_θ 是潜在效应 θ 的先验分布。假设研究内的方差是已知的，因此，在上式中用被估计的研究内方差 σ_i^2 代替实际方差，在实际应用中，两者通常没有什么区别，除非许多研究都是小样本研究。

（2）贝叶斯随机效应模型。

在大多数 Meta 分析中，研究效应估计量之间的差异已知是由抽样误差之外的其他原因引起的。因此，假设各研究之间存在共同的潜在效应是不现实的，则使用固定效应 Meta 分析模型组合结果是不合适的。随机效应 Meta 分析模型是一种常用的替代模型，它包括一组随机效应，以表示研究中真实效应的可变性。贝叶斯随机效应模型为

$$y_i \sim \text{Normal}(\theta_i, \sigma_i^2) \quad i = 1, \cdots, k$$

$$\theta \sim \text{Normal}(\mu, \tau^2)$$

$$\mu, \tau \sim P\mu, \tau$$

在该模型中，θ_i 代表 k 项研究中每项研究的真实效应，假设其均值 μ 和研究间方差 τ^2 为正态分布。贝叶斯随机效应模型下的 Meta 分析依赖于对真实研究效应的可交换性做出假设，这是一种判断，即效应是相似的，但不相同，它们的量级排名无法提前预测。通常，假设均值 μ 和方差 τ^2 的先验分布是相互独立的。

对贝叶斯 Meta 分析的进一步讨论以及如何制作和运用感兴趣的读者，请参考 Sutton 和 Abrams 的著作。[1]

---

[1] Sutton A J, Abrams K R. Bayesian methods in meta-analysis and evidence synthesis[J]. Statistical Methods in Medical Research, 2001, 10(4): 277-303.

第二节 异质性分析

一、异质性的识别方法

在系统评价中，异质性是指所纳入的各个研究之间的差异。广义上的异质性是指研究对象、研究设计、测量方法等方面的差异和多样性，即研究间内在真实性的变异。狭义上的异质性专指统计学异质性，用来描述一系列研究中效应量的变异程度，也用于表明除仅可预见的偶然机会外研究间存在的差异性。异质性的存在可能会影响研究结果的解释和应用。

异质性检验（heterogeneity test）是 Meta 分析中的一个重要步骤，它的目的是检验各个独立研究的结果是否具有可合并性。该检验的基本原理是，如果所有研究的真实效应量是相同的，即所有样本都来自同一个总体，那么效应量之间的差异可被认为是由抽样误差引起的。然而，如果效应量之间的差异过大，以至于这些差异不能仅仅被归因为抽样误差时，这可能意味着纳入分析的各个独立研究可能来自不同的总体。

在系统评价中，我们通常会使用一些统计方法来检测异质性，如 Q 统计量检验和 I^2 统计量。如果检测出显著的异质性，那么我们就需要进一步探索异质性的来源。

（一）Q 统计量检验

Q 统计量的计算公式为：$Q=\sum w_i(y_i-y...)^2$，其中，w_i 是第 i 个研究的权重，y_i 是第 i 个研究的效应量，y 是所有研究的加权平均效应量。

Q 统计量服从自由度为 $(k-1)$ 的卡方分布，其中，k 是研究的数量。如果 Q 统计量检验的 p 值小于 0.05，那么就认为存在显著的异质性。

该检验的无效假设为纳入各研究的效应量均相同，Q 实际上是效应量的加权离均差平方和，即加权平方和（WSS）。计算公式如下：

$$Q = \sum_{i=1}^{k} w_i \left(T_i - \bar{T}\right)^2$$

其中，k 为纳入研究的数量，w_i 为第 i 个研究的权重，T_i 为第 i 个纳入研究的效应量，$\bar{T}$ 为所有纳入研究的平均效应量。Q 统计量服从自由度为 $k-1$ 的 χ^2 分布，Q 值越大，其对应的 p 值越小。若 $Q \geq \chi^2_{(1-\alpha)}$，$p \leq \alpha$，则认为存在显著的异质性（$1-\alpha$

为置信水平，通常取 $\alpha = 0.05$ 或 $\alpha = 0.01$ ）[1]。需要注意的是，当纳入的研究数量较少时，Q 统计量检验的统计功效较低，可能会出现假阴性的情况。

（二）I^2 统计量

Higgins 等于 2003 年提出用 I^2 统计量反映异质性在效应量总变异中所占的比重。计算公式如下：

$$I^2 = \frac{Q - \text{df}}{Q} \times 100\%$$

其中，Q 为 Q 统计量，df 是它的自由度（df=k-1）。I^2 取值范围为 0% 至 100%，值越高表示异质性越大；异质性的低、中、高程度分别用 I^2 统计量的 25%、50%、75% 表示。若 $I^2>50\%$，则说明存在比较明显的异质性。I^2 统计量并非观察到的变异量的绝对指标，它的估计可能会受到一些因素的影响，如研究数量或合并的结果指标等，因此，应在特定研究领域的背景下谨慎解释其结果。

二、异质性的处理方法

在进行 Meta 分析前，必须制定统一的纳入和排除标准，只有研究目的相同且质量高的文献才能被纳入合并。这样可以最大限度地减少研究间的异质性，使合并的效应量具有更高的可信度。针对存在异质性的资料有三种处理方法：①敏感性分析；②亚组分析；③Meta 回归分析[2]。

（一）敏感性分析

逐一剔除法是一种常用的敏感性分析方法，用于评估 Meta 分析结果的稳定性和可靠性。逐一剔除法的原理是依次剔除每个纳入的研究，然后用剩余的研究重新进行 Meta 分析合并，观察合并效应量和异质性指标是否发生显著变化。如果剔除某个研究后，合并效应量或异质性指标发生了显著变化，则说明该研究对 Meta 分析结果有较大的影响，可能存在风险偏倚或发表偏倚，可将该研究视为极端值排除后再进行总体效应量的估计。

（二）亚组分析

当异质性检验结果显著且未发现极端值时，可采用亚组分析来探索二分类变

---

[1] 杨克虎. 系统评价指导手册[M]. 北京：人民卫生出版社，2010：57-59；王丹，翟俊霞，牟振云，等. Meta 分析中的异质性及其处理方法[J]. 中国循证医学杂志，2009，9(10)：1115-1118.

[2] 杨克虎. 系统评价指导手册[M]. 北京：人民卫生出版社，2010：58-59.

量引起的异质性,即按照不同样本特征(如年龄、性别、年级、地区等)进行分组后再进行 Meta 分析,比较不同研究亚组的效应差异。当然,在进行研究设计时,研究者也可以在已有的理论基础上提出潜在的调节变量,并采用亚组分析进行验证性分析[1]。

(三) Meta 回归分析

若异质性是由其他无关因素造成的,可采用 Meta 回归控制混杂因素,以消除异质性。此外,在原始研究中,通常会运用回归或者多元回归方法来评价一个或多个协变量与因变量的关系。实质上,当协变量处于研究水平而非个体水平,并且因变量代表效应量,而非个体得分时,可采用 Meta 回归分析来量化由协变量解释的变异。关于 Meta 回归的详细介绍,可参考卫旭华的著作《组织与管理研究中的元分析方法》。[2]

---

[1] Borenstein M, Higgins J. Meta-analysis and subgroups[J]. Prevention Science, 2013, 14(2): 134-143.
[2] 卫旭华. 组织与管理研究中的元分析方法[M]. 北京:科学出版社, 2021.

第七章　证据的定性分析

证据的定性分析侧重于收集非数值数据，用于了解潜在的原因、观点和动机。它超出了定量研究提供的信息，探究某种干预措施的执行过程与持久程度的影响因素等问题，为决策者基于实际情况的决策提供可靠依据。针对某种干预措施，对证据进行分析可以获得参与者对其接受程度和依从性的证据，为定量研究提供前期理论基础，以弥补单纯定量研究的不足。定性研究得出的结论并非真实事实的概括，而是对数据进行总结与推论的过程，并且其对于提供有益的背景信息具有积极意义。根据证据综合的理论基础，循证研究中常用的定性分析方法有三种：Meta 民族志（meta-ethnography）、主题综合（thematic synthesis）和批判性解释综合（critical interpretive synthesis）。

第一节　Meta 民族志

Meta 民族志的核心在于通过对元数据的解析，深入了解特定群体的文化、社会架构及行为模式。这一研究方法的诞生，为我们提供了一个独特视角，使我们能够以更加深入、全面的姿态探索和诠释人类社会。

一、Meta 民族志的基本原理

（一）Meta 民族志的基本内涵与特征

Meta 民族志是由社会学家 Noblit 和 Hare 于 1988 年在教育领域开发的基于社会比较理论的一种独特的、解释性的定性综合方法，它通过编码和比较研究内部和研究之间的发现，系统、详细地解释所有研究是如何相关的，而这些被编码和浓缩成的主题，最终产生新理论和概念性的解释。由于最初是对 5 项民族志研究进行的解释性综合研究，所以将这种质性的 Meta 综合方法定义为 Meta 民族志，后来其发展成为针对同一主题质性研究结果的综合方法[1]。Meta 民族志的主要目

---

[1] 丁传琦，金静芬，朱俊红，等. 元民族志研究方法及报告标准[J]. 护理学杂志，2021，36(11)：90-93，101.

的在于系统地对比结构相同的有关研究，综合已有研究结果，得出一般化结论，以预测未来在相似条件下可能出现的结果。"解释性"是 Meta 民族志方法的最根本特征。研究者运用"扎根"和"比较"等综合方法，在主体间意义的基础之上进行建构，通过把一种研究"翻译"为另一种研究提供新的解释，而不仅仅是简单地将研究结果组合在一起。它的结果是形成一种新的、"高层次"的解释或理论，以便较完善地解释现有的证据。

（二）Meta 民族志的理论基础

Meta 民族志以元综合（meta-synthesis）、扎根理论（grounded theory）和作为"翻译"的社会学解释（sociological explanation as translation）三大理论为基础。这也是它与其他定性证据综合方法的不同之处，它可以使用来自原始定性研究的作者解释（如概念、主题）作为数据，并通过其独特的、系统的分析综合过程创建新的解释[1]。

1. 元综合

"综合"是一种把"部分"放到一起形成"整体"的活动。在这一生成性过程中，现象的本质不断扩大，各种现象之间的边界被逐渐打破，结果从多层次环境中被慢慢剥离出来，有助于揭示单独研究无法揭示的现象，在本质上是一种创新。元综合试图整合有内在关联的质性研究结果，并采用系统性方法对多种质性研究进行收集、分解，对结果进行分析、解释，进而从整体上将现象和翻译相结合。

2. 扎根理论

使用扎根理论的社会学家主要通过系统地收集资料和分析程序来创建理论。他们通常从自己感兴趣且拥有一定学科基础的领域开始进行研究，利用扎根理论提供的一系列系统、灵活的原则和启发性工具进行资料搜集，采用质性编码的方式对研究资料进行区分、归类和综合，使用编码标签描述数据的不同特征，以接近"现实"的方式使理论逐渐从资料中得以衍生，最终形成理论分析。扎根理论提供了编码和创造隐喻的途径，通过形成分析性类属，建构对研究对象的抽象的、理论性的理解。因而有助于 Meta 民族志研究的文本分析。

3. 作为"翻译"的社会学解释

社会学家史蒂芬·特纳（Stephen Turner）提出，应在解决困惑的基础之上进行翻译的社会学解释。他强调，构建"可比较的解释"为关键，而非简单地搜集资料。翻译与解释之间存在密切关联。在检验某种假设时，实质上是将两种假设

---

[1] 桑国元，王照萱. 元民族志研究方法及其对教育研究的价值[J]. 民族教育研究，2020，31(2)：63-68.

并列检验。在假设之后的实践中,每种"翻译"都蕴含着"社会学"的成分。在这个意义上,社会学解释就是翻译。从这个解释来看,Meta 民族志从一种新的研究视角,使用隐喻来"翻译"质性研究案例。每种"翻译"不是对相同问题的重新解释,而是通过新的途径对解释进行再解释,进而产生更加精确的意义、更具解释性的理论和新概念。

二、Meta 民族志的资料合并

(一)Meta 民族志的资料分析策略

Meta 民族志研究采用的分析策略有三种:相似性转化分析(reciprocal translation analysis)、对立综合(refutation synthesis)和论据线综合分析(lines-of-argument synthesis)。①

1. 相似性转化分析

相似性转化分析通常直接比较要被综合的已有研究。在反复比较的过程中,可能直接将一项研究中的概念转化到另外一项研究的资料、结果中去,将单独的研究组合在一起形成一个整体。这种方式主要用于讨论相同主题的研究案例,在这些研究之间进行对比和转化能强化对每项研究的理解。

2. 对立综合

对立观点的综合分析即对立综合主要用于讨论观点互斥的研究案例,即解释个别研究中的矛盾点,强调观点对立的研究需要特殊的解释形式和不同的综合形式。在这种综合形式中,必须考虑相对立的解释以及这些解释之间的关系,将相对立的解释辩证地结合起来。

3. 论据线综合分析

论据线综合分析是按照一定顺序排列研究中的概念,探究异同,以将多种概念有机地结合在一起,进而形成一种新的解释或者生成一种新的假设。

(二)Meta 民族志的资料分析过程

Meta 民族志是将归纳和解释相结合,以原始研究中的解释作为分析数据,将其进行关联、转化和综合,最后提出新的概念和理论见解。Meta 民族志的资料分析主要包含四个过程:①阅读纳入研究,提取关键概念;②解释提取的概念,建立关联假设;③概念间进行相互转化,形成 Meta 主题;④综合 Meta 主题,形成最终

---

① 桑国元,王照萱. 元民族志研究方法及其对教育研究的价值[J]. 民族教育研究,2020,31(2):63-68.

的概念框架。以《学校环境与学生健康：一项质性研究的系统评价和 Meta 民族志》(*The school environment and student health: A systematic review and meta-ethnography of qualitative research*) 为例，Meta 民族志的资料分析过程具体如下。[①]

步骤 1：阅读纳入研究，提取关键概念。采用一种包容性的数据提取方法，即根据标准表格提取研究中呈现的所有相关数据和关键概念，包括研究背景信息、样本信息、研究结果和结论等信息；同时，阅读相关研究，通过反复认真阅读并探究这些研究的特征，提取其中的关键概念和单个研究中概念的意义（即作者对数据的解释），作为进一步综合分析的数据资料。

步骤 2：解释提取的概念，建立关联假设。对提取的关键概念进行定义和解释性描述，根据纳入研究主要关注的健康主题进行分组，并综合每个健康主题中个别研究的关键概念，最终形成五个与健康相关的主题：攻击性行为、药物使用、饮食、性健康和在学校上厕所（图 7-1）。

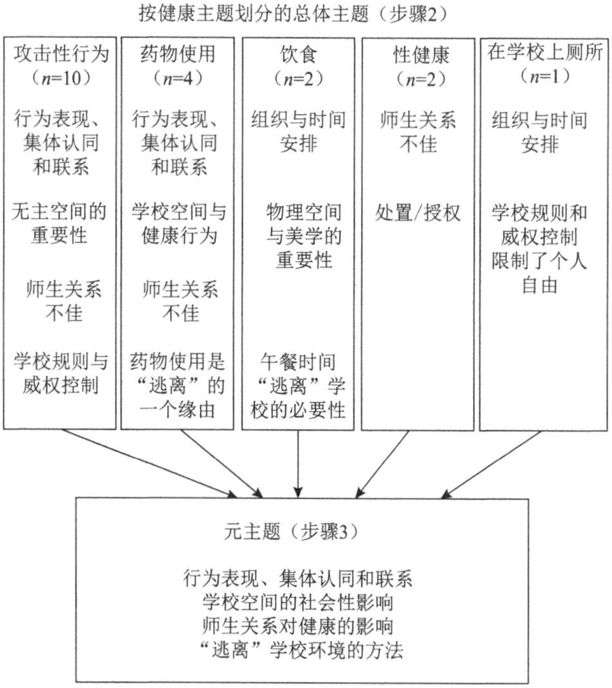

按健康主题划分的总体主题（步骤2）

攻击性行为 ($n=10$)	药物使用 ($n=4$)	饮食 ($n=2$)	性健康 ($n=2$)	在学校上厕所 ($n=1$)
行为表现、集体认同和联系	行为表现、集体认同和联系	组织与时间安排	师生关系不佳	组织与时间安排
无主空间的重要性	学校空间与健康行为	物理空间与美学的重要性	处置/授权	学校规则和威权控制限制了个人自由
师生关系不佳	师生关系不佳	午餐时间"逃离"学校的必要性		
学校规则与威权控制	药物使用是"逃离"的一个缘由			

元主题（步骤3）
行为表现、集体认同和联系
学校空间的社会性影响
师生关系对健康的影响
"逃离"学校环境的方法

图 7-1 对纳入研究进行相互转化生成的 Meta 主题

步骤 3：概念间进行相互转化，形成 Meta 主题。选择质量较高和（或）概念丰富度较高的研究作为"基础"文献，进行数据提取，然后与第二项研究进行对比，

[①] Jamal F, Fletcher A, Harden A, et al. The school environment and student health: A systematic review and meta-ethnography of qualitative research[J]. BMC Public Health, 2013, 13(798): 1-11.

再将这两个研究的合成与第三项研究进行对比,以此类推。通过这种持续比较的方法完成转化,获得 4 个 Meta 主题:①行为表现、集体认同和联系;②学校空间的社会性影响;③师生关系对健康的影响;④"逃离"学校环境的方法(图 7-1)。

步骤 4:综合 Meta 主题,形成最终的概念框架。通过对步骤 3 形成的 Meta 主题进行解释性阅读和跨主题合成,发展出一个关于学校可能影响健康过程的"新论点",即学校环境中有两个系统在运行:一是由同伴领导的学生系统;二是涉及学校管理、教师、学校工作人员和监控等技术的学校机构系统。学生们不仅对学校的教学和监管实践制度系统做出反应,还推广自己对这些教学和监管"指令"的平行、竞争系统。这些系统也受到共同的社会和结构因素的影响,如学生的家庭背景,这可能会限制他们的身份和社会支持的来源,以及限制教师的时间和相应的教育政策。

第二节 主题综合

一、主题综合的基本原理

主题综合是由 EPPI 中心团队的 Thomas 和 Harden 于 2008 年正式提出的,其采用的核心分析技术为主题分析(thematic analysis)。[1]主题分析是一种识别、分析和报告数据模式(或主题)的探究方法,它可以最低限度地整理和描述给定数据集的具体细节,并可以对研究主题进行多方位的解释。主题分析旨在通过分析数据集中的主题以确定主题的内涵,这个过程是由研究者的研究问题驱动的,所以没有必要确定数据中每一个可能的主题,而是专注与研究问题相关的核心主题。主题分析往往是一个探索的过程,研究问题可以随着研究者的编码和主题识别的进展而发展。[2]

主题综合给研究者提供了一种形式化的定性资料合成方法,符合系统评价的目的,即该方法在数据分析的整个过程中为评价人员提供决策和解释的"审计轨迹",使研究者或读者能够直接将结论追溯到其合成所基于的文本。此外,主题综合法可与其他定性证据合成方法结合使用,准确反映各个研究结果内容的主题观点,为系统评价提供更全面的解释。主题综合法兼具实用性和科学性,能够"超越"单个研究的内容并产生新的理论,因此被广泛地用于资料整合中。

---

[1] Thomas J, Harden A. Methods for the thematic synthesis of qualitative research in systematic reviews[J]. BMC Medical Research Methodology, 2008, 8(1): 45.

[2] Braun V, Clarke V. Using thematic analysis in psychology[J]. Qualitative Research in Psychology, 2006, 3(2): 77-101.

二、主题综合的数据合并

（一）主题综合的数据分析策略

主题综合采用的核心技术是主题分析，根据编码原则，主要有以下三种分析策略。[①]

1. 基于可靠性编码的主题分析

基于可靠性编码的主题分析（coding reliability thematic analysis）指在编码过程中优先考虑数据编码的"可靠性"——能准确识别数据中的主题，这个过程通常由多位编码员共同完成。所有编码员在代码本/编码框架的指导下，将数据按预先确定的主题分类，并使用Cohen's kappa计算编码的准确性或可靠性，这个编码过程也被称为共识编码。

2. 基于映射性编码的主题分析

基于映射性编码的主题分析（reflexive thematic analysis）的主要目的是在数据的基础上，对数据提供一致和令人信服的解释。编码中不使用编码本或编码框架，而是基于研究者对数据集的探索和对模式意义的理解，因此该过程是有机的、开放的、迭代的。基于映射性编码的主题分析可以并且经常由一个人完成，该方法不仅是纯定性的，而且是主观的。因此，对数据的解释、编码和主题的生成都是由研究者的学术知识、理论假设、社会地位和文化信仰所支撑的。

3. 基于编码本编码的主题分析

有些主题在全面分析之前就确定了（例如，在数据收集的过程中确定的），并且主题通常被概念化为该领域的概括。基于编码本编码的主题分析（codebook thematic analysis）采用了模板分析和框架分析方法，同时借鉴了基于可靠性编码的主题分析与基于映射性编码的主题分析的基本哲学，是介于"可靠性编码"和"映射性编码"主题分析之间的分析方法。它允许研究人员纳入从数据收集工具中派生的主题和从数据分析过程中生成的主题。

（二）主题综合的数据分析过程

主题综合主要通过"三级诠释"过程确立最终主题，这也是主题综合的关键

[①] Braun V, Clarke V. Reflecting on reflexive thematic analysis[J]. Qualitative Research in Sport, Exercise and Health, 2019, 11（4）: 589-597; Sud D. Thematic analysis part 2: Three schools of thematic analysis and study design recommendations[EB/OL]. [2020-03-06]. https://s4be.cochrane.org/blog/2020/03/06/thematic-analysis-part-2-three-schools-of-thematic-analysis-and-study-design-recommendations/.

与核心步骤。[①]这意味着研究者需要经历三个层次的理解和解释过程。这三个层次分别是描述性诠释、主题性诠释、理论性诠释。

（1）描述性诠释。这是最基础的层次，研究者在这个阶段主要是对数据进行描述，记录下数据中的基本事实和信息，而不进行任何深入的解释或推理。

（2）主题性诠释。在这个阶段，研究者开始从描述性的数据中寻找和识别主题，这些主题是对数据中的某些模式或趋势的初步理解和解释。

（3）理论性诠释。这是最深入的诠释层次，研究者在这个阶段需要将识别出的主题进一步深化和发展，形成对数据的深层次理解和解释，通常需要借助某种理论框架来进行。

以学生对在线学习的态度为例，我们可以通过主题综合分析三级诠释过程，深入理解、分析和解释数据。在描述性诠释阶段，我们通过反复阅读每一篇访谈文本，记录下学生在在线学习中遇到的困难，如技术问题、缺乏互动、难以集中注意力等。接下来，在主题性诠释阶段，我们通过进一步的分析，识别出一些主题，如"技术挑战"、"社交孤立"和"自我调节困难"。这些主题提供了对学生在线学习困难的更深入的理解。最后，在理论性诠释阶段，我们引入一些教育理论来解释我们的发现。例如，我们可能会使用社会建构主义理论来解释学生在缺乏面对面互动的情况下为什么会感到孤立，或者使用自我决定理论来解释学生在家中学习时为什么会有自我调节的困难。[②]

主题综合的三级诠释过程是相互关联的，研究者在分析过程中需要不断地在这三个层次之间来回切换，以确保对数据的全面和深入理解。同时，这三个层次也反映了研究者在分析过程中对数据理解的深度和广度，从基础的描述，到初步的主题识别，再到深入的理论解释，每一个层次都需要研究者有足够的耐心和细致的观察。

第三节 批判性解释综合

一、批判性解释综合的基本原理

（一）批判性解释综合的内涵与特征

批判性解释综合（CIS）是基于 Meta 民族志总结出的一种资料综合方法，主

[①] 胡晓玲，柳春艳. 循证教育学概论[M]. 北京：中国社会科学出版社，2021：129-130.
[②] Yeung M W L, Yau A H Y. A thematic analysis of higher education students' perceptions of online learning in Hong Kong under COVID-19: Challenges, strategies and support[J]. Education and Information Technologies, 2022, 27(1): 181-208.

要通过反复的评估和质询来探究各种结果之间的相关性，对其关联的层次以及关联程度做进一步的发掘。CIS 既借鉴了定性研究的传统，也借鉴了系统评价的方法论，可以用来综合定性和定量形式的证据。它并不是一个固有的可重复的过程，但可以在其他理论的基础上对研究问题进行辩护，是对传统系统评价的重要补充。

与前面两种定性研究分析方法相比，CIS 在研究对象、研究目的、研究过程、分析方法和研究结果方面具有鲜明的特点。在研究对象方面，CIS 以原始文献为研究对象进行批判而不是批判性评估，因此，可以纳入所有类型的证据（如定性研究、定量研究和理论研究）；在研究目的方面，CIS 旨在质疑"常态科学"中的惯例，以及回答"哪些因素会如何影响决策者选择具体的解决方案"；在研究过程方面，CIS 并不遵循传统系统评价中离散的检索、筛选、评价和综合过程，相反，CIS 的过程是高度迭代的，即允许在批判与重新定义、调查研究、重新批判和重新综合证据之间交叉互动，这为证据综合和主题定义创造了流动性，因此理论饱和才是 CIS 的终点而非传统的先验目标[1]；在分析方法方面，CIS 以解释性的分析为主要特点，更多地应用于对某种现象、重大的事件以及各种经验等方面的阐释，因此更适合评价研究过程复杂的文献，其能针对研究过程中所存在的问题、研究结果中的推断性结论，以及最终对决策选择所产生的影响进行不断的质询、理解和评估[2]；在研究结果方面，CIS 可在对原始文献批判的基础上，建立一个新的理论或框架。

（二）批判性解释综合的理论基础

CIS 主要以扎根理论和中层理论（theories of middle range）为基础，对原始文献中的论据和论点进行批判，其中扎根理论详见本章第一节 Meta 民族志。

"中层理论"由美国社会学家 R. K. 默顿在 1949 年出版的《社会理论与社会结构》中首次提出。他认为，宏观理论太抽象、太空泛，无法检验，无法证实，缺乏精确性与操作性，而微观理论太具体、太琐碎，容易陷入钻牛角尖的危险，缺乏普遍性与实用性，因此政治学研究应当努力发展中层理论，既关注一般社会政治问题，又能提出切实可行的理论假设；既有价值取向的指导，又有事实证据的支持。根据默顿的定义，中层理论既非日常研究中广泛涉及的微观且必要的操作性假设，也不是一个包罗一切、用以解释所有我们可以观察到的社会行为、社会组织和社会变迁的一致性的自成体系的统一理论，而是介于日常研究中低层次

---

[1] Lin S, Melendez-Torres G J. Critical interpretive synthesis of barriers and facilitators to TB treatment in immigrant populations[J]. Tropical Medicine & International Health, 2017, 22(10): 1206-1222.

[2] Barnett-Page E, Thomas J. Methods for the synthesis of qualitative research: A critical review[J]. BMC Medical Research Methodology, 2009, 9(1): 1-11.

的与无所不包的系统化的统一理论之间的那类理论，旨在弥合经验研究和理论研究之间的鸿沟。[1]中层理论在循证研究中的应用请参考 Howard White 的著作。[2]

二、批判性解释综合的数据分析

CIS 是一种灵活的证据综合方法，其分析过程都是动态迭代的。在初始阶段，研究问题保持开放状态，通过反复批判性探讨，逐步完善直至评价结束，从而确立最终的研究问题。另外，CIS 除了采用更为结构化的方法，还启动了广泛的搜索策略，包括网站检索、参考文献追踪以及专家咨询。文献筛选依据潜在相关性进行，旨在有目的地筛选，并制定灵活的纳入标准。这一过程不一定是为了识别和纳入所有相关文献；文献筛选的重点是基于理论的饱和原则。此外，CIS 对文献的质量评估主要依赖文献的内容、文献潜在的相关性，以及对 CIS 的理论贡献。因此，有"严重缺陷"的文献将在证据综合阶段被排除。在数据提取过程中，CIS 要求不断地反思，要求研究者通过将文献置于其背景中，对材料进行持续的批判。在此过程中，可使用研究本身的语言确定重复出现的主题，进而构建新的理论框架。最后，通过不断比较概念与数据，确定它们之间的关系，进而发展出一个经过综合论证的、连贯的理论框架。[3]

以《幼小衔接过程中幼儿健康和幸福的批判性解释综合》（Young children's health and wellbeing across the transition to school: A critical interpretive synthesis）为例，对 CIS 的动态分析过程进行解读。

（1）动态的研究问题。在 CIS 开始之前，初始的研究问题为"传统（非综合）和综合方法如何以及以何种方式影响幼儿的健康和幸福？"，随着研究问题和纳入排除标准在数据的提取、分析和批判的过程中被反复修改，最终确定的研究问题为"如何利用社会指标和社会批判性的方式来看待健康和教育以了解儿童从家庭过渡到学校的健康和幸福状况？"[4]。

（2）动态的文献检索和筛选。研究者在文献检索过程中采用了多种检索策略来识别与初始研究问题相关的文献。例如，数据库检索、专家咨询、参考文献检索等。在文献筛选过程中，研究者采用目的抽样，选择出与研究问题高度相关的论文。在评价的反复阶段使用理论抽样，提出被确定为不再相关的文献，并使用

---

[1] 吴肃然，陈欣琦. 中层理论：回顾与反思[J]. 社会学评论，2015，3(4)：30-43.

[2] White H. Using mid range theory to enhance transferability of study findings[EB/OL]. [2020-04-09]. https://cedilprogramme.org/wp-content/uploads/2020/04/Mid-range-theory-for-transferability-of-study-findings.pdf.

[3] Depraetere J, Vandeviver C, Keygnaert I, et al. The critical interpretive synthesis: An assessment of reporting practices[J]. International Journal of Social Research Methodology, 2021, 24(6): 669-689.

[4] Fane J, MacDougall C, Redmond G, et al. Young children's health and wellbeing across the transition to school: A critical interpretive synthesis[J]. Children Australia, 2016, 41(2): 126-140.

上述检索策略增加文献。

（3）动态的数据提取。在数据提取过程中，每一篇文献都经过严格的检查，确定并提取单个研究的目标、方法、框架、工具和关键发现这五个方面。在提取数据的同时，还需对每篇文献进行批判性分析，以调查论文/报告是如何在文献中呈现、表达或定位的。随着研究问题的逐渐清晰化，数据提取的内容也需要随之进行调整。

（4）动态的数据分析。CIS 的数据分析在反复和交互的阶段揭示了各种潜在的主题和子主题。在这些主题出现的同时，需要识别和编码各个主题的记录模式、类别和频率，而早期涌现的主题通过递归和反思性过程得以进一步发展。在这个过程中，因为需要与正在挖掘的主题和理论结构进行比较，多数文献都进行了多次检查和分析。最后，根据各个主题在整个文献中出现的频率以及它们被提及的论文数量来确定主题的重要程度。

第八章 循证研究的撰写与报告规范

第一节 系统评价的报告规范

系统评价/Meta 分析被决策者认为是重要的证据来源之一[1]。完整和透明地报告系统评价/Meta 分析能够使用户评估系统评价/Meta 分析的可信度和价值。报告规范是针对某种类型的研究或文件进行清晰、明确、系统报告的标准化格式[2]。为了提高系统评价/Meta 分析的报告质量，各国研究者制定了一系列相关的报告规范。早在 1999 年加拿大渥太华大学的大卫·莫赫（David Moher）教授等就制定了针对随机对照试验 Meta 分析的报告规范 QUOROM（quality of reporting of meta-analysis）[3]，2009 年该报告规范被修订为系统评价和 Meta 分析优先报告条目——PRISMA[4]，该条目最新版本为 PRISMA 2020[5]。此外，还有专门为定性系统评价制定的报告标准，如定性系统评价的报告规范 ENTREQ（enhancing transparency in reporting the synthesis of qualitative research）[6]、Meta 民族志报告规范（eMERGe）[7]、现实主义综合 RAMESES 报告规范[8]等。Cochrane 协作网和 Campbell 协作网也分别制定了 Cochrane 系统评价和 Campbell 系统评价写作的专

---

[1] Donnelly C A, Boyd I, Campbell P, et al. Four principles to make evidence synthesis more useful for policy[J]. Nature, 2018, 558(7710): 361-364.

[2] 姚亮, 陈耀龙, 王琪, 等. 病例报告的报告规范解读[J]. 中国循证儿科杂志, 2014, 9(3): 216-219.

[3] Moher D, Cook D J, Eastwood S, et al. Improving the quality of reports of meta-analyses of randomised controlled trials: The QUOROM statement[J]. The Lancet, 1999, 354(9193): 1896-1900.

[4] Moher D, Liberati A, Tetzlaff J, et al. Preferred reporting items for systematic reviews and meta-analyses: The PRISMA statement[J]. International Journal of Surgery, 2010, 8(5): 336-341.

[5] Page M J, McKenzie J E, Bossuyt P M, et al. The PRISMA 2020 statement: An updated guideline for reporting systematic reviews[J]. International Journal of Surgery, 2021, 88: 105906.

[6] Tong A, Flemming K, McInnes E, et al. Enhancing transparency in reporting the synthesis of qualitative research: ENTREQ[J]. BMC Medical Research Methodology, 2012, 12(1): 181.

[7] France E F, Cunningham M, Ring N, et al. Improving reporting of meta-ethnography: The eMERGe reporting guidance[J]. BMC Medical Research Methodology, 2019, 19(1): 25.

[8] Wong G, Greenhalgh T, Westhorp G, et al. RAMESES publication standards: Realist syntheses[J]. BMC Medicine, 2013, 11(1): 21.

用报告格式。Campbell 等制定了专用于无 Meta 分析数据合成（SWiM）的系统评价报告规范[1]。还有国内刘宇等人制定的"开放与可重复荟萃分析的报告清单"（Preferred Reporting Items for Open and Reproducible Meta-analysis，PRIOR-MA）[2]等多种报告规范。

一、定量研究系统评价报告规范

1999 年，为提高随机对照试验 Meta 分析的报告质量，由 30 名临床流行病学家、临床医生、统计学家、编辑和研究人员组成的小组，制定了 QUOROM 报告规范[3]。QUOROM 报告规范所涉及的条目分为题目、摘要、引言、方法、结果和讨论 6 大部分 18 个条目。为进一步帮助研究者改进系统评价/Meta 分析的撰写和报告，2009 年，以大卫·莫赫为代表的小组对 QUOROM 进行了修订和总结，将其修订为系统评价/Meta 分析优先报告条目（PRISMA）。PRISMA 包括 7 个方面，27 个条目和 1 个四阶段的流程图[4]。目前，PRISMA 有多种扩展声明，如系统评价不同阶段（系统评价/Meta 分析研究方案的优先报告条目——PRISMA-Protocol[5]），具有特殊关注领域的系统评价（如安全性系统评价优先报告条目 PRISMA-Harms[6]、公平性系统评价/Meta 分析的优先报告条目 PRISMA-Equity[7]）及使用特定方法的系统评价（如网状 Meta 分析优先报告条目、诊断准确性试验的系统评价/Meta 分析优先报告条目 PRISMA-DTA[8]）等。

自 PRISMA 2009 声明发表以来，系统评价方面出现了许多创新。例如，技术

---

[1] Campbell M, McKenzie J E, Sowden A, et al. Synthesis without meta-analysis (SWiM) in systematic reviews: Reporting guideline[J]. BMJ, 2020, 368: l6890.

[2] 刘宇, 陈树铨, 樊富珉, 等. 开放式荟萃分析的规范化报告[J]. 中国科学(生命科学), 2021, 51(6): 764-778.

[3] Moher D, Cook D J, Eastwood S, et al. Improving the quality of reports of meta-analyses of randomised controlled trials: The QUOROM statement[J]. The Lancet, 1999, 354(9193): 1896-1900.

[4] Moher D, Liberati A, Tetzlaff J, et al. Preferred reporting items for systematic reviews and meta-analyses: The PRISMA statement[J]. International Journal of Surgery, 2010, 8(5): 336-341.

[5] Shamseer L, Moher D, Clarke M, et al. Preferred reporting items for systematic review and meta-analysis protocols (PRISMA-P) 2015: Elaboration and explanation[J]. BMJ, 2015, 354: 4086.

[6] Zorzela L, Loke Y K, Ioannidis J P, et al. PRISMA harms checklist: Improving harms reporting in systematic reviews[J]. BMJ, 2016, 352(8043): i157.

[7] Welch V, Petticrew M, Tugwell P, et al. PRISMA-Equity 2012 extension: Reporting guidelines for systematic reviews with a focus on health equity[J]. PLoS Medicine, 2012, 9(10): e1001333.

[8] Hutton B, Salanti G, Caldwell D M, et al. The PRISMA extension statement for reporting of systematic reviews incorporating network meta-analyses of health care interventions: Checklist and explanations[J]. Annals of Internal Medicine, 2015, 162(11): 777-784.

进步使得可以使用自然语言处理和机器学习来识别相关证据[1]；新的评估纳入研究偏倚风险的方法等。为了适应新的变化，研究人员对 PRISMA 2009 进行了更新和修订，形成了 PRISMA 2020[2]。PRISMA 2020 适用范围更广，主要适用于评估健康干预措施效果的系统评价，还适用于其他领域的干预性系统评价（其中一些条目也可用于非干预措施的系统评价），开展了 Meta 分析的系统评价和没有数据合并的系统评价。不仅适用于原始系统评价、更新的系统评价，还适用于动态更新的系统评价。

PRISMA 2020 报告规范分为标题、摘要、前言、方法、结果、讨论和其他信息 7 个部分，共包含 27 个条目（42 个次级条目），见表 8-1。PRISMA 2020 摘要清单共 12 个条目（表 8-2）。

表 8-1 PRISMA 2020 条目清单

章节/主题		编号	条目清单
标题		1	明确报告该研究为系统评价
摘要		2	PRISMA 2020 摘要清单见表 8-2
前言	理论基础	3	阐述已知背景下系统评价的理论基础
	目的	4	对系统评价的目的或问题进行清晰阐述
方法	纳入标准	5	明确纳入和排除标准及如何将研究分组以进行合成
	信息来源	6	明确所有检索或查询的数据库、注册平台、网站、组织机构、参考文献清单或其他资源，以及每个资料来源最后检索的日期
	检索	7	呈现所有数据库、注册平台、网站的全部检索策略，包括所使用的过滤器和限定条件
	研究选择	8	明确筛选过程使用的方法，包括筛选的研究人员数量，是否独立筛选。如果适用，应详细说明过程中使用的自动化工具
	资料提取	9	明确数据提取使用的方法，包括提取数据的研究人员数量，是否独立提取，任何向原文作者获取或确认资料的过程。如果适用，应详细说明过程中使用的自动化工具
	资料条目	10a	列出并定义所有需要获取数据的结局指标。明确是否提取每个研究中与设定结局指标相符（如测量方法、时间点、分析方法）的所有结果。若不是，则应描述收集特定结果的方法

---

[1] O'Mara-Eves A, Thomas J, McNaught J, et al. Using text mining for study identification in systematic reviews: A systematic review of current approaches[J]. Systematic Reviews, 2015, 4(1): 5; Marshall I J, Noel-Storr A, Kuiper J, et al. Machine learning for identifying randomized controlled trials: An evaluation and practitioner's guide[J]. Research Synthesis Methods, 2018, 9(4): 602-614; Marshall I J, Wallace B C. Toward systematic review automation: A practical guide to using machine learning tools in research synthesis[J]. Systematic Reviews, 2019, 8(1): 163.

[2] Page M J, McKenzie J E, Bossuyt P M, et al. The PRISMA 2020 statement: An updated guideline for reporting systematic reviews[J]. International Journal of Surgery, 2021, 88: 105906.

续表

章节/主题		编号	条目清单
方法	资料条目	10b	列出并定义需要获取数据的所有其他变量（如参与者和干预措施的特征、资金来源）。描述针对缺失数据或模糊信息做出的任何假设
	单个研究存在的偏倚	11	明确描述用于评价纳入研究偏倚风险的方法，包括使用的评价工具、评价人员数量及评价人员是否独立评价。如果适用，应详细说明过程中使用的自动化工具
	合并效应指标	12	说明每个结局数据合成或结果呈现时使用的效应指标（如 RR、MD）
	结果综合	13a	描述确定每个数据合成中所纳入研究的方法［如将研究特征制成表格并与每个计划的数据合成组进行比较（条目5）］
		13b	描述数据合成前的预处理，如处理缺失数据、转换数据
		13c	描述用于展示单个研究结果以及综合结果图或表的方法
		13d	描述用于结果合成的方法并说明选择相应方法的理由。如果进行了 Meta 分析，应描述用于探索统计学异质性的模型、方法及软件包
		13e	描述探索研究结果间异质性的方法（如亚组分析、Meta 回归分析）
		13f	描述评价合并结果稳定性所开展的敏感性分析
	研究偏倚	14	描述用于评价数据合成中缺失结果所致偏倚风险的评估方法（报告偏倚）
	可信度评估	15	描述用于评价每个结局证据质量的方法
结果	研究选择	16a	描述检索和筛选过程的结果，从最初检索获取的文献数量到最终纳入研究的数量，最好提供流程图
		16b	列出似乎符合纳入标准但被排除的研究，并说明排除原因
	研究特征	17	列出每个纳入研究并呈现其特征
	研究内部偏倚风险	18	呈现每个纳入研究偏倚风险评估的结果
	单个研究结果	19	针对所有结局指标，说明每个研究每组的统计概述（如果可行）和效应量及精度（如置信/可信区间），最好使用结构式表格或图形
	结果的综合	20a	对于每个合成结果，说明其特征及研究间的偏倚风险
		20b	呈现所有统计合成的结果。如果开展了 Meta 分析，呈现每个 Meta 分析的合并效应量、精度（如置信/可信区间）及异质性检验结果。如果是不同组的比较，需描述效应方向
		20c	呈现研究间异质性可能来源探索的结果
		20d	呈现敏感性分析的结果，以便评价合成结果的稳定性
	报告偏倚	21	呈现每个合成结果中缺失结果所致偏倚风险评估的情况（报告偏倚）

续表

章节/主题		编号	条目清单
结果	证据可信度	22	呈现每个结局指标证据质量分级的评估结果
讨论		23a	在其他证据基础上对结果进行解释
		23b	讨论系统评价中纳入的证据的局限性
		23c	讨论研究过程中的局限性
		23d	讨论研究结果对实践、政策以及未来研究的意义
其他信息	注册和计划书	24a	提供注册信息，包括注册名、注册号或声明未进行注册
		24b	提供计划书的获取途径或声明无计划书
		24c	描述并解释对注册内容或计划书中信息的任何修改
	资金支持	25	描述系统评价的资金来源及资金支持者在系统评价过程中所起的作用，或声明无资金支持
	利益冲突	26	声明系统评价作者的利益冲突
	数据、代码和其他材料的获取	27	报告以下哪些信息是公开的，并提供获取途径：数据提取表模板、纳入研究的数据、用于分析的数据、数据分析代码、系统评价中使用的其他资料

资料来源：高亚，刘明，杨珂璐，等. 系统评价报告规范：PRISMA 2020 与 PRISMA 2009 的对比分析与实例解读[J]. 中国循证医学杂志，2021，21(5)：606-616

表 8-2 PRISMA 2020 摘要清单

项目		编号	内容
标题		1	明确报告该研究为系统评价
背景（目的）		2	清晰描述该系统评价研究的主要目的或问题
方法	合适的标准	3	报告纳入和排除标准
	信息来源	4	报告文献的信息来源（如数据库，注册平台）及每个资源最后检索的日期
	偏倚风险	5	描述用于评价纳入研究偏倚风险的方法
	结果合成	6	明确结果合成及呈现的方法
结果	纳入研究	7	呈现纳入研究和研究对象的数量，每个研究的相关特征
	结果合成	8	报告主要结果，最好呈现每个结果中的研究数量和受试者数量。如果进行了 Meta 分析，报告合并效应量及置信/可信区间。如果进行了不同组的比较，需描述效应方向（支持哪个组）
讨论	证据局限性	9	简单总结纳入证据的局限性（如研究的偏倚风险、不一致性和不精确性）
	解释	10	简要解释结果及结果的重要意义

续表

项目		编号	内容
其他	资金	11	明确该系统评价的主要资金来源
	注册	12	提供注册题目及注册号

二、定性研究系统评价报告规范

(一)定性系统评价的报告规范 ENTREQ

根据在使用、发表、审查和指导定性卫生研究合成中的经验,研发小组确定了定性研究合成报告指南的必要性,并在"2010年加拿大温哥华定性卫生研究合成国际研讨会"和"2011年澳大利亚悉尼定性卫生研究协作研讨会"之后分别进行了任务报告说明。还借鉴大卫·莫赫及其同事在《健康相关研究的报告规范发展指南》[1]中提供的步骤,初步确定了定性研究综合报告指南。

为了测试研发小组设计的初步框架并确定纳入标准的每个条目,研发小组选择40篇已发表的定性研究合成对初步框架进行测试,并进行了一系列修改,包括删除重复条目和阐述条目中有歧义的部分,最终确定了提高定性研究合成报告透明度指南(ENTREQ)[2]。旨在提高定性研究合成报告的透明度,帮助终端用户明确应用的核心步骤,并提供一个评价工具,帮助澄清各种用于描述定性合成过程中的概念和术语。ENTREQ指南主要针对定性卫生研究的合成,也适合作为其他类型定性研究合成报告的基础规范,尤其是对干预措施进行评价的定性研究。同时,ENTREQ还适用于对已发表的定性研究合成的严格评价。[3]

ENTREQ指南包含21个条目,分为5个主要领域:背景、方法和方法论、文献检索和选择、评价、结果的合成(表8-3)。具体每个领域及其相关条目的原理参考Tong等的研究。[4]

---

[1] Moher D, Schulz K F, Simera I, et al. Guidance for developers of health research reporting guidelines[J]. PLoS Medicine, 2010, 7(2): e1000217.

[2] Tong A, Flemming K, McInnes E, et al. Enhancing transparency in reporting the synthesis of qualitative research: ENTREQ[J]. BMC Medical Research Methodology, 2012, 12(1): 181.

[3] 钟珍梅,刘少堃,赵舒煊,等.提高定性研究合成报告透明度(ENTREQ)的指南解读[J].循证医学,2015,15(5): 309-313.

[4] Tong A, Flemming K, McInnes E, et al. Enhancing transparency in reporting the synthesis of qualitative research: ENTREQ[J]. BMC Medical Research Methodology, 2012, 12(1): 181.

表 8-3　ENTREQ 指南的条目、指导和描述

编号	条目	指导和描述
1	目的	陈述研究问题及合成写法
2	合成方法学	确定支撑合成的方法或理论框架，并根据选择的方法阐述原理（例如，Meta 民族志、主题分析综合法、关键解释合成、扎根理论合成、现实主义综合法、累积 Meta 分析、Meta 研究、框架合成）
3	检索方法	指出检索是否预先计划（包括制定全面的检索策略去寻找所有可用的研究）或可重复（寻找所有可用的概念直到达到理论性饱和）
4	纳入标准	详细说明纳入排除标准（如依据人口、语言、年份、出版物的类型、研究类型）
5	资料来源	当进行检索时，描述所使用的信息来源[例如，电子数据库（MEDLINE、EMBASE、CINAHL、PaycINFO、Econlit）、灰色文献数据库（如数字论文和政策报告）、相关组织网站、专家意见、通用网站搜索（Google 学术搜索）、手工检索、参考文献]，并提供使用这些资料来源的理由
6	电子检索策略	描述文献检索的过程（如提供带有与人口、临床或健康主题、经验或社会能力等方面相关术语的电子检索策略，定性研究过滤器和检索限制）
7	研究筛选方法	描述研究筛选的过程（如依据标题、摘要或全文进行筛选，以及筛选研究的独立评价者数量
8	研究特征	说明纳入研究的特征（如出版年份、国家、参与者数量、资料收集过程、研究方法学、资料分析方式及研究问题）
9	研究筛选结果	确定筛选出来的研究数量并提供排除研究的原因[如进行全面的检索，提供纳入研究的数量和排除研究的理由，并用图/流程图表示；重复检索并分别描述纳入排除标准是基于研究问题的修改，和（或）对理论发展做出的贡献]
10	评价的基本原理	描述用于评价纳入研究特征或选定结果的基本原理和方法（如行为的有效性和稳定性评价，报告的透明度评价，结果的内容及效用评价）
11	评价条目	陈述用于评价研究和选择结果的工具，如现有的工具（CASP、QARI、COREQ、Mays、Pope）或评价者开发的工具，并描述和评估研究小组、研究设计、资料分析及解释、报告规范等方面的情况
12	评价过程	指出评价是否由多个评价者独立进行及是否需要达成共识
13	评价结果	说明质量评价的结果，如果有可能的话，指出哪些研究是基于评价衡量/排除的，并给出理由
14	资料提取	说明对主要研究的哪些部分进行了分析及资料如何从主要研究中提取（例如，所有文本标题下的"结果/结论"都以电子信息的方式录入计算机软件）
15	软件	如果有，请说明所使用的计算机软件
16	评价者数量	确定参与资料编码和分析的人员
17	编码	描述资料编码的过程（如逐行编码每个检索概念）
18	研究对比	描述研究内部和研究之间如何设置对比（如，后续研究是被编码到预先存在的设想中的，新设想是在必要时创建的）

编号	条目	指导和描述
19	主题来源	解释主题或概念产生的过程是归纳的还是演绎的
20	引用	提供主要研究的引文来说明主题/概念，并确定其是否为引文
21	合成结果	说明丰富的、引人注目的和超越主要研究总结的新见解（如新的解释、证据模型、概念模型、分析框架、新的理论或概念的发展）

资料来源：钟珍梅，刘少堃，赵舒煊，等. 提高定性研究合成报告透明度（ENTREQ）的指南解读[J]. 循证医学，2015，15(5)：309-313.

（二）报告指南 eMERGe

Meta 民族志是 1988 年社会学家 George W. Noblit 等[1]应用于教育领域的一种基于社会比较理论的，可能产生理论和概念性解释的定性证据综合方法。虽然越来越多的学科使用 Meta 民族志作为定性证据综合方法，但是已发表的 Meta 民族志的报告质量参差不齐[2]。

为提高 Meta 民族志报告的透明度和完整性，从而最大限度地提高 Meta 民族志为健康、社会护理和其他学科（如教育）提供有力证据的能力。在英国国家卫生研究所（National Institute for Health Research，NIHR）的资助下，英国斯特灵大学 France 教授牵头，与多名护理学、公共卫生、心理学和社会学专业的科研人员共同制定了第一个专门针对 Meta 民族志研究的报告指南——eMERGe[3]。

eMERGe 指南由三部分构成。第一部分：Meta 民族志报告标准（表 8-4）。该报告标准包含 Meta 民族志的 7 个阶段，由 19 个条目组成。第二部分：详细解释说明如何应用该指南的报告标准。第三部分：延伸，用于报告并非每个 Meta 民族志所共有的步骤和过程，可作为整合结果的补充材料。

表 8-4　Meta 民族志报告标准

编号	条目	报告标准
第 1 阶段：选择 Meta 民族志并开始		
前言	1. Meta 民族志的原理和背景	描述 Meta 民族志要填补的研究或知识空白，以及 Meta 民族志的更广泛背景

---

[1] Noblit G W, Hare R D, Hare R D. Meta-ethnography: Synthesizing Qualitative Studies[M]. New York: Sage Publications Inc, 1988.

[2] France E F, Ring N, Thomas R, et al. A methodological systematic review of what's wrong with meta-ethnography reporting[J]. BMC Medical Research Methodology, 2014, 14(1): 119.

[3] Campbell R, Pound P, Morgan M, et al. Evaluating meta-ethnography: Systematic analysis and synthesis of qualitative research[J]. Health Technology Assessment, 2011, 15(43): 1-164.

续表

编号	条目	报告标准
前言	2. Meta 民族志的目的	描述进行 Meta 民族志研究的目的
	3. Meta 民族志的焦点	描述 Meta 民族志审查的主要问题（或目标）
	4. 采用 Meta 民族志的理由	解释为什么 Meta 民族志是最适合本研究采用的定性综合方法
第 2 阶段：确定研究选题			
方法	5. 文献检索策略	描述文献检索策略的基本原理
	6. 文献检索流程	描述如何进行文献检索，以及由谁进行检索
	7. 选择原始研究	描述研究筛选和选择的过程，以及参与的人员
结果	8. 研究选择的结果	描述研究检索和筛选的结果
第 3 阶段：阅读纳入的研究			
方法	9. 阅读和数据提取方法	描述阅读和数据提取的方法和过程
结果	10. 介绍纳入研究的特征	描述纳入研究的特征
第 4 阶段：确定研究之间的关系			
方法	11. 确定研究之间关系的程序	描述确定研究之间如何相关的方法和过程；说明比较研究的哪些方面，以及比较研究的方式
结果	12. 相关研究的结果	描述研究之间的关系
第 5 阶段：研究报告相互转化			
方法	13. 研究"转化"的过程	描述"转化"的方法： （1）说明为维护研究报告内和研究报告间概念关系的背景和意义而采取的步骤； （2）说明采取何种研究类型，互译还是驳译； （3）说明在"转化"中如何考虑潜在的替代性解释或说明
结果	14. "转化"结果	描述"转化"的解释性发现
第 6 阶段：整合"转化"			
方法	15. 整合过程	（1）描述用于发展总体概念（"综合转化"）的方法； （2）说明在综合报告中如何考虑潜在的替代性解释
结果	16. 整合过程的结果	描述在整合过程中形成的新理论、概念框架、模型、构造或对数据的解释
第 7 阶段：发表综合结果			
讨论	17. 对结果进行总结概括	总结"转化"和综合的主要解释结果，并与现有文献进行比较

续表

编号	条目	报告标准
讨论	18. 优势、局限性及反思	反思并描述综合的优势和局限性： （1）方法学方面：例如，描述综合结果如何受到所纳入研究性质的影响及 Meta 民族志如何实施； （2）反思：研究小组成员对综合结果的影响
	19. 建议和结论	描述该综合报告的影响

资料来源：丁传琦，金静芬，朱俊红，等. 元民族志研究方法及报告标准[J]. 护理学杂志，2021，36(11)：90-93，101

（三）现实主义方法学（RAMESES）

现实主义整合也称为现实主义综述，是现实主义哲学视角下，对某些情境或特殊背景下复杂干预开展的一种理论驱动的系统综述方法[1]。

为了使研究人员和同行评审者能够严谨地使用此方法、读者能够得到必要和有效的信息，社会学教授雷·鲍森（Ray Pawson）等学者组成了现实主义方法学 RAMESES（realist and meta-narrative evidence syntheses：evolving standards）项目研究团队，形成了初步的现实主义整合的原则，并邀请了6个国家/地区的37名公共或人口卫生、证据综合、卫生服务、国际发展、教育等研究人员，以及研究方法学、学术期刊发表、护理、政策和决策领域的专家进行了德尔菲法函询。最后，研究人员达成共识形成了RAMESES报告规范[2]。

RAMESES 报告规范包含标题、摘要、引言、方法、结果、讨论、结论和建议、资金支持8个部分共19个条目（表8-5）。更多RAMESES信息请参阅RAMESES网站 http:/ramesesproject.org/。

表 8-5 RAMESES 报告规范条目

结构	编号	条目
标题	1	在标题中明确报告的类型：现实主义整合或现实主义综述，两者均可，为相同术语
摘要	2	在明确出版要求和形式的同时，摘要应包含简要的研究背景、研究整合问题或目标；检索策略，即文献的筛选、评价、分析和整合方法；主要结果以及对实践的启示
引言	立题依据	3	解释开展本次现实主义整合的原因，以及对主题领域现有知识的贡献

---

[1] Pawson R, Greenhalgh T, Harvey G, et al. Realist review-a new method of systematic review designed for complex policy interventions[J]. Journal of Health Services Research & Policy, 2005, 10(suppl 1): 21-34.

[2] Wong G, Greenhalgh T, Westhorp G, et al. RAMESES publication standards: Realist syntheses[J]. BMC Medicine, 2013, 11(1): 21.

续表

结构		编号	条目
引言	目的与主题	4	说明整合的目的和（或）问题。定义整合的主题并提供理论论证。应用现实主义逻辑来阐述该问题
方法	整合过程中的变更	5	整合过程中对任何不同于最初研究计划的更改，需简要描述并解释
	使用现实主义整合的理由	6	阐述为什么使用现实主义整合是最适当的方法
	界定文献范围	7	描述并解释文献范围探索的最初过程
	检索过程	8	详细说明在检索中所获取的资料的来源，检索应以整合的目标和焦点为指导。例如，在电子数据库中进行的检索，应详细列明数据库名称、检索词、检索的时间范围和最后的检索日期。如果咨询了熟知相关文献和（或）主题领域的研究者，说明选择他们的原因
	文献筛选和评价	9	解释如何纳入和排除文献，并说明做法的合理性。对任何部分数据的贡献评价应基于两个标准： （1）相关性——是否有助于理论的构建或验证； （2）严谨性——用于生成特定数据的方法是否可行、可信
	数据提取	10	阐述从纳入的文献中提取的数据或信息，并说明其合理性
	分析和整合过程	11	现实主义遵循因果关系的生成性解释，感兴趣的结局（O）是由情境（C）中触发的相关机制（M）产生的。描述文献中可能会反复出现的结局模式及其相关的机制和情境（CMO配置）
结果	文献流程图	12	详细说明经评价符合标准纳入的文献数量，以及每一阶段文献被排除的原因，并说明文献来源（例如，检索的数据库出处等）
	文献特征	13	列出整合中纳入文献的特征
	主要结果	14	（1）确切列出关注理论构建和验证的关键结果； （2）列出主要发现，重点阐述关于理论的构建和验证
讨论	总结结果	15	在充分考虑研究目的、研究问题、研究主题及目标读者的情况下，总结主要结果
	优势、局限性及未来研究方向	16	讨论本研究的优势和局限性，包括（但不局限于）研究过程中的所有步骤和对本现实主义整合所凝练出的解释性见解的支撑证据，评价研究的整体质量。局限性部分可以指出未来需要做进一步探索的领域
	与现有文献比较	17	在适用的情况下，将本现实主义整合的发现与现有同一主题的文献（例如，其他综述）进行比较
	结论和建议	18	列出结果的主要启示，并结合其他相关文献进行阐释，可为政策制定和实践提出建议。需要将研究结果部分与研究启示部分联系起来
	资金支持	19	请详细说明本研究的资助来源（如果有）、资助人的角色（如果有）及作者的任何利益冲突

资料来源：徐蕾，胡雁，王静，等. 现实主义整合的RAMESES报告规范简介及解读[J]. 护士进修杂志, 2022, 37(5): 385-389

三、Cochrane 和 Campbell 系统评价、EGMs 的报告规范

(一) Cochrane 系统评价报告规范

2012 年，Cochrane 推出了"Cochrane 干预性系统评价的方法学预期"（Methodological Expectations of Cochrane Intervention Reviews，MECIR），这是用来指导 Cochrane 干预性系统评价的实施和报告的。目前最新版本修订于 2023 年 8 月，该版本涵盖了新 Cochrane 干预性系统评价计划书、全文的实施和报告标准，以及 Cochrane 干预性系统评价更新的计划、实施和报告标准。其中新 Cochrane 干预性系统评价计划书报告标准[Standards for the reporting of protocols of new Cochrane Intervention Reviews（PR1-PR44）]包括标题和作者、摘要、背景、目的、纳入排除标准、检索方法、数据提取和分析、致谢、作者贡献、利益声明、资金支持 11 个部分 44 个条目。报告标准对条目的状态进行了简单的划分，包括：①强制要求，即没有报告便不能发表，如所有作者的姓名和机构单位；②强烈建议，大多数情况下都需要报告，但在合理的情况下可以例外，如其他资源的检索策略。

新 Cochrane 干预性系统评价报告标准[Standards for the reporting of new Cochrane Intervention Reviews（R1-R109）]包括标题和作者、摘要、背景、方法、结果、讨论、作者的结论、致谢、作者贡献、利益声明、计划书与全文不同之处、资金支持 12 个部分 109 个条目。类似地，报告标准对条目的状态进行了强制要求和强烈建议两种类型划分。

有关 MECIR 实施和报告指南的最新版本，请参阅 https://community.cochrane.org/mecir-manual/key-points-and-introduction/versions-and-changes-mecir。

(二) Campbell 系统评价和 EGMs 的报告标准

为提高 Campbell 系统评价和 EGMs 的报告质量，协作组分别制定了 MECIR 报告标准和 EGMs 报告标准（Campbell Collaboration checklist for evidence and gap maps: Reporting standards），为系统评价和 EGMs 报告提供指导。其中，MECIR 报告标准提出了对 Campbell 系统评价（主要是干预类）报告的 109 个条目（R1~R109），包括标题和作者、摘要、背景、方法、结果、讨论、作者的结论、致谢、作者贡献、利益声明、计划书与全文不同之处、资金支持 12 个部分。与 MECIR 报告标准相似，EGMs 报告标准也包括标题和作者、摘要、背景、方法、结果、讨论、作者的结论、致谢、作者贡献、利益声明、计划书与全文不同之处、资金支持 12 个部分，共 59 个条目（ER1~ER59）。报告标准对条目的状态进行了简

单的等级划分，包括：①强制要求，即没有报告便不能发表，如所有作者的姓名和机构单位（R2；ER2）；②强烈建议，大多数情况下都需要报告，但在合理的情况下可以例外，如其他资源的检索策略（R39；ER32）；③选择性，即作者可以选择是否去报告，如选择是否报告结果总结表（R97）、评估证据质量（ER51）。有关 MECIR 和 EGMs 报告标准的更多信息，请参阅 https://onlinelibrary.wiley.com/page/journal/18911803/homepage/author-guidelines。

四、其他系统评价报告规范

约 32% 与健康相关的干预性系统评价没有进行 Meta 分析[①]，而是使用了文字描述效应的替代方法进行合成，因此也被称为叙事性综合。研究发现叙事性综合的报告存在严重缺陷，包括研究层面的数据与叙事性综合方法及其结论之间缺乏透明的联系，以及缺乏对采用方法的描述、缺乏对合成方法局限性的报告。这表明，当不进行 Meta 分析时，研究者对清楚报告合成方法的要求普遍缺乏了解和存在误解。目前对于那些无 Meta 分析的系统评价缺乏报告规范，因此需要制定一个专门的报告规范。

SWiM 报告规范的提出旨在改善叙事性合成的透明度及其实施情况的 ICONS-Quant 项目。2017 年，由经验丰富的系统评价员，包括开发叙事性综合指南的合著者组成的研究团队，和来自 Cochrane 协作组、Campbell 协作组和英国国家卫生与临床优化研究所的项目顾问小组，共同制定了无 Meta 分析数据合成（SWiM）的报告规范[②]。该报告规范主要适用于评估干预措施量化效应的系统评价，而这些效应的评估不可能或不适合进行 Meta 分析或者至少某个结局指标不适合进行 Meta 分析。SWiM 涵盖了所有与数据合成相关的关键信息的报告，包括如何对研究进行分组、数据合成的方法、数据与摘要的展示及合成方法的局限性。SWiM 不适用于定性数据合成的系统评价。

SWiM 报告规范涵盖方法、结果和讨论 3 个部分共 9 个条目（表 8-6）。这包括报告合成框架和比较分组（条目 1、4、5、6）、用于合成的标准化度量（条目 2）、合成方法（条目 3、9）、数据呈现（条目 7）及有明确数据支持的合成结果的总结（条目 8）。

---

① Page M J, Shamseer L, Altman D G, et al. Epidemiology and reporting characteristics of systematic reviews of biomedical research: A cross-sectional study[J]. PLoS Medicine, 2016, 13(5): e1002028.

② Campbell M, McKenzie J E, Sowden A, et al. Synthesis without meta-analysis (SWiM) in systematic reviews: Reporting guideline[J]. BMJ, 2020, 368: l6890.

表 8-6　无 Meta 分析数据合成（SWiM）条目

	SWiM 报告条目	条目描述	条目在稿件中报告的页码	其他*
方法	1. 分组描述	（a）提供组别的描述及分组的合理性（例如，根据干预措施、人群、结局、研究设计分组）		
		（b）详细说明并提供用于数据合成的组别在方案制定后所做的任何变更及理由		
	2. 描述所使用的标准化度量和转换方法	描述每个结局指标的标准化度量方法。解释为什么要选择这个（些）度量，并描述研究中所报告的将干预措施效应转换为标准化度量的任何方法，同时引用相关的方法学指南		
	3. 描述合成方法	描述并解释无法对效应量评估进行 Meta 分析时用于合成每个结局效应量的方法		
	4. 汇总和合成时用于对结果进行优先排序的标准	如果适用，提供用于选择特定的一些研究或某项研究作为主要合成分析或从合成中得出结论的标准及其合理解释（例如，基于研究设计、偏倚风险评估及与系统评价问题的直接关系）		
	5. 报告效应量异质性的审查	当不可能进行效应量估计的 Meta 分析时，陈述用于检测报告效应量异质性的方法及其扩展情况以审查异质性		
	6. 证据的确定性	描述用于评估合成结果确定性的方法		
	7. 数据的展示方法	（a）描述用于陈述效应量的图形和表格（例如，表格、森林图、收获图）		
		（b）在文本及任何表格或图中，明确指出用于对研究进行排序的关键研究特征（比如，研究设计、偏倚风险），并清晰引用所纳入的研究		
结果	8. 报告结果	对于每项比较与结局，提供一个合成结果及其确定性的描述。使用与合成分析所解决的问题相符的语言描述结果，并指出哪些研究对结果合成有贡献		
讨论	9. 合成的局限性	报告所使用的数据合成方法和（或）合成中使用的分组的局限性，以及与原始评价问题相关的结论如何受这些局限性的影响		

*如果系统评价中未提供该信息，请提供可在何处获得此信息的详细说明［例如，方案、其他已发表的论文（提供引文详细信息）或网站（提供网页网址）］。

注：报告条目的示例和具体解释，参见 Campbell 等的研究

第二节　循证实践指南的撰写与规范

一、循证实践指南概述

（一）循证实践指南的基本概念

美国有效教学策略网（What Works Clearinghouse，WWC）将循证实践指南

定义为："基于研究综述、从业者经验以及专家小组的推荐意见，为教育工作者提出解决课堂和学校中遇到的挑战的建议。"

1900年，美国医学研究所（Institute of Medicine，IOM）首次发布对临床实践指南（clinical practice guideline，CPG）的定义："根据特定的临床情况，系统地制订出能够帮助临床医师和患者做出恰当决策的推荐意见。"随着循证医学的发展，IOM在2011年对该定义进行了更新："根据系统评价的证据，在比较不同干预措施对临床问题的利弊上，形成的旨在为患者提供最佳医疗服务的推荐意见。"[①]

苏格兰校际指南网络（SIGN）在其发布的指南制订手册中提出："临床实践指南能够通过明确描述和评估临床推荐意见背后的科学证据和推理（可能的利与弊），使其与个体患者情况相关，从而增强临床医生和患者决策的准确性。"英国国家卫生与临床优化研究所（NICE）指出："NICE指南是针对英国健康和护理的循证建议，规定了适合大多数有特定条件或需求的人，以及处于特定情况或环境中的人的护理和服务。"SIGN对临床实践指南的定义基于IOM，而NICE和WHO则针对其发布的指南给出的定义，针对不同的目标人群提出的建议，包含不同类型的指南。不同机构对循证实践指南的定义可见表8-7。

表8-7 不同机构对指南的定义

领域	机构	对"指南"的定义
教育	美国有效教学策略网	基于研究综述、从业者经验以及专家小组的推荐意见，为教育工作者提出解决课堂和学校中遇到的挑战的建议
卫生	美国医学研究所	根据系统评价的证据，在比较不同干预措施对临床问题的利弊上，形成的旨在为患者提供最佳医疗服务的推荐意见
卫生	苏格兰校际指南网络	临床实践指南能够通过明确描述和评估临床推荐意见背后的科学证据和推理（可能的利与弊），使其与个体患者情况相关，从而增强临床医生和患者决策的准确性
卫生	英国国家卫生与临床优化研究所	NICE指南是针对英国健康和护理的循证建议，规定了适合大多数有特定条件或需求的人，以及处于特定情况或环境中的人的护理和服务。指南帮助卫生和社会护理专业人员预防不良健康状况、促进和保护健康、提高护理和服务的质量、适应并提供卫生和社会护理服务
卫生	世界卫生组织	WHO指南是指任何由世界卫生组织制订的，包含有关临床实践或公共卫生政策推荐意见的文件，如标准指南、汇编指南、暂行指南和应对紧急情况或紧急需求而制订的指南

资料来源：中国药理学会治疗药物监测研究专业委员会，中国药学会循证药学专业委员会. 治疗药物监测指南的制订指南[J]. 中国循证医学杂志, 2021, 21(2): 125-132; World Health Organization. WHO handbook for guideline development[EB/OL]. [2014-12-18]. https://www.who.int/publications/i/item/9789241548960

---

① Campbell M, McKenzie J E, Sowden A, et al. Synthesis without meta-analysis (SWiM) in systematic reviews: Reporting guideline[J]. BMJ, 2020, 368: l6890.

(二) 循证实践指南的发展

循证医学的出现使临床医学研究和临床实践发生了巨大的变化，为医生的临床决策提供了一种良好的治疗理论与可操作的实践框架。基于循证医学的临床实践指南越来越多地被制订和发布，循证医学从临床医学领域扩展到了整个医疗与保健领域，"循证实践模式"的发展也逐渐突破了卫生领域的界限，在环境、教育、社会、管理、政策研究等人文社会科学领域也引起了强烈的反响[1]。与指南相关的国际组织对指南的制订、传播和实施起了重要的推动作用，具有代表性的指南相关国际组织如下。

美国有效教学策略网（WWC）由美国教育部出资于2002年成立。该中心由美国教育科学研究院（Institute of Education Science, IES）负责，委托数学政策研究公司（Mathematical Policy Research Inc.）建立。WWC通过现有的教育干预研究，评估研究质量，总结和传播符合其标准的研究证据，为教育工作提供核心和可靠的科学证据来做出循证决策。WWC文献综合评估的主题包括成人识字、初学阅读、品格教育、高等教育、择校、教师教育与有效领导、教师激励等18项主题。WWC对循证医学的系统评价方法进行了调整和改进，创建了自己的证据评价手册，在使用客观和透明的标准评估教育干预的有效性后，针对实践者提供了干预报告（intervention report）、实践指南（practice guide）和快速综述（quick review）。实践指南或基于研究评估，或基于全美包括研究者与教育者在内的委员会的专业知识与专业判断，为教育工作者提供应对他们在学校或课堂中遇到的具体挑战的实践建议[2]。

国际指南协作网（Guidelines International Network，GIN）成立于2002年，是目前全球唯一一个针对指南建立的国际行业组织，该组织拥有一个国际指南存藏丰富的图书馆。GIN旨在通过支持国际合作，促进临床实践指南的系统制订及应用，从而提高医疗保健质量。GIN目前在全球设有GIN Asia、GIN North America、GIN Africa、GIN Nordic、GIN Arab、GIN Iberoamerica及GIN Australia & New Zealand（ANZ）分会。GIN同时设立了包括实施工作组、过度诊断工作组和更新工作组在内的13个工作组[3]。

英国国家卫生与临床优化研究所（NICE）创立于1999年，以促进英国卫生保健个性化和提高综合性医疗水平为宗旨。NICE的所有指南均由独立的指南制订小组监管，其成员包括卫生保健专业人员、患者和照护者代表，通过定期会议审

---

[1] 李霞. 循证教育：英国的实践探索[J]. 比较教育研究, 2021, 43(8): 71-78.
[2] 杨文登. 循证教育学理论及其实践——以美国有效教学策略网为例[J]. 宁波大学学报（教育科学版）, 2012, 34(4): 5-10.
[3] 陈耀龙, 胡嘉元, 李承羽, 等. 中国临床实践指南的发展与变革[J]. 中国循证医学杂志, 2018, 18(8): 787-792.

查证据以制订指南的推荐意见。NICE 于 2001 年建立了国家合作中心，利用皇家医学院、专业机构和患者/护理组织的专业知识，帮助制订临床指南。2005 年，卫生发展局转移到 NICE；2011 年，英国国家处方中心加入 NICE；2013 年，NICE 从一个国家级研究机构变成了一个非部署公共机构，正式承担为社会护理部门提供循证指南和标准的工作。NICE 于 2008 年发布了《初等教育社会和情感健康》指南，2009 年发布了《中等教育社会和情感健康》指南，2022 年又发布了《中小学教育的社会、情感和心理健康》指南，更新取代了 2009 年的指南[1]；2019 年发布了《中等教育和继续教育中的酒精干预》指南，以防止和减少儿童和青少年饮酒[2]。

苏格兰校际指南网络（SIGN）创立于 1993 年，是英国第一个国家指南小组。SIGN 制订适用于苏格兰国民卫生保健服务的循证临床指南，其宗旨是通过制订和传播包含基于现有证据的推荐意见的国家临床指南，减少实践和结果的差异，以提高苏格兰患者的医疗保健质量。1999 年，SIGN 发布了第一本方法手册 SIGN 39，引入了其内部开发的评分系统；2001 年，SIGN 50 指南方法手册第一版出版；2003 年，SIGN 与 NICE 达成合作，同年 SIGN 作为 GIN 创始成员主持了第一个 GIN 会议。

世界卫生组织（WHO）是联合国下属的专门机构，每年面向其成员国制定和发布卫生政策、公共卫生和临床实践领域的指南。为促进 WHO 指南在其成员国中的应用和转化，2017 年 8 月，WHO 在兰州大学成立了世界卫生组织指南实施与知识转化合作中心（WHO Collaborating Centre for Guideline Implementation and Knowledge Translation）。该中心在传播和实施 WHO 指南及全球高质量循证指南及医学知识和研究证据的高效转化上发挥了重要作用。除了卫生领域，WHO 也发布了许多与环境健康效应相关的指南。WHO 自 1987 年以来便定期发布基于健康的空气质量准则，以协助政府和社会减少人类因接触被污染的空气而受到的伤害。2006 年，WHO 发布了《WHO 全球空气质量指南》（*WHO Global Air Quality Guidelines*）[3]，为主要危害健康的空气污染物提供了基于健康的指导水平，对世界各地的减排政策产生了重大影响。随着空气污染的持续加重，WHO 又在 2016 年对该指南进行了更新，并于 2021 年发布。WHO 还在 1958 年、1963 年和 1971 年发布了《国际饮用水标准》（*International Standards for Drinking-water*），在 1984 年、1997 年和 2011 年发布了《WHO 饮用水水质指南》（*Guidelines for*

---

① NICE. Social, emotional and mental wellbeing in primary and secondary education[EB/OL]. [2022-07-06]. https://www.nice.org.uk/guidance/NG223.

② NICE. Alcohol interventions in secondary and further education[EB/OL]. [2022-08-12]. https://www.nice.org.uk/guidance/NG135.

③ 陈耀龙,胡嘉元,李承羽,等. 中国临床实践指南的发展与变革[J]. 中国循证医学杂志,2018,18(8):787-792.

Drinking-water Quality），并在 2017 年进行了第四版更新补遗。除此之外，WHO 还发布了《WHO 欧洲地区环境噪声指南》、《社区噪声指南》和《欧洲夜间噪声指南》等与环境噪声相关的指南。

二、循证实践指南的制订步骤

（一）注册与撰写计划书

（1）指南注册。指南注册是指在指南制订前，在公开的注册平台上注册指南的主题、目的、方法和进展等重要信息，并允许公众免费获取，以促进指南制订的科学性和透明性[1]。指南注册对提高指南质量有重要的意义：①增加了指南制订的透明性，提升了指南的质量；②促进了指南制订者之间的沟通，减少了指南制订中不必要的重复；③在指南制订过程中更好地反映了患者和公众的偏好与价值观；④促进了指南的传播，提高了指南的依从性；⑤帮助审稿人判断指南的质量，增强使用者对指南的反馈[2]。

目前国际指南注册平台主要有：2007 年建立的 WHO 指南注册平台（https://www.who.int/publications/who-guidelines），该平台由 WHO 指南评审委员会审核，仅面向 WHO 内部成员；2014 年建立的国际实践指南注册与透明化平台（http://www.guidelines-registry.cn/），该平台是 WHO 指南实施与知识转化合作中心（WHO 附属机构/学术机构）建立的，注册语言为英文和中文，包括 6 个领域 19 个条目，面向全球。现有的国际指南注册平台主要面向医学领域，针对社会科学领域实践指南的注册平台很少。对指南进行注册，对于提高指南的科学性和透明性非常重要，但现阶段并不是必需步骤。相信随着社会科学领域指南的不断发展，相应的注册平台也会不断完善。

（2）撰写计划书。指南计划书是概述拟制订指南的论据和范围，以及指南制订过程中所涉及的方法和资源的文件，包括指南的基本信息、背景、制订方法、证据、推荐意见和相关步骤。指南计划书对指南制订十分重要，能够：①确保制订出高质量的指南；②厘清拟制订指南与现有指南或正在制订的指南的关系；③确保指南顺利高效地完成；④促进问责制，规范指南制订者的工作；⑤促进指南的完整性。

---

[1] 陈耀龙，杨克虎，王小钦，等. 中国制订/修订临床诊疗指南的指导原则（2022 版）[J]. 中华医学杂志，2022，102（10）：697-703.

[2] Chen Y, Guyatt G, Munn Z, et al. Clinical practice guidelines registry: Toward reducing duplication, improving collaboration, and increasing transparency[J]. Annals of Internal Medicine, 2021, 174(5): 705-707.

（二）成立指南工作组并管理利益冲突

指南工作组一般应包含首席专家、指导委员会、秘书组、证据评价组、推荐意见共识组和外审组，可根据指南的具体内容和特点进行增减或合并。

（1）首席专家：包括该学科首席专家和首席方法学家。该学科首席专家是指南的总负责人，在指南制订的各个阶段中具有决策权，并负责编写指南的最终文稿；首席方法学家对指南进行顶层设计，提供方法学指导和培训，并对指南进行质控，对方法学质量负责。

（2）指导委员会：包括5~9名该学科资深专家和方法学家。指导委员会主要负责建立指南其他工作组，管理指南利益冲突，批准指南计划书，监督指南的制订过程，最终确定指南全文并为指南制订提供必要的建议和指导。

（3）秘书组：包括2~10名学会（协会）或主办单位的工作人员。秘书组主要负责协调其他工作组的工作，起草指南计划书，开展问题调研，组织共识会议推荐意见，详细记录指南制订的全过程，撰写指南初稿和进行指南投稿。

（4）证据评价组：包括4~10名循证专家或具备循证知识及能力的专业人员。证据评价组主要负责证据的检索、评价、合成和分级，制作系统评价，制作证据总结表和推荐意见决策表。

（5）推荐意见共识组：包括11~29名该学科专家。推荐意见共识组主要负责确定问题，对推荐意见进行投票和共识，以及负责指南的全文投稿。

（6）外审组：包括3~5名未直接参与该指南的利益相关者（如该学科专家、方法学家、公众代表和政策制定者等）。外审组负责审核最终版指南，确保指南的科学性、清晰性和公正性，并就指南存在的重大风险或问题及具体的推荐意见给出反馈和建议[1]。

WHO指出任何可能影响专家推荐意见的客观性和独立性的利益均会构成利益冲突。利益冲突可能导致有益效果被高估而危害性被低估，是指南制订过程中重要的潜在偏倚来源。

（1）指南利益冲突的分类：按照利益冲突是否可用金钱来衡量分为经济利益冲突和非经济利益冲突；按照利益冲突与指南制订者之间的关系（即是否可明确追溯至相关责任人）可分为直接利益冲突和间接利益冲突。

（2）指南利益冲突的管理：利益冲突的管理流程包括：①组建利益冲突管理委员会；②收集利益冲突；③评估利益冲突；④管理利益冲突；⑤报告利益冲突[2]。

---

[1] World Health Organization. WHO handbook for guideline development[EB/OL]. [2014-12-18]. https://www.who.int/publications/i/item/9789241548960.

[2] World Health Organization. WHO handbook for guideline development[EB/OL]. [2014-12-18]. https://www.who.int/publications/i/item/9789241548960.

（三）系统评价已发表的相同或相似指南

在计划启动一部新指南时，指南制订者需要对当前已发表的、相同或相似主题的指南进行全面系统的检索和评价，确定某领域或特定问题所有相关指南的现状和差异，更全面、更客观地说明制订本指南的必要性，以避免重复工作。根据研究目的和研究内容，指南的系统评价主要分为四种类型：①指南方法学质量的系统评价；②指南报告质量的系统评价；③指南证据质量及推荐意见方向、强度及内容的系统评价；④针对指南某部分内容进行的调查性分析。在制订新指南时，应当将指南的系统评价作为制订新指南的重要组成部分，以便指南的使用者能够更全面地了解该领域相关指南的情况[①]。

（四）问题的解构、遴选与确定

不同领域不同情境的问题有着不同的解构模型。如临床领域问题解构最常见的是 PICO 模型，其主要包括人群（participant/patient/population）、干预措施（intervention/exposure）、对照措施（comparison/control）和结局（outcome）。社会科学领域最常见的是使用 SPIDER 模型[②]，其主要包括样本（sample）、感兴趣的现象（phenomenon of interest）、设计（design）、评估（evaluation）和研究类型（research type）。在确定问题时应当清晰地阐明指南计划应用的人群，确定指南干预措施是否需要得到监管部门批准，清晰阐明指南所要考虑的干预和对照措施，确定重要的结局指标所要达到的最低效益水平，确定指南实施的环境。

结局指标的遴选主要包括主要结局指标和次要结局指标。此外，也可以借鉴医学领域，将结局划分为有效性指标和安全性指标，以及终点指标和替代指标。

问题的解构、遴选与确定，一般需要 2~3 轮的调研，具体流程如下所示。①收集问题，包括文献回顾、专家征询、文献回顾结合专家征询三种方式；②整理问题，对第一轮获取的问题进行整理，去除重复问题，合并相似问题，拆解过于抽象的问题；③遴选问题，根据上一轮整理得到的问题设计问卷，选择适当的评估工具，邀请专家评估问题的重要性，修改问题的范围和措辞，补充未提出的重要问题，再进行意见收集；④确定问题，计算问题重要性得分并进行排序，按照问题共识度或问题平均分和中位得分遴选出问题。

---

① 陈耀龙，张静怡，张天嵩，等. 指南的系统评价：是什么，为什么，怎么做[J]. 协和医学杂志，2020，11（3）：320-324.

② Cooke A，Smith D，Booth A. Beyond PICO: The SPIDER tool for qualitative evidence synthesis[J]. Qualitative Health Research，2012，22（10）：1435-1443.

（五）证据的检索、评价与分级

证据的检索、评价与分级是形成高质量循证指南的基础。系统全面的证据检索保证了纳入研究的完整性，客观严格的证据评价体现了纳入研究的科学性，合理的证据质量分级是对研究结果可信度的阐释。

（1）证据的检索。指南应该针对所关注领域的问题制订恰当的检索策略，所以应选择合适的数据库进行系统全面的检索，以确保指南中的每一条推荐意见均是基于当前最佳证据的综合。对于社会科学指南的检索而言，尤其需选择与主题关联密切的社会科学数据库。

（2）证据的评价。方法学质量评价是证据遴选的重要步骤，反映研究的真实性。如果同一研究主题下存在多个证据等级相同的研究，应采用方法学质量评估工具对相同证据等级的研究进行评价，并选择偏倚风险低的证据进行决策。对证据质量的评价包括对原始研究的评价和对系统评价的评价，对原始研究进行评价的质量评价工具包括Cochrane协作网制订的Cochrane RoB、澳大利亚纽卡斯尔大学和加拿大渥太华大学合作制订的纽卡斯尔-渥太华量表等；对系统评价进行质量评价的工具包括AMSTAR等，详见第四章。

（3）证据的分级。证据是评估决策考虑标准的重要因素，因此证据质量分级十分重要。2004年证据推荐分级的评估、制订与评价工作组GRADE将证据质量分为高、中、低和极低四级。GRADE依据5个降级条目（研究的偏倚风险、不一致性、不精确性、间接性和发表偏倚）和3个升级条目（效应量大、存在剂量-反应关系和负偏倚）确定证据质量的最终等级，详见第四章。

（六）形成推荐意见决策表

指南的主体内容是其包含的推荐意见。推荐意见的形成既要基于现有的最佳研究证据，也要考虑多方面的因素[1]。应用最广的内容框架是GRADE工作组的决策证据（evidence to decision，EtD）框架，它为如何产生最佳的推荐意见，解决推荐意见形成过程中的分歧，科学地指导和规范推荐意见或科学决策形成过程提供了理论框架。EtD框架主要包括三个部分：形成问题，评价证据和得出结论[2]。

---

[1] 陈耀龙，杨克虎，王小钦，等. 中国制订/修订临床诊疗指南的指导原则（2022版）[J]. 中华医学杂志，2022，102（10）：697-703.

[2] Alonso-Coello P, Schünemann H J, Moberg J, et al. GRADE Evidence to Decision (EtD) frameworks: A systematic and transparent approach to making well informed healthcare choices. 1: Introduction[J]. BMJ, 2016, 353: i2089.

（七）推荐意见的共识与确定

目前，推荐意见形成过程中常用的共识方法包括德尔菲法、名义群体法和共识制订会议法等。德尔菲法是利用专家的知识、经验和智慧等具有很大不确定性的无法量化的信息，通过通信或其他匿名的方式交换信息，逐步达成更一致的意见。名义群体法是指在决策过程中对群体成员的讨论或人际沟通加以限制，先由群体成员进行单独思考和做出个体决策后，再召开群体成员都参加的会议以做出集体决策，因而具有集体决策和定性决策的性质。共识制订会议法用于支持复杂的决策过程，具体通过各相关专家、群体、代表等投票、排序或其他达成共识的互动方法，评估决策或研究结果，再整合这些多元化的决议转化成最重要的推荐意见[1]。

（八）指南撰写

高质量的指南不仅需要科学严谨的制订方法，还需要清晰规范的报告流程。在撰写和报告指南的过程中，本章将介绍国际实践指南报告规范（Reporting Items for Practice Guidelines in Healthcare，RIGHT）标准、AGREE报告清单和GREET（Guideline for Reporting Evidence-Based Practice Educational Interventions and Teaching）报告清单等。

（九）外审、发布与发表

根据不同情况和要求，指南及其推荐意见在正式发布或发布前需由外审人员进行评审，评估指南推荐意见的准确性、可行性、明晰性、适用性和组织结构。外审人员可由同一组织中未直接参与指南制订的人员担任，也可由完全独立且未参与指南制订的人员担任。外审人员和机构除要求具有一定资质外，还要有一定的公众代表性。评审时应及时记录评审及回复过程，秘书组整理归纳外审结果，专家组基于外审结果，对涵盖内容、推荐强度和表述清晰性等方面进行修改完善。指南经主管部门批准后，将提交给相关机构发布。可考虑以学术期刊、专著、学术会议等形式，或通过网络、新闻发布会等媒体形式进行指南的传播。

（十）指南更新

指南应基于最新的研究证据，形成对当前实践的最佳推荐意见，并与时俱进。各指南包含的推荐意见时效性不同，过早更新可能会浪费资源，降低更新效率；

---

[1] 李慧，陈耀龙，谢秀丽，等. 中医（中西医结合）临床实践指南制修订方法——推荐意见与共识[J]. 中华中医药杂志，2016，31（7）：2657-2661.

过晚更新虽然可以覆盖所有的推荐意见,但之前一些过时的推荐意见则可能已对该领域实践产生负面影响。2012年WHO指南制订手册建议指南更新周期最短为2年,最长不超过5年;2014年WHO指南制订手册指出,指南的更新时间没有绝对的标准,应考虑该研究主题更新的频率、尚未发现证据的问题和潜在需要的新的推荐意见[1];NICE建议每3年对指南进行评估以确定是否需要更新;SIGN建议应在3年内更新指南,已使用3～7年而未更新的指南可能有部分推荐意见已经过时,超过7年未更新的指南要谨慎使用;美国预防医学工作组(United States Preventive Services Task Force,USPSTF)和美国国立临床诊疗指南数据库(National Guideline Clearinghouse,NGC)要求至少每5年对指南进行一次更新[2];Cochrane协作网要求其系统评价2年更新1次[3]。综上所述,国际上普遍推荐的更新周期在2～5年,原因是作为指南证据基础的系统评价在3～5年内就会失去价值,社会科学领域指南可根据领域特点和新证据产生的速度决定更新时间[4]。

三、循证实践指南的报告规范

1992年,IOM开发了循证医学界的第一个指南质量评估工具[5]。该工具评价了指南的8种属性,其中4个与指南实质内容有关(信度、效度、临床适用性和临床灵活性),4个与指南的制订流程及呈现有关(指南开发过程的透明度、多学科联合开发、定期审查和指南开发的主要文件)。但由于该工具条目冗长,操作烦琐,并没有投入使用。

2003年,指南标准化会议(Conference on Guideline Standardization,COGS)工作组成立。该工作组在美国医学研究所临床指南评估工具(IOM Provisional Instrument for Assessing Clinical Guidelines)、美国国立指南文库和指南成分模型(Guideline Elements Model)的基础上制订并发布了COGS声明。COGS声明包含18个条目,涵盖了指南制订的整个过程,其内容可在COGS官方网站获取。COGS未被指南制订者广泛接受,出版以后未再更新,且仅限于临床实践指南,对其他

---

[1] World Health Organization. WHO handbook for guideline development[EB/OL]. [2014-12-18]. https://www.who.int/publications/i/item/9789241548960.

[2] 转引自陈耀龙,王小琴,吴琼芳,等.中国临床实践指南更新情况调查[J].中国循证医学杂志,2014,14(2):178-183.

[3] Moher D, Tsertsvadze A, Tricco A, et al. When and how to update systematic reviews[J]. Cochrane Database of Systematic Reviews, 2008(1): MR000023.

[4] Shojania K G, Sampson M, Ansari M T, et al. How quickly do systematic reviews go out of date? A survival analysis[J]. Annals of Internal Medicine, 2007, 147(4): 224-233.

[5] Institute of Medicine. Guidelines for Clinical Practice: From Development to Use[M]. Washington: National Academies Press, 1992.

领域指南的报告指导有限[1]。

AGREE工具是2003年由一个国际指南开发人员和研究人员小组发布的用于评估指南质量的工具，包含6个领域的23个条目，发布后被翻译成多种语言，被数百份出版物引用，得到了广泛认可。2009年，由AGREE协作网和加拿大卫生研究所的专家组成的国际联合调查小组，发布了AGREE II，并在此后对AGREE报告清单不断进行更新。[2]目前，AGREE II已经成为国际公认的评价指南的"金标准"，最新版本的AGREE II手册更新于2017年。2018年，中国学者在AGREE II的框架下，制订了具有实质性等效的中国临床实践指南评价体系AGREE-China[3]。

2005年，美国耶鲁大学医学信息学中心、耶鲁医学院和护理学院的Shiffman等人开发了指南可实施性评价[4]（Guideline Implementability Appraisal，GLIA）工具，用于评估临床实践指南的可实施性。GLIA包含31个条目，旨在向两类不同的受众（该指南的开发人员和选择在其医疗保健提供系统中应用指南的个人）提供有关指南可实施性的反馈。在制订指南时，GLIA可以就潜在的可修复缺陷向指南开发人员提供反馈；开发人员可以选择在最终确定和传播之前对指南进行修改；实施者可以使用GLIA来帮助选择指南，识别潜在障碍，并解决已识别的障碍。因此，GLIA可帮助选择更容易实施的指南，并制订解决已识别障碍的实施战略。

2017年，由中国学者发起，联合来自12个国家及包括WHO、EQUATOR协作网、GIN、Cochrane协作网、GRADE工作组、AGREE工作组等7个国际组织的30余名专家，历时3年完成的循证实践指南报告规范RIGHT[5]全文在《内科学年鉴》上正式发表。RIGHT旨在为卫生政策与体系、公共卫生和临床实践领域的指南提供报告标准，并为国内指南使用者和期刊编辑在指南的报告和编写上提供参考。RIGHT清单共包含7个领域，22个条目，分别为：基本信息、背景、证据、推荐意见、评审和质量保证、资助和利益冲突声明及管理、其他（表8-8）。同时RIGHT工作组也制订了更为详细且包含实例的解释性文件，可在RIGHT官方网

---

[1] 谭力铭，范曼如，申泉，等. 临床实践指南制订方法——指南的规范化报告[J]. 中国循证心血管医学杂志，2019，11(8)：900-904.

[2] Brouwers M C, Kho M E, Browman G P, et al. AGREE II: Advancing guideline development, reporting and evaluation in health care[J]. CMAJ, 2010, 182(18): E839-E842.

[3] 王吉耀，王强，王小钦，等. 中国临床实践指南评价体系的制定与初步验证[J]. 中华医学杂志，2018，98(20)：1544-1548.

[4] Shiffman R N, Dixon J, Brandt C, et al. The guideline implementability appraisal (GLIA): Development of an instrument to identify obstacles to guideline implementation[J]. BMC Medical Informatics and Decision Making, 2005, 5(1): 23.

[5] Chen Y, Yang K, Marušic A, et al. A reporting tool for practice guidelines in health care: The RIGHT statement[J]. Annals of Internal Medicine, 2017, 166(2): 128-132.

站（http://www.right-statement.org）和《内科学年鉴》网站（http://www.annals.org）上获取。此外，RIGHT目前有多个扩展版，可在RIGHT官方网站获取。

表8-8 RIGHT清单

领域/主题		编号	条目
基本信息	标题/副标题	1a	能够通过题目判断为指南，即题目中应该明确报告类似"指南"或"推荐意见"的术语
		1b	报告指南的发表年份
		1c	报告指南的分类，即筛查、诊断、治疗、管理、预防或其他等
	执行总结	2	对指南推荐意见进行汇总呈现
	术语和缩略语	3	为避免混淆，应对指南中出现的新术语或重要术语进行定义；如果涉及缩略语，应该将其列出并给出对应的全称
	通信作者	4	确定至少一位通信作者或指南制订者的联系方式，以便于联系和反馈
背景	简要描述指南卫生问题	5	应描述问题的基本流行病学，如患病率、发病率、病死率和疾病负担（包括经济负担）
	指南的总目标和具体目的	6	应描述指南的总目标和具体要达到的目的，如改善健康结局和相关指标（疾病的患病率和病死率），提高生活质量和节约治疗费用等
	目标人群	7a	应描述指南拟实施的主要目标人群
		7b	应描述指南拟实施时需特别考虑的亚组人群
	指南的使用者和应用环境	8a	应描述指南的主要使用者（如初级保健提供者、临床专家、公共卫生专家、卫生管理者或政策制订者）以及指南其他潜在的使用人员
		8b	应描述指南针对的具体环境，如初级卫生保健机构、中低收入国家或住院部门（机构）
	指南制订小组	9a	应描述参与指南制订的所有贡献者及其作用（如指导小组、指南专家组、外审人员、系统评价小组和方法学家）
		9b	应描述参与指南制订的所有个人，报告其头衔、职务、工作单位等信息
证据	卫生保健问题	10a	应描述指南推荐意见所基于的关键问题，建议以PICO（人群、干预、对照和结局指标）格式呈现
		10b	应描述结局遴选和分类的方法
	系统评价	11a	应描述该指南基于的系统评价是新制作的，还是现有已发表的
		11b	如果指南制订者使用现有已发表的系统评价，应给出参考文献并描述是如何检索和评价的（提供检索策略、筛选标准以及对系统评价的偏倚风险评估），同时报告是否对其进行了更新
	评价证据质量	12	应描述对证据质量评价和分级的方法

续表

领域/主题		编号	条目
推荐意见	推荐意见	13a	应提供清晰、准确且可实施的推荐意见
		13b	如果证据显示在重要的亚组人群中，某些影响推荐意见的因素存在重大差异，应单独提供针对这些人群的推荐意见
		13c	应描述推荐意见的强度以及支持该推荐的证据质量
	形成推荐意见的原理和解释说明	14a	应描述在形成推荐意见时，是否考虑了目标人群的偏好和价值观。如果考虑了，应描述确定和收集这些偏好和价值观的方法；如果未考虑，应给出原因
		14b	应描述在形成推荐意见时，是否考虑了成本和资源利用。如果考虑了，应描述具体的方法（如成本效果分析）并总结结果；如果未考虑，应给出原因
		14c	应描述在形成推荐意见时，是否考虑了公平性、可行性和可接受性等其他因素
	从证据到推荐	15	应描述指南制订工作组的决策过程和方法，特别是形成推荐意见的方法（例如，如何确定和达成共识，是否进行投票等）
评审和质量保证	外部评审	16	应描述指南制订后是否对其进行独立评审，如果进行了，应描述具体的评审过程以及对评审意见的考虑和处理过程
	质量保证	17	应描述指南是否经过了质量控制程序，如果经过了，则描述其过程
资助和利益冲突声明及管理	资金来源及作用	18a	应描述指南制订各个阶段的资金来源情况
		18b	应描述资助者在指南制订不同阶段中的作用，以及在推荐意见的传播和实施过程中的作用
	利益冲突的声明和管理	19a	应描述指南制订中相关利益冲突的类型（如经济利益冲突和非经济利益冲突）
		19b	应描述对利益冲突的评价和管理方法，以及指南使用者如何获取这些声明
其他	可及性	20	应描述在哪里可获取到指南、相应附件及其他相关文件
	对未来研究的建议	21	应描述当前实践与研究证据之间的差异，和（或）提供对未来研究的建议
	指南的局限性	22	应描述指南制订过程中的所有局限性（比如，制订小组不是多学科团队，或未考虑患者的价值观和偏好）及其对推荐意见有效性可能产生的影响

社会科学和教育领域也制订了一些报告指南。这些指南列出并描述了作者在描述一项研究或文献综述的手稿中应该包含的关键信息，以确保读者能够理解、评价和（或）复制该研究或综述报告。比如，质量改进报告卓越教育标准SQUIRE-EDU（Standards for Quality Improvement Reporting Excellence in Education）、循证实践教

育干预和教学指南 GREET、定性研究报告标准 SRQR[①]。GREET 清单[②]的开发前瞻性计划遵循《卫生研究报告开发指南》，于 2016 年发表在《BMC 医学教育》上。GREET 指南适用于教育干预，教导循证实践的知识和技能，旨在为循证实践教育干预提供透明一致的报告框架。GREET 清单内容见表 8-9。

表 8-9 GREET 清单

主题	编号	条目
简称	1	干预：简要描述所有相关群体的教育干预（例如，干预组和对照组）
为什么——教育过程	2	理论：描述干预中使用的教育理论、概念或方法
	3	学习目标：描述参与教育干预的所有群体的学习目标
	4	循证实践内容：列出在教育干预中包含的循证实践的基础步骤（询问、获取、鉴定、应用、评估）
是什么	5	材料：描述在教育干预中使用的具体教育材料，包括提供给学习者的材料和教育干预提供者用于培训的材料
	6	教育策略：描述在教育干预中使用的教学/学习策略（如辅导、讲座、在线模块）
	7	激励：描述提供给学员的任何激励或补偿
由谁提供	8	指导教师：描述参与教育干预的每位指导教师的专业学科、教学经验/专业知识，包括为教师提供的任何与教育干预相关的具体培训
怎么做	9	交付：描述教育干预的交付方式（如面对面、互联网或独立学习包），包括干预是单独进行的还是集体进行的，以及学习者与教师的比例
在哪里	10	环境：描述教学/学习发生的相关物理学习空间（如会议室、大学讲堂、医院病房、社区）
何时做	11	时间表：描述教育干预的时间表，包括课程的次数、频率、时间和持续时间
	12	描述学习者与教师面对面接触的时间和自主学习活动的指定时间
计划中的变化	13	教育干预是否需要学习者进行特定的适应？如果是，请描述为学习者或群体所做的调整
计划外的变化	14	在研究过程中是否对教育干预进行了修改？如果是，描述变化（什么变化、为什么变化、何时变化以及如何变化）
效果	15	出勤率：描述学习者的出勤率，包括如何评估以及由谁评估；描述任何用来促进出勤率的策略
	16	描述用于确定在教育干预中使用的材料（条目 5）和教育策略（条目 6）是否按原计划交付的过程
	17	描述教育干预的次数、频率、时间和持续时间在多大程度上如期进行（条目 11）

---

① O'Brien B C, West C P, Coverdale J H, et al. On the use and value of reporting guidelines in health professions education research[J]. Academic Medicine, 2020, 95(11): 1619-1622.

② Phillips A C, Lewis L K, McEvoy M P, et al. Development and validation of the guideline for reporting evidence-based practice educational interventions and teaching (GREET)[J]. BMC Medical Education, 2016, 16(1): 237.

第三节 循证政策简报的撰写与规范

一、循证政策简报概述

(一) 循证政策简报的概念

循证政策简报 (evidence brief for policy, EBP) 是一种新颖且具有创新性的、能够为决策者总结概括某一政策问题相关研究证据的方法。循证政策简报的相关英文表述尚不统一,除 evidence brief for policy 之外,还有 "evidence brief" 和 "evidence-based policy brief"。WHO 欧洲区域办公室在 2020 年发布的政策简报制订手册中指出,EBP 是在学科领域内的专家、政策制定者和利益相关者的参与下,将关于某个明确政策问题的最佳可用证据、解决该问题的可行方案以及实施过程中需要考虑的关键因素进行综合并给予充分考量的一种研究方法。[1]目前,EBP 不仅在卫生决策领域得到了广泛应用,而且在环境、教育和管理领域也得到了一定的推广与应用。[2]EBP 一般涉及联合国制定的 17 个可持续发展目标 (sustainable development goals, SDGs),包括消除贫困、消除饥饿、健康福祉、优质教育、性别平等、清洁饮水、清洁能源、体面工作、工业创新、社会平等、永续社区、永续供求、气候行动、海洋环境、陆地生态、机构正义以及全球伙伴。研究者通常从 17 个可持续发展目标的角度出发,选择研究主题并制作 EBP,旨在为政策制定者和决策者提供研究证据,以支撑政策制定与实施。

(二) 循证政策简报的分类

EBP 因其主题广泛,分类存在一定的难度,爱荷华大学伤害预防研究中心 (Injury Prevention Research Center, IPRC) 根据制订目的的不同将 EBP 分为 4 类。①问题简报 (issue brief):其目的是提高对公共卫生问题的认识,并说明公共卫生的负担,帮助政策制定者获得更多的信息资源,使目标用户将此问题作为优先问题考虑。②政策全景简报 (policy landscape brief):其目的是向目标用户展示可能不易获得的政策证据。基于证据向目标用户提供有用或可改进的政策方案以展现目前政策的全貌。③模型简报 (modelling brief):其目的是提供关于潜在政

---

[1] Moher D, Schulz K F, Simera I, et al. Guidance for developers of health research reporting guidelines[J]. PLoS Medicine, 2010, 7(2): e1000217.

[2] Liu J, Potter T, Zahner S. Policy brief on climate change and mental health/well-being[J]. Nursing Outlook, 2020, 68(4): 517-522.

策预期影响的具体证据。是否呈现政策方案取决于政策简报制订者所在机构的要求、政策简报的目的（例如，利益相关者的机构可能要求制订者提供方案）以及支持政策方案的证据强度。④政策分析简报（policy analysis brief）：其目的是对一项或多项特定政策进行全面的分析或评价。最有可能包含具体的政策方案，并详细介绍具体的政策方案或策略。这类简报不依赖经验数据，研究人员通常应目标用户的要求准备此类型政策简报。EBP通常被认为是综合知识转化方法的一部分，为支持"知证决策"和改善人类健康状况提供帮助。

（三）循证政策简报的特点

EBP的主题和类型十分广泛，也有许多机构牵头制订，但综合来看，其具有以下特点：①明确提出拟优先解决的具体政策问题，具有一定的针对性；②明确介绍具体政策问题的性质或目前的规模，介绍解决该政策问题的必要性和紧迫性；③针对拟解决的政策问题，在现有证据的支持下提出方案或措施，具有一定的可行性和适用性；④采用全面且系统的方法，将目前全球或当地的研究证据进行综合，核心内容应当以证据为基础；⑤提出方案或措施在实施过程中可能存在的促进或阻碍因素，做到全面考虑现实因素和实际情况，确保实施过程顺利；⑥篇幅一般较短，用简明扼要的语言和行文格式有针对性地说明问题、方案和考虑因素，主题鲜明突出，十分简洁；⑦图文并茂，一般会使用配色鲜艳的图表来整合整篇文章的内容，可读性强，能够吸引读者的注意力。[①]

二、循证政策简报的制订步骤

通过对比2020年WHO的《政策简报制订手册》、2018年爱荷华大学伤害预防研究中心的《撰写和传播政策简报指南》以及2011年SURE（Supporting the Use of Research Evidence）项目中制订的《政策简报准备与使用指南》，我们发现仅有WHO的《政策简报制订手册》较为全面且综合，包含了证据检索、筛选、评价及综合的具体方法、内容及注意事项。[②]因此，本书以2020年WHO发布的《政策简报制订手册》为例，阐述EBP制订的步骤。

[①] The University of Iowa Injury Prevention Research Center. Writing and Disseminating Policy Briefs[M/OL]. [2017-08-01]. https://iprc.public-health.uiowa.edu/wp-content/uploads/2018/03/Writing-and-Disseminating-Policy-Briefs.pdf; Lavis J N, Permanand G, Oxman A D, et al. SUPPORT tools for evidence-informed health policymaking (STP) 13: Preparing and using policy briefs to support evidence-informed policymaking[J]. Health Research Policy and Systems, 2009, 7(1): 1-9; DeMarco R, Tufts K A. The mechanics of writing a policy brief[J]. Nursing Outlook, 2014, 62(3): 219-224.

[②] The University of Iowa Injury Prevention Research Center. Writing and Disseminating Policy Briefs[M/OL]. [2017-08-01]. https://iprc.public-health.uiowa.edu/wp-content/uploads/2018/03/Writing-and-Disseminating-Policy-Briefs.pdf.

（一）EBP 的制订前准备阶段

1. 确定政策问题的优先级

确定政策问题的优先级是 EBP 制订过程中的第一步（图 8-1）。由于资源的限制，EBP 应该解决一个目前研究人员、政策制定者、决策者和利益相关者较为关心的问题，从而带来最大的影响并高效利用资源。同时，邀请决策者和利益相关者参与政策问题的优先级确定，这能够得到他们的支持并获取更多的相关证据。确定政策问题优先级的方法有很多，总结后得到以下三种：①举办正式会议进行讨论，广泛收集决策者和利益相关者的意见与建议，确定政策问题的优先级并讨

```
1 EBP的制订前准备阶段 → 1.1 确定政策问题的优先级
                        ↓
                       1.2 成立EBP制订小组
                        ↓
                       1.3 成立EBP指导委员会
                        ↓
                       1.4 了解政策和政治背景
                        ↓
                       1.5 举办指导委员会会议
                        ↓
2 EBP的制订阶段      → 2.1 形成问题树
                        ↓
                       2.2 形成EBP ToR
                        ↓
                       2.3 利益相关者咨询
                        ↓
                       2.4 检索、评价并综合证据
                        ↓
                       2.5 明确政策问题
                        ↓
                       2.6 提出政策方案
                        ↓
                       2.7 说明实施考虑因素
                        ↓
                       2.8 撰写EBP并翻译校对
                        ↓
                       2.9 同行评审
```

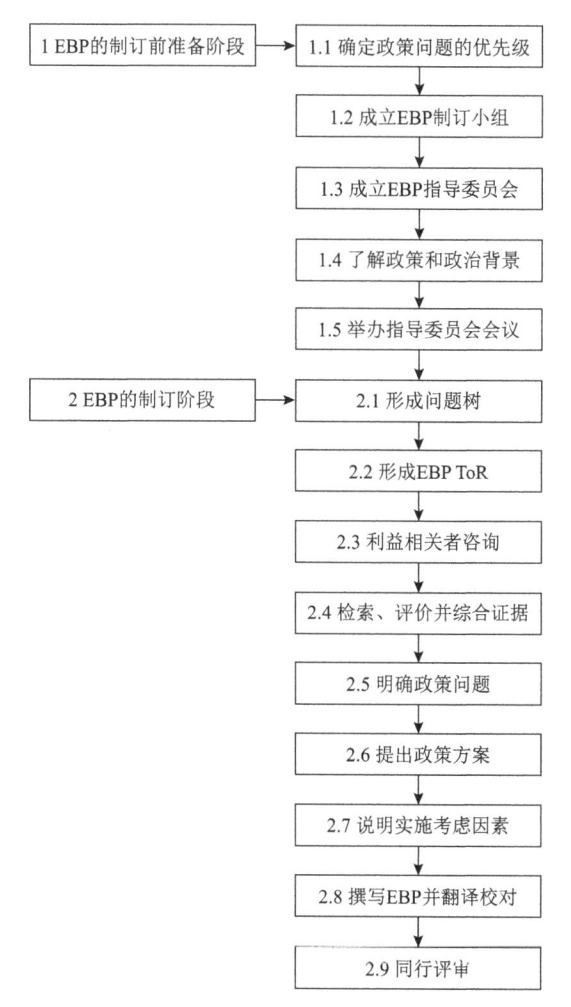

图 8-1 循证政策简报的制订步骤

论证据的需求；②通过访谈或非正式的讨论来确定政策问题的优先级，事先设置问题并制作问卷，向被访谈者提问，目的是听取决策者和利益相关者的需求，以将其作为重要参考；③通过突发事件来确定政策问题的优先级，如受人民群众和媒体关注的突发公共卫生事件等。

2. 成立 EBP 制订小组

在 EBP 制订之前，应当招募焦点小组成员和指导专家。EBP 制订小组负责开展关键利益相关者咨询、组织政策对话，并支持证据检索与综合。一些国家、机构、组织会提供用于制订 EBP 和组织政策对话的人员或资源清单，研究人员可以从中获取相关信息并组建 EBP 制订小组。EBP 制订小组应当由不同背景和专业知识的成员组成。建议招募在 EBP 制订方法，知识转化科学，行政管理，证据研究、评价和综合，以及沟通方面具有一定能力和权威的专业人员。

3. 成立 EBP 指导委员会

EBP 指导委员会的主要任务是在 EBP 制订过程的不同步骤中提供支持和帮助。指导委员会一般由 5~7 名政府工作人员、决策者、研究人员和其他关键利益相关者组成，并要求他们来自多部门、多学科且具有高水平的研究能力。

4. 了解政策和政治背景

在开始制订 EBP 之前，必须足够了解相关政策问题和政治背景。从政策问题的相关概念出发，了解其深层内涵，再进一步了解与该政策问题相关的法律或目前已有的措施。探究该政策问题成为研究焦点的历史和政治背景，以及该问题是否已被写入国家政策/政治议程中。同时，还需要明确关注该政策问题的决策者和利益相关者。

5. 举办指导委员会会议

在开始制订 EBP 之前，指导委员会和制订小组需要举办会议，来商讨并确定 EBP 的制订步骤和流程，敲定整个制订过程的时间表以及各个步骤中的关键问题细则。

（二）EBP 的制订阶段

1. 形成问题树

EBP 制订小组应该投入时间来形成问题树（problem tree），因为一个明确定义的问题树有助于阐明政策问题、可能导致的后果以及直接或间接的潜在因素，确定可能的利益相关者，确定如何检索政策方案，确定在实施过程中存在的潜在障碍。一个完整的问题树应当包括：①位于树中心的核心问题；②问题的直接和间接后果，包括核心问题（如财务和健康结果、死亡率、发病率等）；③核心问题的直接和间接潜在因素清单。

2. 形成 EBP ToR

基于前面的所有步骤，EBP 职责范围（terms of reference，ToR）可以作为完整 EBP 的大纲。该报告将告知关键利益相关者需要进行的咨询和讨论，以确保 EBP 的顺利制订，并确保在目前背景下实施政策方案的可行性。

3. 利益相关者咨询

一般通过访谈、问卷调查或头脑风暴的形式来开展利益相关者咨询，而且应当在开始前与利益相关者确认时间。利益相关者应该提前阅读 EBP ToR，以便在咨询过程中快速提出建设性的建议；如果没有提前阅读，则应当在咨询时保证有足够的时间来阅读 EBP ToR。访谈者应当具备半结构化访谈的技能和经验，并详细记录被访谈者提出的建议和意见。这一步骤是非必需的，但可以通过对关键利益相关者的咨询获得宝贵信息。

4. 检索、评价并综合证据

在确定具体的政策问题之后，应进行全面的文献检索，以确定有关该问题的现有最佳证据、解决该问题的方案以及实施考虑因素。这一步骤要求明确拟纳入的证据类型、检索的电子数据库、各种补充检索方法、文献筛选与证据综合方法（例如，系统评价）。文献检索是一个迭代的过程，可以在整个 EBP 的制订过程中多次进行。建议获取以下两种类型的证据或数据：①本地数据，用于确定政策问题的背景、规模及潜在因素；②全球证据，以系统评价为主，可提供最高质量的研究证据。

5. 明确政策问题

应当明确陈述问题的定义、问题的规模、问题带来的后果、问题背后的潜在因素、与问题相关的公平性考虑等内容。EBP 制订过程中的这一步骤一般主要基于地方或区域文献，与当地的决策者和利益相关者息息相关。情况分析、举办指导委员会会议和形成问题树有助于明确政策问题。EBP 中政策问题的定义应当包括以下内容：①清晰且简明扼要地描述该政策问题，使用 3~4 句描述需要界定的概念；②描述该政策问题的严重程度，多角度地针对该问题展开叙述，以引起利益相关者的关注；③描述该政策问题可能导致的后果，通过回顾过去该问题已经导致了哪些后果来说明如果不施加干预，将会带来怎样更为严重的后果；④描述该政策问题的潜在因素，通过分析国际化和地域化的潜在因素，更好地剖析需要怎样的政策方案来解决相应的问题；⑤描述与该政策问题相关的公平性考虑，为了对政策方案进行有证据依据的决策，决策者需要了解这些政策方案可能如何对某些人群或环境产生不同的影响。如果有不公平性的存在，则需要通过政策方案来克服或弥补。

6. 提出政策方案

在详细描述政策问题及其相关信息之后，下一步是提出该问题的政策方案。EBP 描述了依据证据总结得到的能够有效解决相关政策问题及其潜在因素的方案。这些政策方案应当考虑目前所有已确定的潜在因素，如果依据目前的证据无法涵盖所有的潜在因素，则需要说明在某些潜在因素方面还需要进行深入研究。一般来说，政策方案是基于以下两种情况提出的：①使利益最大化，降低风险，确保成本效益，并改进现有决策的实施情况；②对已经在政策制定过程中的政策方案进行评估，协助政策制定者和决策者进行决策。

7. 说明实施考虑因素

对实施考虑因素的探究是必要的，它决定了前文中提出的政策方案能否在相应的环境下实施以及能否带来一定的积极影响。定性证据综合（qualitative evidence synthesis，QES）和对定性研究的系统评价通常是确定实施考虑因素的首选来源。一般而言，EBP 会在文中提供 3~4 个能够解决政策问题的方案，它们之间可以是相互排斥的，决策者和利益相关者可以决定只选择其中的一项，一般使用"policy opinion"来表达政策方案。同时，政策方案也可以是相互补充的，通过共同执行它们能够全面解决该问题，此时的术语会使用更为贴切的"policy element"。在探究实施考虑因素的过程中，有必要明确促进或阻碍因素所针对的群体，包括：①患者/公民，如了解公益/免费计划项目的可及性；②卫生工作者，如他们是否遵守相应的指南；③组织/机构，如确保它们提供高质量的护理服务的绩效管理制度；④系统，如法规条例或规章制度的执行。

8. 撰写 EBP 并翻译校对

依据以上步骤的研究工作，撰写 EBP 的全文并组织校对和翻译工作，以便 EBP 的实施、传播、推广。可依照现有的撰写规范进行撰写，如 2020 年 WHO 发布的《政策简报制订手册》中就明确了在一份完整的 EBP 中应当报告的条目，可供制订者参考。在撰写过程中要时刻谨记 EBP 的目标用户，以简单直接的表述方式来进行总结，以便政策制定者能快速地获取证据信息并支持决策。同时，也要注意上下文之间的连贯性，做到有因有果，有证据可依。色彩丰富的图片和表格有助于总结和描述 EBP 的核心内容，更容易引起目标用户的注意。在 EBP 正式发表前，需要针对文稿进行翻译和校对，以便更好地传播和应用于各个国家或地区。

9. 同行评审

指导委员会和主要作者应为 EBP 确定 3~4 名同行评审人，其中至少应有 1

名决策者、1名领域专家和1名方法学专家。应该在开始评审前与评审人取得联系，以确认他们的意向和时间。同行评审人应该是从另一个循证政策网络（evidence-informed policy network，EVIPNet）国家的成员中邀请的，或者为国际专家。同行评审需要1~2周的时间完成，之后反馈修改意见至EBP制订小组。EBP制订小组应当认真汇总相应的修改意见，无法达成共识的内容通过与EBP指导委员会讨论，来决定修改方案。同行评审人在致谢部分也应当被声明其对于本EBP的贡献。

三、循证政策简报的撰写规范

对于如何规范化地撰写EBP，目前尚无统一且公认的标准，本书参考了四部与EBP相关的撰写或报告指南[①]，将各部指南中描述的内容进行总结，并提炼成以下几点撰写规范（表8-10），为研究者在制作EBP的过程中提供一定的参考和帮助。

表8-10 循证政策简报的撰写规范

编号	英文条目名称	中文条目名称
1	Title	标题
2	Key Messages	关键信息
3	Executive Summary	执行总结
4	Introduction/Background	政策问题的背景
5	Methods	研究方法
6	Policy Options/Policy Elements	政策方案
7	Implementation Considerations	实施考虑因素
8	Next Steps	下一步计划
9	References and Appendices	参考文献与附件

---

① World Health Organization Regional Office for Europe. Evidence briefs for policy：Using the integrated knowledge translation approach：Guiding manual[EB/OL]. [2020-12-21]. https://iris.who.int/handle/10665/337950；The University of Iowa Injury Prevention Research Center. Writing and Disseminating Policy Briefs[M/OL]. [2017-08-01]. https://iprc.public-health.uiowa.edu/wp-content/uploads/2018/03/Writing-and-Disseminating-Policy-Briefs.pdf；Lavis J N，Permanand G，Oxman A D，et al. SUPPORT tools for evidence-informed health policymaking（STP）13：Preparing and using policy briefs to support evidence-informed policymaking[J]. Health Research Policy and Systems，2009，7(1)：1-9；Collaboration S. SURE guides for preparing and using evidence-based policy briefs[R/OL]. [2011-11-01]. https://epoc.cochrane.org/sites/epoc.cochrane.org/files/public/uploads/SURE-Guides-v2.1/Collectedfiles/source/libraries/pdfs%20of%20guides/01%20getting%20started%202011%2011.pdf.

1. 标题

需要在标题中报告 EBP 关注的核心主题，要求表述简洁且切中要点，能够激发读者的阅读兴趣，并明确研究类型为循证政策简报。必要时可描述该 EBP 的作者、编号和系列名称。

2. 关键信息

关键信息可以为相关读者快速定位 EBP 的主题并获取其重要结果提供的帮助，是为读者提供简洁信息的关键板块。关键信息应当包括一页篇幅以内的要点内容，总结关于政策问题的核心信息、规模、潜在影响因素、主要的政策方案和实施考虑因素。

3. 执行总结

执行总结是整篇 EBP 中的概述性部分，可以为缺乏阅读全文时间的相关读者提供一份详略适中的阅读材料，能够较为深入地了解政策问题以及相应的政策方案，以此来了解 EBP 的整体概况和关键结果，因此执行总结的撰写十分必要。在执行总结的撰写中应较为详细地总结每个政策问题、政策方案和实施考虑因素的具体情况，篇幅一般在三页以内。

4. 政策问题的背景

在政策问题的背景中，与其他研究类型的背景部分类似，需要描述政策问题的定义、该政策问题如何引起研究者的关注、影响政策问题的潜在因素，并使用统计数据来量化问题的严重性及重要性，进而说明制订 EBP 的必要性和紧迫性。

5. 研究方法

在研究方法部分，需要报告 EBP 使用的证据检索、评价和综合方法。例如，检索的数据库、获取文献的研究类型、使用的证据评价工具、采用综合证据的方法等。研究方法部分即是对获取证据过程的描述，能够很直观地告诉读者该 EBP 是如何根据证据制订的，证据来自本地或来自全球。

6. 政策方案

政策方案是 EBP 的核心内容之一，在这一部分要求描述所有可能解决目标政策问题的方案，并且对这些方案进行全面且科学的评估。评估要素包括可能带来的利益、可能导致的危害、公平性、可行性、成本效益、偏好与价值观、利益相关者的观点和经验等。

7. 实施考虑因素

在实施考虑因素中，需要描述在实施政策方案的过程中，可能存在怎样的促进和阻碍因素，包括政策方案的优点和缺点，以及尽可能规避阻碍因素的策略。

这一部分是政策方案实施过程的关键考量，也是政策制定者、研究人员和相关领域的实践者十分关心的内容，因此需要依据现有证据做出全面说明。

8. 下一步计划

下一步计划中需要描述计划如何推进 EBP 的实施，以确保其顺利实施并带来预期的积极影响。这一部分要求描述的内容包括政策对话、后续如何实施以及如何开展评价等。

9. 参考文献与附件

要求制订者在 EBP 文章末尾提供相关参考文献，必要时提供拓展阅读文献的清单（或链接）以及相关附件。参考文献的格式在正文和文末的参考文献列表中均保持一致。附件中可以包括 EBP 中的纳入研究及对其质量评价结果的总结，以及由于篇幅限制而无法在正文中展示的任何其他相关信息，以供有兴趣进行深入研究的读者查阅。

附件一：循证社会科学经典文献导读

（一）循证社会科学理论性文献导读

1. *Evidence-based medicine: A new approach to teaching the practice of medicine*

文献介绍：1992 年，麦克马斯特大学的 Gordon Guyatt 教授等人以循证医学工作组的名义，在临床医学刊物《美国医学会杂志》（JAMA）上发表了 *Evidence-based medicine: A new approach to teaching the practice of medicine* 一文。该文对循证医学进行了概述，描述了循证医学的实践方法与以往方法的不同之处。通过对比，该文指出以往的医学实践往往高度重视传统的科学权威和标准方法，相比较而言，循证医学在一定程度上降低了权威的价值但并不完全否定其价值。同时，循证医学需要医生具有独立评估证据的能力，并且接受医学实践中存在的不确定性。该文作者依据此前在加拿大麦克马斯特大学医学中心举办"如何阅读医学文献的学习班"的经验，在该文中对循证医学实践的要求、对医生的培养和医学教育提出了相应方案。此外，该文对循证医学在传播中遭到的误解，在教育和医学实践者中传播遇到的问题进行了解释和梳理。这篇文章的发表标志着循证医学的诞生，为医学的研究和实践提供了新的范式，为医学发展开启了新的篇章。

文献链接：Evidence-based Medicine Working Group. Evidence-based medicine: A new approach to teaching the practice of medicine[J]. JAMA，1992，268(17)：2420-2425.

2. *Evidence-based Medicine: How to Practice and Teach EBM*

文献介绍：1997 年，由戴维·萨基特教授等主编的 *Evidence-based Medicine: How to Practice and Teach EBM* 一书在伦敦出版。该著作明确阐述了循证医学的定义、引起研究人员及临床医生关注的原因、实践的步骤、存在的局限性等核心问题，将循证医学定义为"将最好的研究证据与临床专业技能、患者的价值观三者结合"。该著作主要从如何提出可回答的临床问题，如何将问题转化为对最佳证据的有效搜索，如何批判性地评估证据的有效性和重要性，以及如何将最佳证据与患者的价值观和偏好相结合等四个方面，对如何开展循证医学实践的方法进行了全面、详细的论述，同时对循证医学的教学方式等进行了详细介绍。该著作一经出版，很快被译为多种语言在全球广泛传播，成为指导全球学习和实践循证医学的重要理论体系和方法学基础。

文献链接：Sackett D L，Richardson W S，Rosenberg W，et al. Evidence-based Medicine: How to Practice and Teach EBM[M]. London: Churchill Livingstone, 1997.

3. *Primary, secondary, and meta-analysis of research*

文献介绍：1976 年，G. V. Glass 教授在杂志《教育研究者》(*Educational Researcher*) 上发表了 *Primary, secondary, and meta-analysis of research* 一文。该文将数据分析的方法分为三个层次——原始分析、二次分析以及 Glass 首次提出的 Meta 分析，阐述了 Meta 分析出现的必要性，并对此前开展文献结果整合的研究进行了简要总结和介绍。认为随着大量研究的开展和发表，学者们的分析工作面临大量存在不一致性的信息，想要从大量信息中获取知识，就需要一种能够将这些研究有序总结起来的方法，以便从众多研究中提取知识。提出"Meta 分析"是为了引起人们对审查整合文献的不同思考方式的关注，Meta 分析是一种解决研究人员所知少于已证明内容这一尴尬境地的方法。从价值来看，这篇文章首次提出 Meta 分析，并将 Meta 分析定义为"整合来自单个研究的大量分析结果的统计分析方法"，开启了 Meta 分析这一重要方法发展的新纪元。

文献链接：Glass G V. Primary, secondary, and meta-analysis of research[J]. Educational Researcher, 1976, 5(10): 3-8.

4. *Report on certain enteric fever inoculation statistics*

文献介绍：1904 年，Karl Pearson 教授在医学期刊《英国医学杂志》(*The British Medical Journal*, BMJ) 上发表了 *Report on certain enteric fever inoculation statistics* 一文。这篇文章首次尝试综合在印度和南非开展的多个研究结果，以确定疫苗接种在预防士兵感染伤寒方面的有效性，被认为是第一篇医学领域的 Meta 分析研究成果。

文献链接：Pearson K. Report on certain enteric fever inoculation statistics[J]. BMJ, 1904, 2(2288): 1243-1246.

5. *Meta-analysis of psychotherapy outcome studies*

文献介绍：1977 年，M. L. Smith 和 G. V. Glass 教授在《美国心理学家》(*American Psychologist*) 上发表了 *Meta-analysis of psychotherapy outcome studies* 一文。该文对近 400 项心理治疗和咨询的对照评价研究进行了识别，收集了所有的研究结果，对研究结果进行了编码和统计整合，确定每个研究中治疗效果的大小，对不同类型治疗效果进行比较，并将效果的大小与治疗的特点和研究的特点联系起来，为心理治疗的有效性提供了可信证据。从价值来看，这篇文章被认为是社会科学领域的第一篇 Meta 分析研究成果，表明不同实验的结果可以被标准化并放在同一个尺度上整合分析,由此 Meta 分析开始在更多领域和更大程度上影响科学研究的发展。

文献链接：Smith M L, Glass G V. Meta-analysis of psychotherapy outcome studies[J]. American Psychologist, 1977, 32(9): 752-760.

6. *The effects of corticosteroid administration before preterm delivery: An overview of the evidence from controlled trials*

文献介绍：1990 年, Patricia Crowley, Iain Chalmers 和 Marc J. Keirse 共同在《英国妇产科杂志》(*British Journal of Obstetrics and Gynaecology*) 上发表了 *The effects of corticosteroid administration before preterm delivery: An overview of the evidence from controlled trials* 一文。该文研究通过检索牛津产前试验数据库和询问产科医生和儿科医生获取所有糖皮质激素对早产儿疗效的试验, 经过筛选最终纳入 12 篇相关的随机对照试验。从新生儿呼吸窘迫综合征的发病率、其他新生儿疾病发病率、早期新生儿死亡率和婴儿后期发病率、可能的新生儿和产妇风险、女性胎膜早破的二次分析几个方面对数据进行了整合分析, 证实了糖皮质激素能减少早产儿呼吸窘迫综合征的出现。该研究结果被产科医生广泛采纳, 使早产儿死亡率下降了 30%~50%, 产生了巨大的社会效益和经济效益。因此, 这一研究被认为是随机对照试验系统评价领域的里程碑成果, 此后系统评价被广泛接受。该研究的第二作者 Iain Chalmers 博士于 1992 年在英国创建了 Cochrane 中心, 并以该研究的森林图为主体设计注册了 Cochrane 协作网的标识。

文献链接：Crowley P, Chalmers I, Keirse M J. The effects of corticosteroid administration before preterm delivery: An overview of the evidence from controlled trials[J]. British Journal of Obstetrics and Gynaecology, 1990, 97(1): 11-25.

7. *Network meta-analysis for indirect treatment comparisons*

文献介绍：2002 年, Thomas Lumley 在杂志《医学统计学》(*Statistics in Medicine*) 上发表了 *Network meta-analysis for indirect treatment comparisons* 一文。该文阐述了直接比较的研究方法不能满足多个比较的需求, 提出使用较为复杂的比较网络即网状 Meta 分析的方法, 可以探寻不同治疗的随机试验之间的不一致性、估计治疗的差异和评估这些估计中的不确定性。该文章通过分析比较网络, 指出对比网络中存在的不一致性, 由此建立了网状 Meta 分析模型, 并对限制最大似然比的估计方法进行了介绍, 举例运用网状 Meta 分析方法来尝试解决多个治疗间的比较问题。从价值来看, 这篇文章首次提出了网状 Meta 分析, 并对其方法进行了介绍, 丰富了系统评价研究方法, 推动了系统评价和 Meta 分析的进一步发展。

文献链接：Lumley T. Network meta-analysis for indirect treatment comparisons[J]. Statistics in Medicine, 2002, 21(16): 2313-2324.

8. *Meta-analysis and the science of research synthesis*

文献介绍：2018 年，Jessica Gurevitch 等人在医学期刊《自然》（*Nature*）上发表了 *Meta-analysis and the science of research synthesis* 一文。该文指出作为一种对研究结果定量、科学的综合研究方法，Meta 分析在提出的几十年间发展迅速，可以用于处理看似矛盾的研究结果，是循证实践的基础，在许多科学领域里都产生了革命性的影响。但随着 Meta 分析研究成果发表数量迅速增加，许多低质量的系统评价和 Meta 分析研究成果引来了学者的不满和批评。该文重点介绍了高质量 Meta 分析的主要原则和特点，回顾了 Meta 分析的发展历程，梳理了 Meta 分析提出以来所取得的成就和方法上存在的局限性，回应了一些针对 Meta 分析的批评，指明了 Meta 分析未来的发展方向，并提出未来综合研究的发展可以促进 Meta 分析在其使用领域的拓展和进步。这篇文章通过对 Meta 分析 40 年的发展回顾，表明系统评价和 Meta 分析作为综合研究的一种科学方法，得到了广泛应用和肯定，未来将会在自然科学领域，乃至社会科学领域发挥重要作用。

文献链接：Gurevitch J，Koricheva J，Nakagawa S，et al. Meta-analysis and the science of research synthesis[J]. Nature，2018，555(7695)：175-182.

9. *Evidence-based practice: An alternative to authority-based practice*

文献介绍：1999 年，美国学者 Gambrill 教授在杂志 *Families in Society* 上发表了 *Evidence-based practice: An alternative to authority-based practice* 一文。该文按照是否遵循研究证据及遵循的程度，将处理实践和知识之间关系的方式分为基于证据和基于权威两种，由此将社会工作模式分为权威实践与循证实践，其中前者为基于实践者所接受的陈旧知识、流行观念、个人经验或专家建议的实践模式，后者为严格建立在科学研究证据基础上的实践模式。同时，该文对逻辑实证主义、相对主义、批判理性主义、证明与证伪等在社会工作领域的不同认识方式进行了概括描述，论述了循证实践和权威实践中知识的不同角色和特点，以及问题与实践相联系的不同方式，特别对社会工作中的循证实践和权威实践进行了对比。这篇文章首次将循证实践引入了社会工作领域，开启了循证社会工作研究及发展的新浪潮。

文献链接：Gambrill E. Evidence-based practice: An alternative to authority-based practice[J]. Families in Society，1999，80(4)：341-350.

10. *Is there such a thing as "evidence-based management"?*

文献介绍：2006 年，美国学者 Rousseau 在《管理学会评论》（*Academy of Management Review*）上发表了 *Is there such a thing as "evidence-based management"?* 一文。该文首先指出管理学领域目前存在研究和实践转化之间的间隙问题，即一方面许多研究成果并没有被很好地转化应用，另一方面一些已知有效的管理实践也没有得到很好的理解。随后该文对不同循证领域的发展现状进行简要概括,并从中梳理出了循证实践的特征。基于上述两方面的论述,该文陈述了将循证实践引入管理学领域的重要性和紧迫性,并将循证管理定义为"基于当前最佳证据的科学管理理论转化为组织管理实践",即从研究证据中得出原则,并将其转化为解决组织问题的实践。该文最后阐述了在管理学教育方面如何更好地促进研究的转化应用,并对循证管理的未来进行了展望。这篇文章首次将循证实践引入管理学领域,为循证社会科学和管理学自身的发展提供了新的思路、注入了新的活力。

文献链接:Rousseau D M. Is there such a thing as "evidence-based management"? [J]. Academy of Management Review,2006,31(2):256-269.

11. *Hard Facts, Dangerous Half-truths, and Total Nonsense: Profiting from Evidence-based Management*

文献介绍:2006 年,斯坦福大学的 Jeffrey Pfeffer 和 Robert I. Sutton 教授出版了 *Hard Facts, Dangerous Half-truths and Total Nonsense: Profiting from Evidence-based Management* 一书。该著作指出管理者的行为往往不是基于证据或深刻的知识,而是盲目地复制别人的行为、过多地依靠直觉、不质疑管理实践的意识形态和流行风格,并展示了公司如何通过循证管理来提升绩效并在竞争中取胜,这表明了循证管理是一种基于确凿事实而非半真半假或炒作的决策和行动方法。随后,该著作通过指导管理者使用循证管理的方法来打破应用广泛但有缺陷的传统管理,包括领导力、战略、变革、人才、财务激励、工作与生活的平衡,向管理者们展示了如何为自己的公司找到并应用最佳循证管理实践。这部著作是第一部循证管理著作,提倡并强调基于证据和执行良好的管理才是有效管理,进而推动了循证管理的发展。

文献链接:Pfeffer J, Sutton R I. Hard Facts, Dangerous Half-truths, and Total Nonsense: Profiting from Evidence-based Management[M]. Boston: Harvard Business Press, 2006.

12. *Professional policy making for the twenty first century*

文献介绍:1999 年,英国政府内阁办公室发布了《21 世纪的专业政策制定》。该文件阐述了政府现代化的主要驱动力之一是公共服务供给和以证据为基础的政策制定。该文件用独立的一章阐述了当前使用证据的发现并对其未来进行了展望,指出使用证据是提高政府有效性的重要途径。该文件指出循证决策中政策制定者的决策以最佳的可及证据为基础,关键利益相关者都能够在政策发展之初就参与并经历政策的整个制定过程,所有相关的证据都会提交给政策制定者。同时指出循证决策的证据来源包括专业知识、现有的国内外研究和统计数据、对利益相关者的咨询、评估以前的政策、适当的新研究、互联网等。这个文件是继英国政府在同年3月发布的《政府现代化》白皮书中提出"改进证据的使用"体现循证决策的思想后对循证决策概念的进一步明确和应用，开启了循证决策的新发展特别是在政府层面的应用和普及。

文献链接：Strategic Policy Making Team. Professional policy making for the twenty first century[EB/OL]. [2012-08-01]. https://dera.ioe.ac.uk/id/eprint/6320/.

13. *SUPPORT tools for evidence-informed health policymaking(STP)*

文献介绍：2009年，Andy Oxman、Simon Lewin和John Lavis等循证卫生政策专家推出了循证卫生决策支持工具（SUPPORT tools for evidence-informed health policymaking，STP），并在杂志《健康研究政策与系统》（*Health Research Policy and Systems*）上发表了18篇系列论文。这一为负责制定卫生政策和其他决策人员以及支撑决策者的人员所编写的系列文章涉及四大领域，包括支持基于证据的决策、确定与决策过程中三个步骤相关的研究证据需求（即问题澄清、选项框架和实施规划）、查找和评估系统评价和其他类型的研究为这些步骤提供信息的证据、从研究证据到决策等。每篇文章都从与该主题相关的典型场景入手，以问题为导向，力求帮助读者了解和应用所推出的工具及相关信息资源，并展示了如何应用这些工具和资源来开展活动以有效地支持循证决策。STP的推出和这一系列文章的发表，为推动循证公共卫生决策提供了丰富的工具选择和坚实的方法学基础，是循证决策领域的又一里程碑事件。

文献链接：（1）Health Research Policy and Systems. SUPPORT tools for evidence-informed health policymaking(STP)[J/OL]. [2009-12-16]. https://health-policy-systems.biomedcentral.com/articles/supplements/volume-7-supplement-1.

（2）Lavis J N, Oxman A D, Lewin S, et al. SUPPORT tools for evidence-informed health policymaking (STP)[J]. Health Research Policy and Systems, 2009, 7(S1)：I1.

14. *Evidence-based health policy*

文献介绍：2017年，Katherine Baicker和Amitabh Chandra在国际期刊《新英格兰医学杂志》（*The New England Journal of Medicine*）上发表了*Evidence-based health policy*一文。该文指出循证卫生决策具有明确的框架，是做出理性政策选择的先决条件，并总结出政策要细化、循证卫生决策需要区分政策和目标、循证卫生决策需要政策影响程度的证据三个循证卫生决策的基本特征。同时指出，循证卫生决策仍然面临诸多挑战，如循证卫生决策需要相应的立法和监管细节，对证据的解释容易受到分析者隐含目标的影响，丰富的证据也不能保证一项政策能够实现其目标。这一文章对循证卫生决策的重要性予以了充分肯定，明确了其有助于区分事实和愿望，推动了循证卫生决策的发展。

文献链接：Baicker K, Chandra A. Evidence-based health policy[J]. The New England Journal of Medicine, 2017, 377(25): 2413-2415.

15. *Teaching as a research-based profession: prospects and possibilities*

文献介绍：1996 年，剑桥大学 Hargreaves 教授在机构年度教师培训中作了题为 *Teaching as a research-based profession: prospects and possibilities* 的讲座，并随后将其发表在《英国教育研究杂志》（*British Educational Research Journal*）上。该文首次提出了循证教育的概念，主张教育必须基于严格的科学证据，要求教师在教育过程中将专业智慧与最佳、有效的经验证据综合起来进行教学决策。这一文章开拓了循证研究的教育学领域，提出了循证教育这一新概念，助推了循证社会科学的发展。

文献链接：Hargreaves D. Teaching as a research-based profession: prospects and possibilities[J]. British Educational Research Journal, 1996, 23: 141-161.

16.《循证社会科学的产生、发展与未来》

文献介绍：2018 年，兰州大学杨克虎教授在《图书与情报》杂志上发表了《循证社会科学的产生、发展与未来》一文。该文首先介绍了循证社会科学的概念和起源，通过介绍循证理念在循证决策、循证教育学、法循证学、循证社会工作等领域的发展，全面地呈现了国内外循证社会科学的发展现状，并对系统评价这一循证研究方法在社会科学中的应用进行了探讨，对循证社会科学的未来进行了展望。他认为在循证社会科学的研究和实践过程中，确立循证社会科学的学科定位、完善循证社会科学的定义概念、构建循证社会科学研究的方法学体系等意义重大。这篇文章首次在我国提出了循证社会科学的概念，并系统地剖析了循证社会科学的起源与发展现状，以及在中国的发展现状和未来展望，揭开了我国循证社会科学发展的序幕。

文献链接：杨克虎. 循证社会科学的产生、发展与未来[J]. 图书与情报, 2018, (3): 1-10.

17.《探索新文科背景下循证社会科学新发展》

文献介绍：2020 年 12 月 8 日，兰州大学杨克虎、魏志鹏在《中国社会科学报》上发表了《探索新文科背景下循证社会科学新发展》一文。该文指出循证社会科学能够在新文科建设过程中，通过社会科学领域最佳证据的生产、传播、转化和应用，揭示和阐释社会科学领域规律性深层次问题，为新文科建设提供实践支持。同时，该文认为循证社会科学与新文科都具有强调信息技术应用等共同之处，循证社会科学也具有新文科所看重的跨学科、多学科等特性，并指出在新文科建设中，循证社会科学能够提供学科交叉、技术应用、人才培养以及范式变革等实践支持。这篇文章在新文科建设的背景下,对循证社会科学的内涵、发展、应用前景等进行了充分的介绍和阐述,推动循证社会科学融入新文科建设的浪潮和契机之中。

文献链接：杨克虎,魏志鹏. 探索新文科背景下循证社会科学新发展[N]. 中国社会科学报,2020-12-08(1).

18.《循证实践：一种新的实践形态?》

文献介绍：2010年,杨文登教授在《自然辩证法研究》上发表了《循证实践：一种新的实践形态?》一文。该文介绍了循证实践这一实践领域新范式的起源和基本概念,对循证实践的框架体系和实施步骤等方面进行了梳理。着重从价值观和方法论两大视角对循证实践进行了剖析和解读。从价值观来看,循证实践在实践领域要求重视科学证据、进行科学管理的呼声中产生,并体现了求真、民主、高效、公正与共享等重要时代精神。在方法论上,循证实践虽然是科学主义取向的,但也存在着技术化、方法中心、还原主义及科学价值凌驾于人文价值之上等问题。由对自然科学发展脉络的分析讨论引出如何正确定位循证实践的问题,该文指出循证实践的本质是医学及人文社会科学实践领域对自然科学实践形态影响的回应。这篇文章在国内首次系统地介绍了循证实践,点明了循证实践是一种基于自然科学,有着独特理论框架和操作规范的新的实践形态,为循证社会科学的发展夯实了理论基础。

文献链接：杨文登. 循证实践：一种新的实践形态? [J]. 自然辩证法研究,2010,26(4)：106-110.

19.《社会科学的三次"科学化"浪潮：从实证研究、社会技术到循证实践》

文献介绍：2012年,杨文登和叶浩生在《社会科学》杂志上发表了《社会科学的三次"科学化"浪潮：从实证研究、社会技术到循证实践》一文。该文将自然科学发展的三个步骤进行对比,介绍分析了社会科学发展的三次浪潮——运用实证研究方法,实现基础研究领域的"科学化";形成社会技术,实现应用研究领域的"科学化";推进循证实践,实现实践领域的"科学化"。他们着重指出第三次"科学化"浪潮,是将社会科学的实践指导从以常识、经验为主转化为科学理论,形成社会科学的"循证实践"。该文以社会科学中的循证心理治疗、循证教育学为例,指出社会科学的第三次"科学化"浪潮仍处于萌芽状态,还需要进一步明确社会科学实践领域如何实现"科学化"以及如何开展循证实践。这篇文章首次将循证实践与社会科学在理论上较为深刻地联系在一起,为社会科学的循证实践即第三次"科学化"浪潮提供了方向和启示。

文献链接：杨文登,叶浩生. 社会科学的三次"科学化"浪潮：从实证研究、社会技术到循证实践[J]. 社会科学,2012,(8)：107-116.

20. 《证据为本的实践的兴起及其对中国社会工作发展的启示》

文献介绍：2004 年，何雪松教授在杂志《华东理工大学学报（社会科学版）》上发表了《证据为本的实践的兴起及其对中国社会工作发展的启示》一文。该文首先介绍了证据为本的实践，即循证实践的兴起背景、基本内涵、实践原则和环节，并与社会工作领域的教育和研究特点相结合，将循证实践定义为"在西方社会工作领域兴起的关于社会工作实践立足于科学研究的结果并从众多证据中找出最佳实践的一整套基本理念和操作架构"。随后回顾了循证实践引发的主要论争，提出论争背后隐含的对立主要来自知识论的分殊、如何平衡科学与价值的冲突以及理想模式与实际运作之间的矛盾。最后指出循证实践对中国社会工作发展的启示，呼吁社会工作研究人员开展循证实践、为实践提供证据。这篇文章是我国社会工作领域首次提出和引入循证实践，并基于我国社会工作领域存在的问题，指出循证实践是推动社会工作发展并获得认同的一种可能策略。

文献链接：何雪松. 证据为本的实践的兴起及其对中国社会工作发展的启示[J]. 华东理工大学学报(社会科学版)，2004，(1)：13-18.

21. 《西方国家循证矫正的历史发展及其启示》

文献介绍：2013 年，王平和安文霞在《中国政法大学学报》上发表了《西方国家循证矫正的历史发展及其启示》一文。该文以"循证医学—循证实践—循证矫正"的概念流变为源点，介绍了循证矫正的定义和内涵，在介绍加拿大、美国、英国、澳大利亚、新西兰等国家循证矫正内容等发展现状的基础上，指出循证矫正具有降低再犯率、节约成本和保障公平等优点，探求了循证矫正对我国传统矫正的启示，提出在我国矫正工作中监狱矫正和社区矫正应当联动，矫正手段应向多元化、平缓化转变等发展对策。这篇文章从循证矫正的概念、兴起背景、发展现状、主要内容等方面较为全面地对循证矫正进行了介绍，推动了我国传统矫正与循证矫正两种模式的结合及更好的发展。

文献链接：王平，安文霞. 西方国家循证矫正的历史发展及其启示[J]. 中国政法大学学报，2013，(3)：5-16，159.

22. 《循证决策：国际实践、理论渊源与学术定位》

文献介绍：2013 年，周志忍和李乐在杂志《中国行政管理》上发表了《循证决策：国际实践、理论渊源与学术定位》一文。该文首先介绍了循证决策出现的背景，从专门的研究机构、交流平台、学术活动和研究成果的大量涌现几个方面阐述了循证决策的影响。随后从循证决策的内涵、推进循证决策的原因、循证决策的构成要素、《21世纪的专业政策制定》所提出的具体措施、循证决策的理论渊源及特征等多角度全面介绍了循证决策。最后围绕定位、相关争议、研究关注点三个方面对正确认识循证决策进行了讨论，指出对循证决策的关注和研究应该着眼于实际应用的具体案例。这篇文章对循证决策的发展及认识进行了全面的梳理和阐释，推动了循证决策的理论发展和在我国的传播。

文献链接：周志忍，李乐. 循证决策：国际实践、理论渊源与学术定位[J]. 中国行政管理，2013，（12）：23-27，43.

23.《从循证决策到循证治理：理论框架与方法论分析》

文献介绍：2018年，王学军和王子琦在杂志《图书与情报》上发表了《从循证决策到循证治理：理论框架与方法论分析》一文。该文从循证决策面临的理论和实践的挑战引出循证治理，指出循证治理是循证思潮与主流公共管理理论之间的桥梁。随后从证据生产、评价、使用和价值取向等环节阐释了从循证决策到循证治理的转变逻辑，提出了循证治理的理论分析框架——动态三角模型，以及循证治理的三要素——证据、领导力和公共价值，指出循证治理的未来研究问题包括中层理论构建、知识转化、方法论研究、本土化研究以及大数据与计算社会科学背景下的循证治理等。这篇文章讨论了从循证决策到循证治理的逻辑转变、循证治理的分析框架和方法论以及未来的展望，对循证治理进行了全面的介绍，引发了相关学者对循证决策和循证治理的关注。

文献链接：王学军，王子琦. 从循证决策到循证治理：理论框架与方法论分析[J]. 图书与情报，2018，（3）：18-27.

24.《基于证据的教育及其对我国教育发展的启示》

文献介绍：2011年，许爱红在杂志《教育理论与实践》上发表了《基于证据的教育及其对我国教育发展的启示》一文。该文介绍了基于证据的教育，即循证教育的兴起和定义，引用了格罗弗·怀特赫斯特对循证教育进行的定义：在决定如何进行教育的过程中，循证教育是专业智慧与最佳经验证据的融合。随后阐述了证据的内涵以及循证教育中应用的证据，指出循证教育发展应用的证据可以分为结果的证据、过程的证据和伦理的证据，但任何证据都必须满足相关性、充分性和真实性三个标准。基于以上论述，该文提出循证思想对我国教育发展具有重要的启示，走向循证教育需要把握提升教育实证研究质量、综述和评估科学研究、推广科学研究结果以及发展和支持"循证文化"等四个要素。这篇文章首次对循证教育学的西方发展背景、定义、相关的证据以及对我国教育发展的启示进行了较为全面的阐述，推动了我国循证教育学的发展。

文献链接：许爱红. 基于证据的教育及其对我国教育发展的启示[J]. 教育理论与实践，2011，31(25)：16-19.

25.《法循证学：法学与循证科学的交叉方法和领域》

文献介绍：2018年，刘光华在杂志《图书与情报》上发表了《法循证学：法学与循证科学的交叉方法和领域》一文。该文从"法循证学"的命名、内涵与外延、方法特征、方法论意义、研究前景等方面进行了论述，指出在循证社会科学发展的背景下将其命名为"法循证学"而不是"循证法学"是基于法学领域内新兴交叉学科概念界定的科学根据和事实依据的考量。指出法循证方法具有方法的科学性、目标的靶向性、知识的系统性等特征，不仅呈现出让法治决策有据可依等一般意义，而且对中国特色社会主义法治建设还具有独特的实践和理论意义。这篇文章首次将 Evidence-based Law 译为"法循证学"并进行了相关阐释，进而区别了法学领域的证据法学、证据科学等概念，激发了法学领域学者对循证社会科学的兴趣和研究应用。

文献链接：刘光华. 法循证学：法学与循证科学的交叉方法和领域[J]. 图书与情报，2018，181(3)：11-17，49.

26.《循证经济学的逻辑推演、范式变革与发展前景》

文献介绍：2018 年，魏丽莉等人在杂志《图书与情报》上发表了《循证经济学的逻辑推演、范式变革与发展前景》一文。该文首先推演循证理念应用于经济学研究的逻辑基础，指出在逻辑上经济学的学科特点决定了其对循证理念具有较高的认可度，其科学化进程决定了其对循证方法具有较强的适用性，其研究对象和研究目的决定了循证决策的重要性。随后从基本概念、研究内容、实践框架及方法运用等方面构建了循证经济学的基本范式。最后对循证方法在微观经济领域和宏观经济领域的具体应用现状和发展前景进行了展望。这篇文章首次在国内引入了循证经济学概念，由此开辟了我国循证经济学这一前沿交叉研究发展领域。

文献链接：魏丽莉，张晶，斯丽娟，等. 循证经济学的逻辑推演、范式变革与发展前景[J]. 图书与情报，2018，181(3)：28-34.

27.《循证社会科学研究方法：系统评价与 Meta 分析》

文献介绍：2018 年，杨克虎教授等主编的《循证社会科学研究方法：系统评价与 Meta 分析》著作正式出版。该著作分上、中、下三篇，对系统评价与 Meta 分析进行了基础概述，详细介绍了社会科学系统评价方法，并对社会科学系统评价实例进行了解读。其中，上篇对系统评价这一循证社会科学的关键方法，从起源、发展、类型及方法、报告规范与质量评价等方面进行了详细介绍；中篇的内容涵盖了循证社会科学的产生和发展，社会科学系统评价的研究现状，常用数据库及统计学软件，社会科学系统评价制作流程与方法，以及循证社会科学关键国际组织 Campbell 协作网及其系统评价撰写与发表等内容；下篇介绍了社会工作、管理决策、教育、法律、经济等社会科学领域系统评价的研究现状，并详细解读了各领域的研究案例，为不同社会科学领域的研究人员提供了范例。这本著作是我国第一部以"循证社会科学"命名的研究著作，提出了循证社会科学的概念，确立了循证社会科学的学科架构，构建了循证社会科学研究的方法学体系，彰显了循证社会科学的研究价值和科学意义，进而为我国学者推开了循证社会科学这一前沿交叉学科领域的大门。

文献链接：杨克虎，李秀霞，拜争刚. 循证社会科学研究方法：系统评价与Meta分析[M]. 兰州：兰州大学出版社，2018.

28.《循证社会科学》

文献介绍：2019年，拜争刚教授主编的《循证社会科学》一书正式出版。该著作分为理论篇和应用篇，系统阐述了循证社会科学的概念和背景、国际循证实践研究组织、国际循证实践证据资源库，分析了系统评价和证据分级对社会科学的价值，对循证实践理念和研究方法在社会工作、决策与管理、司法矫正、教育领域、心理治疗和环境健康等领域的应用进行了全面阐述，特别是如何基于具体问题来查找证据、评价证据和应用证据。这本著作系统介绍了循证社会科学的学科概况和应用情况，是循证社会科学研究方法的参考书，也是研究者开展循证社会科学实践和决策的参考书。

文献链接：拜争刚. 循证社会科学[M]. 上海：华东理工大学出版社，2019.

29.《循证经济学》

文献介绍：2020年，魏丽莉和斯丽娟编写的《循证经济学》一书正式出版。该著作分为循证经济学的理论基础篇、实践框架篇和应用前景篇三篇。其中在理论基础篇介绍了循证理念以及循证社会科学的研究进展，梳理了循证经济学的产生、研究现状、发展方向与发展前景，阐述了循证经济学的理论渊源和分析范式；在实践框架篇中着重阐述了证据生产、评价、实践等内容的循证经济学的证据链构建；应用前景篇通过对循证经济学应用实例的解读，对循证经济学的应用前景进行了展望。这本著作是我国第一本循证经济学专著，明确了循证经济学的概念和内涵，构建了循证经济学的全证据链，推动了循证经济学的发展和研究应用。

文献链接：魏丽莉，斯丽娟. 循证经济学[M]. 北京：中国人民大学出版社，2020.

30.《循证图书馆信息实践》

文献介绍：2020年，刘勰、袁陇珍将加拿大丹尼斯·寇福根纳基斯和英国艾莉森·布雷特的著作 *Being Evidence Based in Library and Information Practice* 译为中文（《循证图书馆信息实践》）并正式出版。该译作全面介绍了循证图书馆信息实践领域的理论和案例研究。首先其介绍了循证图书馆信息实践研究的起源、应用和发展，着重围绕寇福根纳基斯提出的循证图书馆信息实践修订模型，详细阐述了新 5A 模型——明确提问（Articulate）、收集证据（Assemble）、评估证据（Assess）、达成共识（Agree）和调整决策（Adapt）。随后介绍了在不同类型图书馆中循证图书馆信息实践的应用现状和未来展望。循证图书馆信息实践为图书馆信息服务过程中不断变化的问题提供了解决方案，并在与变化的环境相适应的过程中发展和改进。该译作为图书馆员在实际工作中如何更好地应用循证图书馆信息实践的方法和原则提供了指导。

文献链接：[加]丹尼斯·寇福根纳基斯，[英]艾莉森·布雷特. 循证图书馆信息实践[M]. 刘勐，袁陇珍，译. 兰州：兰州大学出版社，2020.

31.《循证教育学概论》

文献介绍：2021 年，胡晓玲和柳春艳编写的《循证教育学概论》一书正式出版。该著作明确了循证教育学是借鉴循证医学的理念和方法，以最佳证据的产生为基础，通过将证据与教育教学情境、教师实践智慧相结合，以此开展教育研究、教育科学决策和实践的新兴交叉学科。从发生发展、理论基础、研究内容、研究方法、知识转化研究以及未来发展六个方面刻画了循证教育学的过去、现在和未来，指出未来循证教育学仍需加强基本理论研究、拓展实践研究、加强证据转化与评估、推动学科建设等。这本著作是我国第一部以"循证教育学"命名的著作，将循证理念与教育研究和实践相结合，为其提供基于证据的实证维度，有助于增强教育学科的科学性，推动循证教育学的进一步发展。

文献链接：胡晓玲，柳春艳. 循证教育学概论[M]. 北京：中国社会科学出版社，2021.

（二）循证社会科学方法学文献导读

1. *The combination of estimates from different experiments*

文献介绍：1954 年，William G. Cochran 在杂志 *Biometrics* 上发表了 *The combination of estimates from different experiments* 一文。旨在解决组合不同实验时由于实验规模或实验精度导致的加权平均值的准确性问题，组合不同实验结果最简单的方法是取其算术平均值。该文在介绍数学模型的基础上，对相同规模相同精度的实验、不同规模相同精度的实验、不同精度的实验等选择合适的加权平均值类型进行了阐述，随后将未加权平均值、半加权平均值进行了比较，并对不同类型的适用情况加以说明，最后介绍了获得附加到最终估计值的标准误差的方法。这篇文章对英国统计学家 R. A. Fisher 提出的合并方法进行了拓展，采用加权平均效应合并研究结果，描述了与现代固定模型和随机模型基本相同的方法。

文献链接：Cochran W G. The combination of estimates from different experiments[J]. Biometrics，1954，10(1)：101-129.

2. *Meta-analysis in clinical trials*

文献介绍：1986 年，Rebecca DerSimonian 和 Nan Laird 在杂志 *Controlled Clinical Trials* 上发表了 *Meta-analysis in clinical trials* 一文。该文对 8 篇综述文章的研究方法，包括结果测量、总体效应估计以及同质性检验进行了分析，提出了用一种简单的随机效应模型来组合证据，指出不同研究中治疗效果的异质性是很普遍的，应该被纳入分析，并且随机效应模型将这种异质性纳入治疗的整体疗效分析，为整体疗效的估计分配更大的可变性以解释这种异质性。通过对比表明，加权非迭代法的估计值与最大似然法的估计值具有可比性，并且相对简单。这篇文章制定了计算研究间差异的方法，推动了 Meta 分析方法学的发展。

文献链接：DerSimonian R, Laird N. Meta-analysis in clinical trials[J]. Controlled Clinical Trials, 1986, 7(3): 177-188.

3. *Publication bias in clinical research*

文献介绍：1991 年，Philippa J. Easterbrook 等人在医学期刊《柳叶刀》(*The Lancet*)上发表了 *Publication bias in clinical research* 一文。该文通过向 1984 年至 1987 年牛津中央研究伦理委员会批准的 487 个研究项目的研究人员写信、进行电话采访等方式，对研究项目的研究设计、研究分组、项目支持、项目规模等进行了回顾调查。结果显示，结果有统计学意义的研究比没有发现差异的研究更有可能被发表，有显著结果的研究也更有可能产出更多的出版物和演示文稿，并发表在影响因子较高的期刊上；研究发表的可能性与研究人员对研究结果的重要性的评价以及样本量的增加有关；观察性和基于实验室的实验研究比随机临床试验更具发表偏倚。这篇文章首次通过大规模回顾调查，证明了研究中发表偏倚的存在，为 Meta 分析方法学的进一步完善奠定了基础。

文献链接：Easterbrook P J, Berlin J A, Gopalan R, et al. Publication bias in clinical research[J]. The Lancet, 1991, 337(8746): 867-872.

4. *Bias in meta-analysis detected by a simple, graphical test*

文献介绍：1997 年，Matthias Egger 等人在医学期刊 *BMJ* 上发表了 *Bias in meta-analysis detected by a simple, graphical test* 一文。该文指出即使基于随机对照试验的系统评价是评价证据的最佳策略，但是一些系统评价的结果后来与大型试验相矛盾。该文随后提出用漏斗图，即试验效应估计与样本量的关系图，来验证是否存在发表偏倚。当存在发表偏倚和其他偏差时，漏斗图是不对称的。回归分析测量的漏斗图的不对称性能够预测 Meta 分析与单个大型试验比较时结果的不一致性。此外，该文对在领先的全科医学期刊上发表的 Meta 分析进行了回顾，发现其中 38% 的研究出现了漏斗图不对称。这篇文章提出并制定了评估发表偏倚的方法并对其进行验证,明确提出在系统评价和 Meta 分析中对发表偏倚的验证应当被视为例行程序。

文献链接：Egger M，Davey S G，Schneider M，et al. Bias in meta-analysis detected by a simple，graphical test[J]. BMJ，1997，315(7109)：629-634.

5. *Meta-analysis：Principles and procedures*

文献介绍：1997 年，Matthias Egger 等人在医学期刊 *BMJ* 上发表了 *Meta-analysis：Principles and procedures* 一文。该文指出 Meta 分析应当被视为对证据的观察性研究,其步骤与其他研究相似,应包括构建拟解决的问题、收集和分析数据以及报告结果,同时,Meta 分析应当像其他研究一样仔细计划并事先准备好详细的书面方案,强调对研究纳入标准的提前确定和对研究的全面搜索是高质量 Meta 分析的核心。该文从标准化的结果测量、计算总体效应的统计学方法、研究间的异质性、图形展示、效应测量的方法、敏感度分析等各个部分对 Meta 分析的原则、要点进行了全面阐述。这篇文章全面系统地梳理了 Meta 分析的原则、步骤和要点,对开展高质量的 Meta 分析具有非常重要的指导意义。

文献链接：Egger M，Smith G D，Phillips A N. Meta-analysis：Principles and procedures[J]. BMJ，1997，315(7121)：1533-1537.

6. *Improving the quality of reports of meta-analyses of randomised controlled trials：The QUOROM statement*

文献介绍：1999 年，David Moher 等人在医学期刊《柳叶刀》上发表了 *Improving the quality of reports of meta-analyses of randomised controlled trials：The QUOROM statement* 一文。这篇文章发表的背景是随机对照试验的 Meta 分析可能存在多种来源的偏倚,并且学者发现 Meta 分析报告的撰写存在一些问题。1999 年加拿大渥太华大学成立了由 David Moher 领导的专家小组,召开随机对照试验 Meta 分析质量（QUOROM）会议,对随机对照试验的 Meta 分析报告质量进行了方法学的评价,并提出了 QUOROM 规范。会议产生了 QUOROM 声明、清单和流程图,清单阐述了推荐的摘要、引言、方法、结果和讨论部分的报告方式,用流程图表现检索、纳入和排除的随机对照数量以及排除原因。该文就是 QUOROM 声明的集中呈现,并且 QUOROM 声明作为 Meta 分析的第一个报告清单,为提高 Meta 分析报告的质量提供了指导,增强了报告的清晰性和条理性,为阅读者最大程度地提供了研究信息,使他们对 Meta 分析报告的理解更加准确。

文献链接：Moher D，Cook D J，Eastwood S，et al. Improving the quality of reports of meta-analyses of randomised controlled trials：The QUOROM statement[J]. The Lancet，1999，354(9193)：1896-1900.

7. *Quantifying heterogeneity in a meta-analysis*

文献介绍：2002 年，Julian P. Higgins 和 Simon G. Thompson 在杂志 *Statistics in Medicine* 上发表了 *Quantifying heterogeneity in a meta-analysis* 一文。该文首先指出 Meta 分析中异质性的程度会影响结论，可以通过估计研究间的方差来衡量。但是，方差的方法（Cochran's χ^2 检验或 Q 检验）不适用于比较不同类型结果的 Meta 分析的异质性，并且单独解释这种异质性的估计不够直观。该文从数学标准出发，推导并提出了三个适合的统计量：H、R 和 I^2。其中，H 是 χ^2 除以其自由度的平方根；R 是随机效应 Meta 分析的基本平均值的标准误差与固定效应 Meta 分析估计值的标准误差的比率；I^2 是 H 的变换，描述了研究估计中由于异质性而引起的总变异的比例。在讨论了这些统计量的解释、区间估计和其他性质并进行检验后得出，H 和 I^2 通常可以用已发表的 Meta 分析计算出来，是对异质性影响的有效总结。这篇文章提出了异质性的更多解决方法，包括目前被广泛使用的 I^2 检验，这有效提高了 Meta 分析结论的可信度。

文献链接：Higgins J P，Thompson S G. Quantifying heterogeneity in a meta-analysis[J]. Statistics in Medicine，2002，21(11)：1539-1558.

8. *Preferred reporting items for systematic reviews and meta-analyses: The PRISMA statement*

文献介绍：2009 年，以 David Moher 等人为首的 PRISMA 工作组在 *BMJ*、*Annals of Internal Medicine*、*Journal of Clinical Epidemiology*、*PLoS Medicine*、*Open Medicine* 等五本杂志上发表了 *Preferred reporting items for systematic reviews and meta-analyses: The PRISMA statement* 一文。PRISMA 是在 QUOROM 的基础上修改、扩充而来，从名字变换上体现出其适用范围从随机对照试验的 Meta 分析扩展到系统评价和 Meta 分析上。2009 年版的 PRISMA 清单共包含 27 个条目，并在 QUOROM 流程图的基础上将流程图增加为四阶段。该文充分阐述了 PRISMA 的项目清单，特别是其与 QUOROM 的区别，明确指出制定 PRISMA 的目的是改善系统评价和 Meta 分析的报告质量，但 PRISMA 不是系统评价的质量评价工具。PRISMA 被制定后，得到了广泛的接受和应用。针对不同领域和方法，还扩展出单病例 Meta 分析的 PRISMA、网状 Meta 分析的 PRISMA、系统评价和 Meta 分析计划书的 PRISMA 等多个版本，这为提高系统评价和 Meta 分析的报告质量做出了重要贡献。

文献链接：Moher D，Liberati A，Tetzlaff J，et al. Preferred reporting items for systematic reviews and meta-analyses: The PRISMA statement[J]. PLoS Medicine，2009，6(7)：e1000097.

9. Combination of direct and indirect evidence in mixed treatment comparisons

文献介绍：2004年，G. Lu 和 A. E. Ades 在杂志 Statistics in Medicine 上发表了 Combination of direct and indirect evidence in mixed treatment comparisons 一文。该文从混合处理比较（MTC）着手，指出 MTC 的作用是通过直接和间接比较，加强对这两种处理的相对有效性的推断，以及促进关于所有处理的同时推断，便于选择最佳处理，并对与 MTC 建模有关的一些统计和流行病学问题进行讨论。本文主体部分利用 WinBUGS 软件提出了一系列分层贝叶斯模型，它是 Smith 等人提出的 Meta 分析模型的扩展，是允许在不同试验中比较真实治疗效应的差异的多变量随机效应模型。该文给出了模型的数学公式，并给出了实例说明该模型的应用。这篇文章提出采用贝叶斯方法合并直接比较与间接比较结果，首次提出混合治疗效应。目前，该方法是网状 Meta 分析中应用最广的方法，开创了网状 Meta 分析发展的新局面。

文献链接：Lu G, Ades A E. Combination of direct and indirect evidence in mixed treatment comparisons[J]. Statistics in Medicine，2004，23(20)：3105-3124.

10.《网状 Meta 分析的统计学基础、假设和证据质量评估》

文献介绍：2015年，李伦等人在《循证医学》杂志上发表了《网状 Meta 分析的统计学基础、假设和证据质量评估》一文。该文介绍了网状 Meta 分析的发展历程，充分阐释了网状 Meta 分析的统计学基础、基本假设以及证据质量评估。调整间接比较和混合治疗效应是网状 Meta 分析的两种类型，该文对两种类型的统计学基础分别进行了详细介绍。网状 Meta 分析的三个基本假设分别是同质性假设、相似性假设以及一致性假设，该文对上述三种假设的含义和原理加以阐释，对网状 Meta 分析的证据质量 GRADE 评估和四步法评估两种方法进行了比较和介绍，指出了两种方法存在的问题。这篇文章对网状 Meta 分析的统计学基础和方法进行了全面介绍，推动了学者更广泛地介绍、理解和应用网状 Meta 分析。

文献链接：李伦，田金徽，姚亮，等. 网状 Meta 分析的统计学基础、假设和证据质量评估[J]. 循证医学，2015，15(3)：180-183.

11. The Discovery of Grounded Theory: Strategies for Qualitative Research

文献介绍：1967年，Barney G. Glaser 与 Anselm L. Strauss 的专著 The Discovery of Grounded Theory: Strategies for Qualitative Research 正式出版。该著作通过以比较分析产生理论、灵活应用数据和扎根理论的含义等三部分为主题内容，对最初形式的扎根理论进行了介绍和解释。认为扎根理论虽然被称为理论，但实际上是一套方法论。在研究过程中，Glaser 和 Strauss 受美国实用主义和芝加哥社会学派影响，倡导在现有数据的基础上，强调归纳总结形成理论，而不是对现有理论进行演绎假设和验证，同时提出定性和定量方法或数据之间没有冲突，形成理论的过程与定性或定量数据类型无关。这本著作首次明确提出了扎根理论的概念,为定性研究日后的发展奠定了基础,所提出的扎根理论也被称为原始扎根理论。

文献链接:Glaser B G,Strauss A L. The Discovery of Grounded Theory:Strategies for Qualitative Research[M]. Chicago:Aldine,1967.

12. *Basics of Qualitative Research:Grounded Theory Procedures and Techniques*

文献介绍:1990 年,Anselm Strauss 和 Juliet M. Corbin 的专著 *Basics of Qualitative Research:Grounded Theory Procedures and Techniques* 正式出版。该著作在 Glaser 与 Strauss 所提出的原始扎根理论基础上,将定性研究的过程进一步程序化。相较于原始扎根理论,该著作所介绍的扎根理论被称为程序化扎根理论,主要差异体现在数据分析过程中,即编码部分。原始扎根理论的编码主要分为实质性编码和理论性编码两部分;而程序化扎根理论的编码过程主要分为开放式编码、主轴编码和选择性编码三部分。该著作不仅论述了从研究问题的制定,各种编码系统和分析系统,到研究主题呈现的完整过程,还提出了运用"因果条件—现象—脉络—中介条件—行动/互动策略—结果"的模型来发掘和剖析概念间的关系。这部著作所提出的程序化扎根理论是扎根理论的重要流派之一,因此这部著作也被认为是扎根理论领域的经典著作之一。

文献链接:Strauss A,Corbin J M. Basics of Qualitative Research:Grounded Theory Procedures and Techniques[M]. London:Sage Publications,1990.

13. 《扎根理论的思路和方法》

文献介绍:1999 年,陈向明在杂志《教育研究与实验》上发表了《扎根理论的思路和方法》一文。该文从基本思路和操作方法两方面全面介绍了扎根理论。首先梳理了扎根理论的基本思路,阐释了扎根理论的首要任务是建立介于宏大理论和微观操作性假设之间的实质理论,其主要宗旨是建构理论,主要的分析思路是在资料之间、理论之间不断对比,根据资料与理论之间的相关关系提炼有关类属及属性,总结归纳扎根理论对理论的检核与评价标准。在基本思路的基础上,该文梳理了扎根理论的操作程序,包括产生概念、比较概念和资料、发展理论性概念并建立概念间的联系、理论性抽样并进行编码以及建构理论,指出对资料的逐级编码是最终的一环,并对三级编码进行详细阐述。这篇文章是我国首次较为详细系统地介绍扎根理论的文献,对推动扎根理论以及定性研究在我国的发展具有重要价值。

文献链接:陈向明. 扎根理论的思路和方法[J]. 教育研究与实验,1999(4):58-63,73.

14. *Meta-ethnography:Synthesizing Qualitative Studies*

文献介绍:1988 年,George W. Noblit 和 R. Dwight Hare 合著的专著

Meta-ethnography: Synthesizing Qualitative Studies 正式出版。该著作提出了一种从定性研究和解释研究中综合的新方法——Meta 民族志，同时表明民族志本身就具有解释性，在民族志研究之间翻译隐喻和关键概念，有可能发展出更广泛的解释性综合。该著作主要分为两大部分，第一部分介绍并阐明了 Meta 民族志的发展基础、研究方法等，第二部分举例讨论了相似分析转化、对立综合、论据线综合分析 3 种不同类型的 Meta 民族志主要综合方法。在最后一章讨论了 Meta 民族志的题词以及在构建翻译、创建类比和相关写作中涉及的一些问题。这部著作首次提出并介绍了 Meta 民族志这一研究方法，丰富了定性研究的综合方法，推动了定性研究的发展。

文献链接：Noblit G W, Hare R D. Meta-ethnography: Synthesizing Qualitative Studies[M]. New York: Sage Publications Inc, 1988.

15. *Using meta ethnography to synthesise qualitative research: A worked example*

文献介绍：2002 年，Nicky Britten 等人在杂志 *Journal of Health Services Research & Policy* 上发表了 *Using meta ethnography to synthesise qualitative research: A worked example* 一文。该文指出使用 Meta 民族志可以综合定性研究的结果并以假设的形式产生理论，进行案例研究。该文对 Meta 民族志与叙述性评价或系统评价进行了比较，展望了 Meta 民族志的发展未来。这篇文章在定性研究的发表数量增加但方法理论发展不尽如人意的情况下，通过研究实例证明了 Meta 民族志应用于定性研究综合的可能性和价值，对推广 Meta 民族志的应用及促进其方法的发展做出了重要贡献。

文献链接：Britten N, Campbell R, Pope C, et al. Using meta ethnography to synthesise qualitative research: A worked example[J]. Journal of Health Services Research & Policy, 2002, 7(4): 209-215.

16. *Conducting a critical interpretive synthesis of the literature on access to healthcare by vulnerable groups*

文献介绍：2006 年，Mary Dixon-Woods 等人在杂志 *BMC Medical Research Methodology* 上发表了 *Conducting a critical interpretive synthesis of the literature on access to healthcare by vulnerable groups* 一文。该文在 Meta 民族志的方法基础上发展出了一种新的资料综合方法——批判性解释综合（CIS），以面对传统系统评价难以解决的复杂的文献体系。该文以案例研究的形式介绍了 CIS 的主要方法和步骤，包括构建研究问题、文献检索筛选及抽样、质量评价、资料提取等，但与传统的系统评价"阶段性"的方法不同，上述过程在 CIS 中是反复的、互动的、动态的和递归的，而不是按照预先规定的顺序完成的固定程序。该文强调，CIS 需要从现有的证据中产生理论类别并进行严格的审查，研究过程中需要不断反思，为新出现的理论概念提供信息。这篇文章定义并发展了 CIS，并进一步发展了 Meta 民族志和定性研究综合的方法。

文献链接：Dixon-Woods M，Cavers D，Agarwal S，et al. Conducting a critical interpretive synthesis of the literature on access to healthcare by vulnerable groups[J]. BMC Medical Research Methodology，2006，6(1)：35.

17. *Methods for the thematic synthesis of qualitative research in systematic reviews*

文献介绍：2008 年，James Thomas 和 Angela Harden 在杂志 *BMC Medical Research Methodology* 上发表了 *Methods for the thematic synthesis of qualitative research in systematic reviews* 一文。该文介绍并阐述了主题综合法，概述了使用主题综合法进行定性研究综合的步骤，指出了主题综合法有对文本进行"逐行"编码、发展"描述性主题"以及产生"分析性主题"等三个阶段，其中，虽然描述性主题的发展仍然靠近原始研究，但产生的分析性主题代表了一个解释阶段，并可以由此产生新的解释、解释结构或假设。该文以儿童饮食健康影响因素的研究回顾为例来介绍主题综合法的研究过程和结果，证明主题综合法能够接近原始研究的结果，促进新概念和假设的产生。该文首次总结提出了主题综合法，并以实例介绍了主题综合法的使用，为定性研究综合提供了新思路、打开了新局面。

文献链接：Thomas J，Harden A. Methods for the thematic synthesis of qualitative research in systematic reviews[J]. BMC Medical Research Methodology，2008，8(1)：45.

18. 《定性资料的系统评价方法学汇总》

文献介绍：2017 年，张静怡等人在杂志《中国循证心血管医学杂志》上发表了《定性资料的系统评价方法学汇总》一文。该文依次从关键步骤、综合方法、应用特点等方面详细阐述了主题综合法、Meta 民族志和 CIS 三种方法，从适用范围、文献检索、质量评价、综合方法、研究结果以及优缺点等方面将三种方法进行了对比，并应用实例分别介绍了各个方法的应用步骤，以及三种研究方法的发展和未来。这篇文章系统详细地介绍了主题综合法、Meta 民族志和 CIS 三种重要的定性研究资料的综合方法，为定性研究人员提供了可参考的方法学指导。

文献链接：张静怡，张雅婷，盖琼艳，等. 定性资料的系统评价方法学汇总[J]. 中国循证心血管医学杂志，2017，9(5)：523-527.

19. *Integrating qualitative research with trials in systematic reviews*

文献介绍：2004 年，James Thomas 等人在杂志 *BMJ* 上发表了 *Integrating qualitative research with trials in systematic reviews* 一文。该文首次提出将不同类型的研究数据纳入健康干预系统评价中，将混合方法研究系统评价定义为"一种为全面了解健康干预效果而将定性和定量研究相结合的系统评价方法,应基于定性研究系统评价构建的框架,将定量研究系统评价结果纳入后进行整合",以促进儿童健康饮食的干预措施的系统评价为例,梳理了运用混合方法进行系统评价的实现过程。通过这一系统评价,本文提出定性研究可以提高对干预措施的目标群体意见的理解,将定性研究与定量研究综合可以改进干预措施及其实施的方法。这篇文章首次提出并介绍了混合方法研究系统评价,拓展了循证领域的方法学视野。

文献链接：Thomas J, Harden A, Oakley A, et al. Integrating qualitative research with trials in systematic reviews[J]. BMJ, 2004, 328(7446): 1010-1012.

20. *Cochrane Qualitative and Implementation Methods Group guidance series-paper 5: Methods for integrating qualitative and implementation evidence within intervention effectiveness reviews*

文献介绍：2018年，Angela Harden等人在杂志 *Journal of Clinical Epidemiology* 上发表了 *Cochrane Qualitative and Implementation Methods Group guidance series-paper 5: Methods for integrating qualitative and implementation evidence within intervention effectiveness reviews* 一文。该文报告了Cochrane定性和实施方法小组（Cochrane Qualitative & Implementation Methods Group，CQIMG）制定并发布了关于过程评估中综合定性证据和混合方法证据的指南，这些指南可将评估干预有效性的定量研究的结果与定性研究和过程评估的结果相结合。该文重点概述了五种关键方法和工具，包括将结果并置在矩阵中、使用逻辑模型和其他类型的概念框架、分析程序理论、使用亚组分析测试源于定性证据综合的假说以及定性比较分析，并指出五种方法因整合的级别、审查所需的技能和知识、适用性等方面的差异而有所不同。这篇文章提出了更加全面并被广泛接受的定义，介绍了五种经过验证的方法和工具，对推广混合方法研究系统评价具有重要意义。

文献链接：Harden A, Thomas J, Cargo M, et al. Cochrane Qualitative and Implementation Methods Group guidance series-paper 5: Methods for integrating qualitative and implementation evidence within intervention effectiveness reviews[J]. Journal of Clinical Epidemiology, 2018, 97: 70-78.

21.《混合方法研究系统评价简介》

文献介绍：2019年，卞薇等人在《中国循证医学杂志》上发表了《混合方法研究系统评价简介》一文。该文首先指出，混合方法研究系统评价的定义目前尚未达成共识，并将目前影响较大的三种定义进行列举和比较。该文随后还介绍了混合方法研究系统评价的四种适用情景，将其分为用于补充和解释单一研究方法系统评价的不足以及探索并检验前期研究结果两类。该文较为详细地介绍并阐述了现实主义整合法、现实主义整合法的替代框架、贝叶斯法和 JBI 混合方法等四种主要的研究系统评价合成法的方法，并从文献检索、研究问题、标准化问题构成、质量评价等七个方面对比其与定量、定性系统评价的异同，还借助研究实例呈现了混合方法研究系统评价的具体应用。这篇文章是我国首篇对混合方法研究系统评价进行较为全面介绍的文章，为我国混合方法研究系统评价的推广和发展做出了积极贡献。

文献链接：卞薇，陈耀龙，廖建梅，等. 混合方法研究系统评价简介[J]. 中国循证医学杂志，2019，19(4)：498-503.

附件二：循证社会科学实践的典型案例

一、智库循证

1. 智库循证的基本原理

在管理学领域，公共政策研究一直备受关注，尤其是多种多样的研究成果如何转换成真实世界中实施的决策这一问题，更是受到学者的广泛关注。因为有效决策是公共政策追求的最终结果，否则众多研究成果不能运用于实践，就如同纸上谈兵，缺乏实际意义。要使证据转化为实践，尤其是高质量证据转化为实践，循证理念就自然而然走进了学者的视野，各国政府也逐渐掀起了循证决策实践运动。其中，为了保证证据的高质量、决策的科学性，智库作为专业的研究机构开始在公共决策中崭露头角。[1]

智库因作为政府决策中的智囊团而为人所知。现今已有许多知名智库发展壮大，美国是拥有智库数量最多的国家，同时，在世界智库前二十排名中美国也拥有着最多席位，其中最著名的则是美国的布鲁金斯学会和兰德公司。与其他国家民间智库占比较大不同，我国智库展现出官方智库占比大且发展更好的态势，其中影响力最大的就是为我国各项政策提供建议与咨询的国务院发展研究中心，其次则是政府所属的各研究所及各大高校附属型智库。美国在三权分立的政治环境下，形成了"旋转门"的特色机制，使人才在各界流动，熟知的例子如先任职哈佛大学国际事务中心后成为美国国务卿的基辛格，以及曾为兰德公司主席的美国前国防部部长拉姆斯菲尔德，以实践为导向的实践者与以研究为导向的学者通过此机制进行了结合。如此一来，对政策制定有一定理解感悟的政府官员能够汲取更多前沿成果，深于理论钻研的专业学者能够根据实践需要调整研究的针对性，既保证了政府决策的质量，又提高了智库的声望，但处在"旋转门"中的人员易受利益驱动，并不能时刻保持中立客观。

智库可以将各专业各领域的专家都集中起来。专家们通过自己的研究经验，与其他专家的交流讨论，为新的政策实施提供更加科学合理的实施方案或

---

[1] 陈振明，黄元灿. 智库专业化建设与公共决策科学化——当代公共政策发展的新趋势及其启示[J]. 公共行政评论，2019，12(3)：104-117，192.

建议。[1]由于专家的专业性强，问题研究透彻，掌握的数据具有前沿性，政府进行决策时也越来越愿意邀请智库专家参与，这样也能增强最终方案的权威性。一个社会问题背后往往涵盖着各种各样的现象，为了保证实施方案的有效性，决策过程中往往会邀请各行各业的专家参与，政策涉及范围越广，邀请的专家也就越多。

根据学者归纳，智库形成方案中参与政府决策的过程或理论模式通常为议程设置—政策建议与协商—政策制定与推广—政策执行—政策评估五大部分。[2]不难看出，这与循证决策流程大致相符，只不过其未强调证据质量评价以保证证据转化这一点。然而，在决策过程中证据的质量是极为关键的，只有作为决策依据的证据令人信服，政策才能得到更加有效的实施。尤其是在社会科学领域，严格条件控制下的随机对照试验往往受复杂的社会环境的制约而无法开展，这时保证证据的科学性面对的挑战更大，证据的质量问题也更为关键。例如，检索证据时，若证据来自各类报道的拼凑则会导致证据的有效性偏低，若证据来自专业机构的调查报告、官方报告等则更能反映真实情况。此外，大数据时代已经来临，面对庞杂纷乱的信息，传统智库的运行模式已经不能满足现代社会中越来越繁杂的具体问题，在证据研判与转化时需要寻求新方式新方法。由此循证决策渐渐融入，形成了智库循证决策的新框架。[3]采用智库循证的方式，可以使决策过程中证据的收集更加全面，使证据运用的科学性得到保障，使决策民主化，还可以增强决策透明度及决策能力。

2. 智库循证的一般过程

（1）第一步：需求评估，问题识别。

本节主要以布鲁金斯学会为例，试述智库循证的主要环节。布鲁金斯学会是最早的智库之一，至今已逾百年，也是当前排名靠前、影响力最大的智库。该学会研究范围包括政治、经济、教育、医疗、财政、国际安全等各个领域，且其与美国政府一直存在较为紧密的联系，在美国各项政策制定中扮演着较为重要的角色，其中不乏一些涉华政策与项目。因此，了解布鲁金斯学会的决策形成机制，具有较强的借鉴意义。当然，智库有时并没有完全参与决策的每一个环节，我们应该以具体问题具体分析为原则，不能自认掌握了统一标准就根据流程生搬硬套。

问题识别，在智库决策中常被称为议题确定。与一般学者通过个人或小团体

---

[1] 拜争刚，黄泳淇，李刚. 循证决策理念对我国新型智库建设的借鉴作用[J]. 智库理论与实践，2020，5(2)：1-10.

[2] 魏丽. 政策过程理论框架下国际知名智库参与全球治理的机制研究——以美国布鲁金斯学会为例[J]. 智库理论与实践，2022，7(3)：116-124.

[3] 冯佳昊，陈安. 基于循证决策理念的智库证据分级与决策路径建构[J]. 中国科技论坛，2022(5)：156-166.

观察研究个别或小范围社会问题不同,有着庞大专家队伍的布鲁金斯学会广泛关注具有前瞻性的政策相关信息,并不花费过多的精力在日常性的问题上。该学会研究的议题不仅仅来源于学会中的少数人员,而且来源于学会中数百位不同学科领域专家学者的开放调查结果。总的来说,其在议题的设立上具有较强的创新性与自主性。这样一来,布鲁金斯学会确定的议题不仅受到相关领域学者的关注,还受到社会各界的关注,保证了研究的必要性与实用性。同时,布鲁金斯学会较早地形成了成熟的政策参与机制,其研究议题的实践性也极强,如第二次世界大战后马歇尔计划的顺利实施。在马歇尔计划出台的过程中,布鲁金斯学会发挥了重要作用,其以政治诉求为议题设置起点,通过汇集各方意见,提供基于高质量证据的现实方案,使政府决策者能够清晰地发现需要解决的问题及更好的前景规划。经此事件,布鲁金斯学会也从关注美国发展逐渐转变为关注全球治理问题,其所出刊物及政策简报涵盖了医疗、气候、教育等众多领域,汇集了知名专家对社会热点问题的真知灼见。

(2)第二步:检索证据。

智库循证与医学上的循证的一个很大不同点在于,其检索的证据不仅包括公开或未公开发表的数据、各项资料,更重要的是包括特定的决策者及利益相关者的意见,使得最终形成的政策符合共同价值。在此环节,布鲁金斯学会通常会进行引领讨论,也就是由学会组织相关人群进行讨论。通常参与讨论的以研究人员为主,学会还会邀请政府官员、商界人员、媒体人员、相关非官方组织人员及普通公民等。研究人员还会通过公开发表自己的观点,引导相关人员参与讨论,扩大社会讨论范围。布鲁金斯学会作为影响力极强的智库,有着强大的号召力,能够把相关人员尽可能聚集在一起,网罗各方证据,对当前议题进行公开或非公开的讨论,保证证据的全面性及代表性,为最终决策奠定证据基础。

(3)第三步:证据的甄别与筛选。

虽然智库决策中并未突显证据的甄别与筛选这一过程,但在智库的实际运行中证据的甄别与筛选贯穿着全过程。智库实际上也是一个以研究为核心进行运转的组织,所设不同职责的部门也是分别在为研究服务的。布鲁金斯学会作为顶尖智库,其生命力来源于高质量的研究成果,只有不断提出创新性建议和实际政策的建议才能够保证布鲁金斯学会持续发展,这从布鲁金斯学会的信条——"质量、独立、影响"中就可以窥见。首先,能被招募进布鲁金斯学会的学者几乎都是各研究领域的佼佼者,不仅受过严格的学术训练,还有着丰富的政策研究经验,并且"旋转门"机制为布鲁金斯学会输送了许多有实践经验的人才。这些学者把撰写专著作为自己的一项重要工作,专著中包含了研究人员的日常研究内容,是学者研究成果的总结。学者们每隔两三年就会发表自己的专著,这保证了数据的时效性和观点的前沿性,确保了证据的质量。其次,布鲁金斯学会对于证据的引用会进行充分的讨论,并不是所有学者提出的建议都会被提交到政府决策部门或者是出现在成文的报告中。在政策建议形成之前,学会会进行多轮公开或非公开的研讨,研讨的过程也是学者们对证据进行抽丝剥茧、仔细甄别的过程。此外,美国国会有时也会邀请布鲁金斯学会中的专家学者参与国会听证,这对学会的意义不仅是政府认可了学会的政策影响力,还是学会了解政府政策方向及目标的过程,也是学会学者表达学会立场的机会。与决策者的直接对话使证据筛选更为精准,也能节省更多时间,尤其是在学会逐渐将许多全球治理问题纳入主要研究领域后。

（4）第四步：证据综合。

证据综合是证据转化的基础,是对筛选出来的高质量证据做进一步的凝练提升,以提高决策者采信证据的动力。智库循证时对证据的综合也体现在针对问题的不断研讨中,而在此过程中往往伴随着专业的研究报告、著作、刊物或政策简报的产生。当然,这些成果或建议有可能被决策者全盘吸纳,也有可能只是被决策者部分接受或未被决策者采纳。但智库作为专业的学术组织,尤其是像布鲁金斯学会这样的思想类型的智库,其研究成果虽然不一定会在决策程序中被直接转化应用,但也能通过其公开发表的具有权威性的报告、刊物来对公众思想产生影响,引导公众思考。在当今全球化时代,如果能引起更广泛的社会讨论,就能够更好地预见政策实施情况,引导公众认知。近几年,新冠疫情在全球肆虐,各国发展均受到一定影响,因而全球治理、全球秩序问题的关注度越来越高。对此,布鲁金斯学会也产出了丰富的研究成果,接连发布了《全球中国：全球治理和规范》《11个关于新冠疫情后经济复苏的事实》《2021年：社会秩序至关重要的一年,全球秩序转型变革》等相关研究报告。这些报告是学会的学者对当前证据的综合结果,涵盖了学者对各类问题的剖析与建议,有利于及时总结呈现各国观点,报告的发布也能够扩大学会学者观点的影响力,从而提升政府决策时对这些高质量证据的采用度。

（5）第五步：证据转化。

综合后的证据大多数时候并不能完全反映出政策实施的前景,而只是证据的客观呈现,特别是在背景环境复杂、充满不确定性时。因此,证据的转化也是政策实施的关键步骤,合理有效的证据转化可以使实践方案更加完善,贴合实际,从而达到更好的效果。美国马歇尔计划的正式出台背后离不开布鲁金斯学会学者的集思广益。在马歇尔计划刚提出之时,全美并不是都同意这个计划,一些民众对此还保持着怀疑的态度,因为在当时除了面对的困难很大,该计划的不确定性也很强。但布鲁金斯学会对马歇尔计划进行了全面的分析,出具了十分完善的报告,推动了计划正式出台。结合现实分析,首先,实施马歇尔计划对当时和未来的美国均有很大的益处。看似美国需要付出大量金钱进行经济援助,但事实上复兴中的欧洲各国仍是当时世界上实力靠前的经济体。换句话说,第二次世界大战后的欧洲只是基础设施遭到破坏,在经济的恢复与发展中缺乏足够的资本,而美国通过援助的方式给欧洲输入了资本。欧洲各国利用这些援助从美国进口了大量的原材料与工业品,为美国消化了过剩产能,也使美国逐渐控制了欧洲的经济格局。其次,马歇尔计划也是美国对抗共产主义的有力方式。在欧洲各国受创急需恢复时,苏联和中国的政治经济体制经验在美国看来就是"集权主义的诱惑"。此时,对于美国来说,拉拢欧洲各国使其成为自己坚固的盟友是最正确的选择。最后,该计划也是美国对各国进行的人道主义救援,这符合尊重人权、倡导民主与自由理念的价值观,也能够得到一些美国公民的慷慨支持。如今,马歇尔计划被认为是美国最伟大的外交政策成就之一,它在促进了欧洲国家的发展、对世界格局产生深远影响的同时,也增强了美国的全球领导力。

(6)第六步:方案或干预的制定、实施和证据的反馈。

智库通过出版专著、期刊、简报,组织开展研讨会、利用媒体发表政见等方式来扩大自身影响力,从而更大程度地参与政府决策,而实践方案最终的制定和实施基本还是由相关决策部门来决定和执行的。但智库在政府部门之外的独立性与贴近决策层的优势,使其在政策评估与反馈的开展中又成了主体之一。对政策的效益进行评价和对政策实施后的反馈进行收集,既是决策的结束,也是决策的开始。收集的相关政策执行信息可以作为更新的证据,这些新证据可以为调整政策或者新的政策的实施提供改进方向。像布鲁金斯学会这样的权威性、公正性强的智库更是政策评估机构的优先之选。这类的政策评估通常是通过专家学者发布评估报告的方式呈现的。智库不仅仅只对受政府委托的实践方案进行评估,还会对有研究意义的决策方案进行评估。尤其是在全球化的背景下,智库不能只局限于本国政策,而是要放眼世界。值得一提的是,布鲁金斯学会在政策评估方面始终保持着自主性和独立性,对于政策的评估都建立在专业研究的基础之上,有时会公开地指出政策的不足之处或者对部分不合理的政策提出反对意见。对中国的态度也较为客观,布鲁金斯学会曾对中国的"一带一路"倡议进行评估,其评估结果认为该倡议利于各国共同发展,建议美国避免与中国对抗,并寻求与中国进行有效接触。

通过研究布鲁金斯学会参与政策的全过程,我们可以看到智库把扩大自己在决策活动中的影响力、更大程度地参与决策,以及保证决策的科学性作为主要目标。事实上,面临越来越复杂的全球治理环境,作为专业的学术组织,保持政策的科学性也是现代智库的共同使命。智库保持政策科学性的方式即为运用循证理念来对证据进行梳理、综合、转化,通过确保证据的高质量来为政策制定和执行提供客观意见,以提高决策的科学性。

案例来源:魏丽. 政策过程理论框架下国际知名智库参与全球治理的机制研究——以美国布鲁金斯学会为例[J]. 智库理论与实践,2022,7(3):116-124.

二、循证法治决策

1. 循证法治决策的基本原理

循证法治决策也是一种循证决策，也属于循证实践运动。它基于一系列有效证据做出理性决策，并贯穿整个法治活动过程中。与一般的法治决策不同的是，循证法治决策采用循证的方法来获取、筛选、综合相关证据，并依据本土主流法律价值和法治实践经验来严格评估证据，并对证据形成的方案进行成本—效益分析，确保最终得出的结论具有最佳实用性。互联网大数据的不断发展给循证法治决策带来了足量的法治决策证据以及新的技术分析方式，因此我们也将法循证学认为是一种大数据法学，这能够让证据得到更好的综合，发挥更好的作用。

循证法治决策要想做到更专业客观，就必须考虑议题明确、证据筛选、环境适用、目的人群法律价值观、实际经验及成本分析六大要素。在相关研究者看来，循证法治决策相应的证据转化链条为人们对现实事件进行收集加工，使现实事件转化成决策所需的数据信息，这些数据信息通过证据检验及法定程序认定能够转化成法治决策所需证据，之后再经过循证的筛选综合成为高质量且符合问题情境的循证决策证据，最终形成以循证证据为基础的决策并成为现实，同时又为今后的决策提供相关数据。不难看出，这也是一个循环往复螺旋上升的过程，在不断的循环中我们的决策会越来越科学。[①]

在此过程中，我们还需要关注不同法治主体的适用性。只有公民个体满意，社会团体支持，政府有相应的执行能力的决策，才是高质量、高效益的决策。此外，对每个具体议题，我们不能依据现有的流程生搬硬套每一环节，而是要懂得变通，灵活地调整决策过程，做到真正的科学并且省时省力。

2. 循证法治决策的一般过程

（1）第一步：问题的明确化与具体化。

亲密伴侣暴力是指由现任或前任法定配偶、非婚约会伴侣或同性或异性的男朋友/女朋友等亲密伴侣实施的身体暴力、性暴力、心理虐待和行为控制。研究显示，在亲密关系中，约四分之一的女性曾遭受过亲密伴侣的暴力伤害。除了给受害者带来伤害，生活在亲密伴侣暴力家庭中的儿童还可能会增加暴力循环的可能性。这说明找到成功降低亲密伴侣暴力犯罪的干预十分必要。美国实施了法院强制的施暴者干预计划（Batterers' Intervention Program，BIP），类似的干预在加拿大和欧洲也在实施。目前应用的干预主要依靠心理教育方法，如认知行为疗法，让施暴者停止施暴行为，教会他们愤怒时发泄的正确方式，同时使其承担已经实

---

① 刘光华，赵幸，杨克虎. 循证视角下的大数据法治决策证据转化研究[J]. 图书与情报，2018(6)：32-38.

施暴力的相应的责任。但施暴者有时并没有遵守法院的命令，反而因为事件暴露、受害者力量不足、监管力量不足等原因变本加厉。在这样的情况下，实施何种措施，如何实施措施减少亲密伴侣暴力的发生成为各方关注的问题，而目前已经实施的一些干预计划具有多大的有效性也有待评估。

(2) 第二步：检索证据。

研究者搜索了2018年2月之前在PsycINFO、ERIC、MEDLINE、Sociological Abstracts、SSCI、Lexis Nexis Legal、Lexis Nexis Medical、Social Work Abstracts、Criminal Justice Abstracts上，检索词包括亲密伴侣暴力相关词"Anger management" OR "Batter*(er/s)" OR "Domestic assault" OR "Domestic violence" OR "Family violence" OR "Spous*(e/al) abuse" OR "Physical abuse" OR "Minneapolis Model" OR "Duluth" OR "Intimate partner violence"，以及干预相关词"Defer*(ral/ring/rred)" OR "Program(s)" OR "Treatment(s)" OR "Intervention(s)" OR "Diversion*(ary)" OR "Prosecu*(te/tion/torial)"和结果相关词"Effect*(s/ive/iveness)" OR "Research(es)" OR "Outcome(s)" OR "Eval(uation/luations/ating)" OR "Experiment*(al)" OR "Quasi(- experimental)" OR "Random(ly)" OR "Compar*(ison/ing)" OR "Match*(ed/es/ing)"。除此之外，还进行了手工检索，搜索了未发表的研究以及政府公开的干预项目资料，并检索了相关注册网站中的相关研究。最终共获得符合纳入标准的研究11篇，其中4篇为随机对照试验研究，7篇为准实验研究。

(3) 第三步：证据的甄别与筛选。

在循证法治决策中，证据的甄别与筛选具体可包括对证据进行可视化分析，对证据进行效度评价，结合具体议题分类证据，不排斥外来证据，最终甄选出高质量循证证据，以形成最终决策，完善制度建议，并将其运用于实际问题中。

在研究设计上，4篇随机对照试验研究均被评估为低风险，7篇准实验研究中除1篇被评估为低风险，1篇被评估为不清楚外，其余5篇均被评估为高风险。所有随机对照试验均采用了意向性治疗分析，而大多数准实验研究则只分析了对被治疗者的影响，没有研究被认为有结果地选择性报告的问题。了解重复虐待主要是通过受害者或邻居的描述。由于害怕施暴者，有时受害者并不会报告真实情况。此外，受害者失访率高也是亲密伴侣暴力研究中存在的问题，因为受害者的失访可能恰恰代表着她们正在默默承受侵害，但由于被威胁、害怕等各种原因被迫切断联系，无法报告受害情况，这可能导致最后形成的结果高估了现行干预措施的效果。

(4) 第四步：证据综合。

在本案例中，研究者通过将已有研究中相关数据进行合并来获得证据综合结果。综合11项实验和准实验研究证据显示法院强制实施的施暴者干预计划在减少施暴者再侵犯有效性方面还不明确。来自7项准实验研究官方报告的结果显示，干预有一定的作用，其 OR 值为 0.79（95% CI，0.49~1.28），但来自受害者报告结果的 7 项研究显示干预没有起到效果，其 OR 值为 0.99（95% CI，0.74~1.32）。准实验研究官方报告结果显示干预有不显著的效用，其 OR 值为 0.54（95% CI，0.24~1.22）。其中一项准实验受害者报告结果为无显著影响，其 OR 值为 1.76（95% CI，0.50~6.14）。可以发现，所综合的结果并没有统计学意义，并且所包含的研究较少，纳入的人群数量不足，也就是说还没有足够的证据能够得出准确结论。此外，数据综合结果的置信区间很宽且不论是官方报告还是受害者报告都可能存在偏倚，这表明这些项目的真正有效性存在着重大的不确定性。

（5）第五步：证据转化。

证据转化过程中除了要纳入高质量的证据，使用适当的分析方法并严格按照相关的流程外，非常重要的是要使决策尽可能贴合应用场景，这需要我们做到对本土法治决策的聚焦、对地区社会主流价值观进行评估以及对地区法治决策进行验证。这也意味着我们不能直接将综合的证据套用在决策中，而是要考虑不同民族、不同时空的具体法治环境，使证据进行本土化表达。

本案例中，综合的证据结果显示无法得出施暴者干预计划有效性的准确结论。但这些发现也暗示了法院强制对施暴者的干预对降低重复犯罪可能的作用不大。运用法律强制干预人的生活是一件有风险的事情，法律的强制干预会使人有束缚感，对于此案例我们更加要确保干预没有在不经意间让受害人的情况变得更糟。现有的证据不能确保干预是有益而无害的。因此，对于刑事司法系统来说，应当开始研究解决亲密伴侣暴力问题的其他类型的干预措施。但就目前来说本案例研究者的建议在许多地区还不能够实现，因为现有法规要求施暴者必须被强制纳入施暴者的干预计划中。因此，施暴者仍旧会被持续纳入这一干预项目中，而使其他干预方案无法实施和验证。

（6）第六步：方案或干预的制定、实施和证据的反馈。

本案例中，虽然现有证据无法得出实行施暴者干预计划是否有效的准确结论，但通过有关施暴者干预计划的证据综合及转化，对未来研究及法治决策给予了有效建议。一方面是对许多国家采用的施暴者干预计划有效性需要进行更多实验来验证，并提高样本的代表性及降低受害者的高失访率，另一方面希望对其他干预措施进行研究，找寻更多解决亲密伴侣暴力问题的措施，帮助政府完善决策。

除本案例展示的证据综合转化外，循证法治决策在决策时还需要考虑的重要部分则是成本效益评估。在本案例中，若基于证据最终得出结论为施暴者干预计划是有效的，我们可能会做出加强推广的决策，下一步则需要对实施成本以及实施效益进行评估，以进一步细化实施细节，以最小成本达到理想效果。当然，方案的实施并不是循证法治决策的终点，我们还需要关注方案的实际应用成效，持续进行方案实施反馈收集，这些反馈的收集也是生成新一轮决策相关证据的开始。

案例来源：Wilson D B, Feder L, Olaghere A. Court-mandated interventions for individuals convicted of domestic violence: An updated Campbell systematic review[J]. Campbell Systematic Reviews, 2021, 17(1): e1151.

三、循证社会工作

1. 循证社会工作的基本原理

循证社会工作实践与一般的由干预研究证据转化成最终决策后实施不同的是，循证社会工作更多侧重于服务，因此极其关注服务对象的需求，实践人员往往围绕着具体服务对象进行实践。一项具体循证社会工作实践的研究者认为，在循证社会工作实践中应当遵循研究与实践之间双向互动、服务对象需求为本、正视证据分级和现有干预措施优先四项原则。[①]

实现研究与实践之间双向互动是为了有效融合经验与证据。实践人员通常是实务工作者，他们具有一定的实践经验，但往往对循证理念理解不深，更多依据自身经验考虑和解决遇到的如时间、经济等现实问题，而研究者通常面对的只是研究数据，对实践效果的判断很可能存在偏差。循证实践活动的顺利开展有赖于实践者与研究者形成良好的互动，否则决策者通过征集研究者的讨论分析做出的实践方案无法达到既定效果。是否满足服务对象的需求是判断循证社会工作有效的重要依据，而服务对象通常具有自己的个人特点，并不都能够按照我们得出的研究结论进行统一的方案干预，还需要结合服务对象研判出最佳方案，有时甚至需要针对不同个体制定不同的个性化方案。证据分级是解决当前高质量证据缺乏的方法，并且能够最大程度地呈现现有证据及其特征。此外，我们应尽量避免在现有干预评估有效的情况下去不断寻求新的干预，更迭新方案，否则会造成资源的过度消耗。对于被评估有效的干预，其原来的实施环境与计划实施区域或许存在一定差异，但我们可以在保持理论框架的基础上将具体内容及细节进行本土化改造，以维持原始有效性。

当然，我们不难发现循证社会工作实践的基本框架依然是通过干预活动经验或干预研究结果进行证据综合转化的，然后对当前方案进行评估、修正和完善或制定新方案，并为进一步的实践方案检验建立基础。

2. 循证社会工作的一般过程

（1）第一步：需求评估，识别问题。

不工作的老年人与处于劳动力年龄段的人之间的比例逐渐失衡一直是经济合

[①] 魏雷东，宗千雅. 校园欺凌治理的社会工作介入：赋能模式与循证实践[J]. 河南师范大学学报(哲学社会科学版)，2022，49(4)：89-95.

作与发展组织（Organization for Economic Co-operation and Development，OECD）成员国面临的一项公共政策挑战。随着社会经济水平的不断发展以及医疗水平的提升，第二次世界大战后人口老龄化问题日益突出，并且由于寿命的延长，平均预期退休年限也在逐渐增加，老年人的身心健康受到人们的广泛关注。有研究者认为从事一些比有偿工作更有意义的活动可能有助于老年人保持健康和社会功能。志愿服务可以帮助个人和社会更好地适应老龄化过程，因为老年人做志愿服务既有助于保持志愿者的健康和社会功能，也能够减轻社会负担，许多国家已经采用相关的战略来增加老年人参与志愿服务。但是志愿服务能在多大程度上保持老年人的身心健康还不明确，志愿服务战略是否值得大规模推行仍然值得研究。本案例即通过对老年人参与志愿服务的相关研究进行综合，验证志愿服务战略对老年人身心健康的效果，为后续政策实施提供建议。

（2）第二步：检索证据。

研究者在2018年11月6日至2018年12月12日之间检索了SocINDEX（EBSCO）、PsycINFO（EBSCO）、EconLit（EBSCO）、Academic Search（EBSCO）、Science Citation Index（Web of Science）、SSCI（Web of Science）、MEDLINE（PubMed）、Social Care Online数据库。检索词包括志愿活动相关术语："volunteering (volunt*)" "engagement" "work" "participation" "involvement"，以及各国已存在的战略措施"Senior Corps" "Senior Companion Program" "Foster Grandparents Program" "Retired Senior and Volunteer Program" "Experience Corps"。除此之外，研究者还进行了手工检索，搜索了会议论文、相关期刊以及其他资源和未发表的研究，并联系了相关专家咨询是否有未发表的研究。最终共获得符合纳入标准的研究90篇。

（3）第三步：证据的甄别与筛选。

筛选出符合要求的相关研究后，研究者对于证据的质量进行了评估，证据质量过低的研究将不会在最后的整合转化中应用。两位研究者独立使用Barnaby Reeves教授与Cochrane非随机化研究方法组联合开发的工具评估了检索获得证据的质量。评估结果显示6项随机研究中只有2项使用了适当的随机化方法，其余84项研究采用了非随机设计。3项研究在不完整数据项上，2项研究在选择性报告项上被认为风险非常高。此外84项非随机化研究中有43项研究存在混杂因素，风险较高，29项研究没有讨论任何混杂因素。综合来看，因偏倚风险较高在证据综合中被剔除的研究总数为46项，也就是说略多于一半的研究证据未能运用于最后的分析。

（4）第四步：证据综合。

在本案例中，研究者通过将已有研究中相关数据进行合并来获得证据综合结果。研究者对数据进行了Meta分析，在主要测量的结果中，共有10项研究分析了老年人志愿服务对死亡率的影响，结果显示老年志愿服务者死亡率较低。随机效应模型下 2 项研究 OR 值为 0.76（95% CI，0.72~0.80），8 项研究 RR 值为 0.69（95% CI，0.58~0.83）。除此之外 3 项研究分析了志愿工作对意外残疾的影响，结果显示老年志愿者的意外致残率较低，随机效应模型下 RR 值为 0.83（95% CI，0.72~0.97）；2 项研究分析了志愿工作对工具性日常生活活动（instrumental activity of daily living，IADL）下降的影响，结果显示老年志愿服务者 IADL 下降的概率更低，随机效应模型下 OR 值为 0.73（95% CI，0.53~1.01）；3 项研究结果显示老年志愿服务者无法维持其生活能力的概率较低，随机效应模型下 OR 值为 0.81（95% CI，0.70~0.94）；3 项研究显示老年志愿服务者抑郁程度更低，生活质量更高，随机效应模型下 SMD 值为 0.12（95% CI，0.00~0.23），以上研究结果 I^2 值均较低，表明研究之间异质性低，结果可靠性强。

（5）第五步：证据转化。

在证据转化过程中我们不仅要注重证据的本土化应用，也要进一步挖掘证据在整个方案中起到的作用。通过现有研究证据综合，研究者发现老年人参与志愿服务能够降低死亡率，对他们的心理健康、生活能力也有改善的作用，但结论仍受限于研究数据的数量，证据仍有不确定性。研究者也发现综合结果后研究之间不存在异质性，尽管收集的证据来自多个不同国家（爱尔兰、以色列、日本和美国等），跨越的时间段也从 1984 年到了 2013 年。这说明老年人志愿服务项目的实施给老年人提供了价值实现机会，并将他们的生活经验应用于满足社区需求，可以在其他国家进行更广泛的推广。但是研究者也发现没有研究报告志愿工作的类型和程度，也就是说在原始研究中此方面是被忽视的。事实上，老年人更愿意参加何类志愿工作以及愿意做到何种程度是帮助制定相关干预方案的重要参考，不同的具体政策有可能会影响老年人参与志愿工作的积极性，如一些专业性较强或时间要求较长的志愿工作通常会降低老年人参加的积极性。

（6）第六步：方案或干预计划的制定、实施和证据的反馈。

事实上，在证据转化时许多实践因素已经被考虑过了，但最终的方案制定除了要保证实践的有效性，还要保证其是最符合当前实施背景的方案。例如，政府决策时通常都会考虑成本问题。从本案例来看，相关机构和组织需要工作人员专门对志愿者进行培训、在志愿活动过程中为志愿者提供支持服务，适时给予志愿者表彰，这比社会福利领域的许多干预措施成本要低，在具体实践中是值得推广的。

与其他的循证实践相同，循证社会工作实践也需要不断收集和反馈证据，尤其是服务对象的需求是否达成，在本案例中即老年人健康的相关结果。目前的证据表明该干预对死亡率有确切的降低作用，但在心理健康、生活能力等其他健康结果方面仍需要在未来进行更多研究以供分析。此项目的进一步推广运用也是在不断生产新证据，从而不断完善相关社会工作政策。

案例来源：Filges T，Siren A，Fridberg T，et al. Voluntary work for the physical and mental health of older volunteers：A systematic review[J]. Campbell Systematic Reviews，2020，16(4)：e1124.

四、循证心理干预

1. 循证心理干预的基本原理

循证心理干预是由循证医学外推所得的社会科学学科，已经有心理学学者将循证理念运用于实践中，将其发展为循证心理治疗，也就是遵循最佳证据对患者进行心理治疗。循证心理干预关键要素与循证医学基本一致，即研究的最佳证据、治疗者的临床技能和患者的特征。

近年来，社会经济急速发展，物质文明不断实现跨步的同时精神文明却没能够完全跟上脚步，伦理问题时常成为社会争议的焦点。人们不再只注重生理上的病痛，心理上的健康也越来越受到关注，但心理健康教育和心理治疗工作仍然面临不少挑战。心理问题相较于其他医学疾病更具有个人属性，干预实践开展的科学性、有效性不尽如人意。循证理念的引入则是帮助心理干预进行科学研究，以确保实践的有效性。

循证心理干预首先通过对问题的识别与细化，确定需要解决的具体问题，然后从数据库、实践经验中收集获取数据，再对证据进行梳理综合，从中研判出最佳证据，并根据最佳证据制定干预方案，在实践中对有效性进行评估并总结经验，为方案优化提供进一步证据。循证心理干预做到了对研究证据与治疗者、患者偏好的综合考虑，可以形成对患者有针对性的治疗方案，确保干预的可行性和有效性，避免资源浪费。如果在心理干预前利用问卷、访谈等充分了解患者意愿及基本情况，那么有助于跳出以治疗者为中心的模式，营造彼此坦诚愉悦的治疗环境。同时由于循证心理干预具体方案往往针对个体，在干预过程中经常会遇到各种变化，这需要干预者也具有循证理念，在实践过程中随时进行资料的收集，如所需量表的施测、访谈时动态观察到的患者的情况变化，及时发现处理所遇到的问题，对干预进行合理的动态调整，保证实践的有效性。

2. 循证心理干预的一般过程

（1）第一步：需求评估，识别问题。

据估计，目前全世界约有270万名儿童生活在寄养家庭或相关护理机构下。相较于一般儿童，被寄养和收养的儿童出现一系列心理、行为问题的风险更高。基于依恋的干预通常以增强依恋安全性、减少依恋混乱、增强积极的互动、增强亲子间的情感、增加儿童的心理社会适应为治疗目标。目前已实施的干预项目有 Attachment and Biobehavioral Catch-up（ABC）、Video-feedback Intervention to

Promote Positive Parenting（VIPP）和 Parent-Child Interaction Therapy（PCIT）。研究表明基于依恋的干预对被寄养和收养的儿童有积极的影响，但是基于依恋的干预对寄养家庭和收养家庭中依恋安全措施和父母及儿童心理社会适应措施的有效程度还有待验证。为了促进儿童的心理健康，评估以依恋为基础的干预措施在0～17岁儿童的寄养和收养家庭中对父母或儿童在依恋安全、二元互动、父母/儿童心理社会适应、行为和精神健康问题等结果方面的有效性是必要的。除此之外，确定与影响结果相关的因素和改变干预效果的因素也是不能忽视的，如儿童在干预开始时的年龄、项目持续的时间等。

（2）第二步：检索证据。

研究者通过数据库检索了相关证据，如检索了2020年10月之前 SocINDEX（EBSCO）、EconLit（EBSCO）、ERIC（EBSCO）、CINAHL（EBSCO）、Academic Search（EBSCO）、PsycINFO（EBSCO）、Science Citation Index（Web of Science）、SSCI（Web of Science）、Sociological Abstracts（Proquest）数据库收录的文献。检索词包括"Foster Care" "Foster Children" "Foster Parents" "Adoption (Child)" "Adopted Children" "Adoptive Parents" "sensitiv*" "emoti*" "dyadic*" "attach*" "relation*" "Attachment Behavior" "Attachment Disorders" "Attachment Theory" "Stress and Trauma Related Disorders" "Disinhibited Social Engagement Disorder" "Child Abuse" "Child Neglect" "Failure to Thrive" "Parent Child Relations" "Relationship Termination" "Separation Anxiety" "Separation Anxiety Disorder" "Separation Reactions" "Emotional Development" "Emotional Security" "Object Relations" "Parent Child Relations" "Psychosocial Development" "Schema Therapy"等。除此之外，还进行了手工检索，搜索了会议论文、相关期刊以及其他资源和未发表的研究，并联系了相关专家咨询是否有未发表的研究。最终共获得符合纳入标准的研究44项。

（3）第三步：证据的甄别与筛选。

证据的质量高低决定了基于证据得出结论的可靠性，在本案例中研究者利用质量评价工具对纳入的研究进行了偏倚风险评估，以确保证据综合的科学性。在纳入的随机对照试验中，有3项发表了计划书或方案。共有15项研究（6项非随机化研究和9项随机化研究）由于未设立合适的对照组及未合理控制混杂因素被评估为总体偏倚风险高，在数据合成中被排除。在结果完整性方面，大多数研究被评为低偏倚（13项）或中等偏倚（18项）；在结果测量方面，25项研究被评为低偏倚风险，11项被评为中度偏倚风险；在报告偏倚方面，大多数研究（24项）被评为中等偏倚风险；在其他偏倚中，大多数研究（34项）被评为中度偏倚风险。

(4)第四步：证据综合。

在本案例中，研究者通过将已有研究中相关数据进行合并来获得证据综合结果。证据综合结果显示，10项研究分析了以依恋为基础的干预对被寄养和收养儿童的整体心理社会适应能力的影响，所用测量工具包括儿童行为检查表、婴幼儿社会和情绪简要评估（Brief Infant-Toddler Social and Emotional Assessment, BITSEA）工具和埃伯格儿童行为量表等，其SMD值为0.37（95% CI, 0.10~0.65）；3项研究分析了对被寄养和收养儿童观察到的依恋安全的影响，其SMD值为0.59（95% CI, −0.40~1.57）；4项研究分析了干预后儿童积极行为的影响，其SMD值为0.39（95% CI, 0.14~0.64）；10项研究分析了以依恋为基础的干预对父母积极育儿行为的影响，其SMD值为1.56（95% CI, 0.81~2.31）；9项研究分析了干预后父母自我报告的育儿压力的影响，其SMD值为0.24（95% CI, 0.03~0.46）；3项研究分析了干预后父母自我报告抑郁症状的影响，其SMD值为0.59（95% CI, −0.08~1.25）。此外，敏感度分析结果显示去除任何一项研究，结果都没有明显的变化，具有稳健性。

(5)第五步：证据转化。

证据转化是最终决策前的关键步骤，当干预被证明为有效时我们不能简单认定其是可以直接运用于实践中的，而是要根据现实环境背景来进行分析。从证据综合结果来看，基于依恋理论的育儿干预措施增加了父母与儿童积极的互动行为，减少了育儿压力，并增强了寄养家庭和收养家庭儿童的整体心理社会适应能力。但由于基于依恋的育儿干预对被寄养和收养儿童的依恋安全和无组织依恋的影响的研究数量较少，根据现有证据，研究者还不能够得出此问题的准确结论。从理论上讲，儿童依恋安全和（或）依恋混乱通常无法在较短的干预时间内发生改变，但很有可能是，如果对育儿行为持续干预较长一段时间，可能会导致儿童依恋安全性得到改善并且减少儿童依恋混乱发生。同样，由于研究太少，以依恋为基础的育儿干预对其他任何结局指标的长期影响并没有足够的证据支持。由目前的证据我们可以得知，在干预后3~6个月的随访中，以依恋为基础的干预增加了积极的育儿行为。也就是说基于依恋的干预对于寄养和收养家庭的父母及儿童均具有积极作用，并且收集的证据来自不同国家和地区，说明此干预在不同环境中均有适用性，具有可推广性。另外，我们的证据收集方案计划收集关于0~17岁儿童的研究，但最终纳入的大多数研究涉及的对象是年龄较小的儿童。纳入研究的儿童平均年龄为5.15岁，从0.62岁到10.65岁。大多数儿童小时候就被送到看护机构，其安置的平均年龄为2.31岁，从0.25岁到4.8岁。这是正常的，因为基于依恋的干预通常也是提供给有年幼孩子的家庭。但本案例中纳入的研究没有提供安置稳定性的相关结果，而该结果也是评估寄养家庭和收养家庭中父母、儿童的整体心理社会适应能力的重要指标。这说明了未来在预防安置问题发生方面进行相关研究的必要性。

（6）第六步：方案或干预计划的制定、实施和证据的反馈。

通过本案例的研究分析，我们可以得出结论：基于依恋理论的育儿干预增强了寄养家庭和收养家庭中儿童的整体心理社会适应能力，也增加了父母和儿童间的积极互动行为，并减少了父母自我报告的育儿压力。总的来说，研究结果表明以依恋为基础的育儿干预无论是对养父母还是对被收养的孩子都有益处。因此，基于依恋的相关干预措施被证明是有效的，可以在社会中做进一步推广。

但在制定实施方案时我们仍需考虑许多影响因素，如具体实施环境、成本、实践人员等。就本案例而言，研究者认为基于依恋的育儿干预效果可能不同，因为一些研究是在临床环境中实施干预，而另一些研究的干预是在家庭环境中实施的，结果表明不同的干预环境具有不同的效果。遗憾的是父母和儿童的结果存在分歧，我们不能确定在哪种干预环境中干预实施会更有效。此外，本案例研究者还发现有研究得出结论为：在父母行为结果方面，其他类型的干预措施与基于依恋的干预措施一样有效。并且只有3项研究探讨了基于依恋的干预对儿童依恋安全性的影响，这可能是由于缺乏可靠和成熟的方法来测量年龄较大的儿童的依恋安全性。安置的稳定性是父母和儿童建立良好互动的前提，对儿童、父母和社会都具有重要意义，因此应该有更多的研究进一步探讨这一问题。以上问题也提示在进一步的实践后我们应当及时收集数据反馈，评估人员如临床医生有必要持续评估治疗结果的可持续性，对此阶段仍存在疑惑的地方进行进一步分析，为进一步实践提供更加明确的指导。

案例来源：Dalgaard N T, Filges T, Viinholt B C A, et al. Parenting interventions to support parent/child attachment and psychosocial adjustment in foster and adoptive parents and children: A systematic review[J]. Campbell Systematic Reviews, 2022, 18(1): e1209.